초보자를 위한
주식투자
investment in stocks 하는법

초보자를 위한 주식투자하는 법

초판 1쇄 발행 | 2009년 7월 27일
개정판 1쇄 발행 | 2011년 4월 11일

지은이   정광옥
펴낸이   이형도
편집   공순례, 조현나
디자인   에코북디자인
마케팅   신기탁
경영지원 이종아

펴낸곳   (주)이레미디어
전화   031-919-8511(편집부), 031-919-8510(주문 및 관리)
팩스   031-907-8515
주소   경기도 고양시 일산동구 장항동 731-1 성우사카르타워 6층 601호
홈페이지 www.iremedia.co.kr
까페   http://cafe.naver.com/iremi
이메일   ireme@iremedia.co.kr
등록   제396-2004-35호

ⓒ2009, 정광옥
이 책의 저작권은 저작권자에게 있습니다. 저작권자와 (주)이레미디어의 서면에 의한 허락 없이 내용의 전부 혹은 일부를 인용하거나 발췌하는 것을 금합니다.

ISBN 978-89-91998-53-7 13320
가격 15,000원

이 도서의 국립중앙도서관 출판시도서목록(CIP)은 e-cip 홈페이지에서 이용하실 수 있습니다.

"주식시장에는 그 어떤 사업보다 많은 기회가 찾아온다.
큰 수익을 얻기 위해 가장 먼저 투자지식을 습득하라!"

초보자를 위한
주식투자 하는 법
investment in stocks

정광옥 지음

이레미디어

당신이 갖고 있는 '마법의 공식'에 대한 환상을 버려라!
그것이 이 책을 덮는 마지막 순간
진정한 '마법의 공식'을 획득할 수 있는 유일한 전제조건이다.

들어가는 말

상위 1% 슈퍼수익으로 가는 정도(正道), 투자의 진실을 찾아라

주식시장에 입문한 이후 많은 우여곡절과 시행착오를 거쳐오면서 시장에 대한 안목과 통찰력을 키워왔지만, 여전히 주식시장과 투자의 세계는 난공불락의 요새와 같다는 느낌이다.

주식 전문가라는 명찰을 달고 방송과 강연을 수년째 하고 있지만 투자자들에게서 받는 질문은 늘 비슷한 유형으로, 초보 투자자나 산전수전 다 겪은 베테랑 투자자나 별반 다르지 않다. "과연 어떤 종목이 유망할까요?" "언제 매수하고 매도하면 될까요?" "내 보유 종목이 너무 많이 하락했는데 보유하고 있어도 될까요?" 투자자들의 물음 중 99%는 이 세 가지 중 하나다. 그러나 불행히도 이 세 가지 난제에 대해 명쾌한 대답을 해줄 수 있는 사람은 아무도 없다. 그럼에도 불구하고 투자자들은 여전히 족집게 무당을 찾아 오늘도 경제신문을 뒤지고, 주말 유료 강연회에 참석하며, 증권방송에 귀를 기울인다.

나 역시 주식시장의 미래가 너무나 궁금하다. 그러나 너무나 많은 변수들에 의해 좌우되는 투자의 세계에서 앞날을 이야기한다는 것은 매우 조심스러울 수밖에 없다. 굳이 시장을 예측한다면 그것은 마치 내일 비가 올 확률이 몇 퍼센트이다, 라는 수준의 확률적인 사견에 불과하다. 그러나 투자자들이 원하는 것은 이런 식의 모호한 얼버무림이 아닌 확신, 그리고 그 확신의 100% 적중이라는 것을 또한 모르는 바 아니다.

나는 가끔 이런 상상을 한다. 장래에 기술적 진보가 거듭되어 모든 경제 변수들을 분석해서 내일의 주가를 알려주는 슈퍼컴퓨터가 나온다면 과연 투자자들의 숱한 고민은 한 방에 해결될 수 있을까? 그러나 누구나 주가의 향방을 아는 세상이 온다고 해서 과연 개인투자자들의 수익률이 지금보다 더 나아질 것인가를 생각해보면, 반드시 그러리라고 장담할 수 없음도 사실이다.

여전히 수많은 투자자들은 주식시장의 숨겨진 비법이나 고급 정보를 찾아 서점과 증권사이트를 헤멘다. 그리고 이런 순진한 수요자들을 겨냥한 수많은 기법과 성공담이 시중에 넘쳐흐른다. 주식시장이 생겨난 이후 오랜 역사 동안 쌓이고 쌓인 투자 관련 서적만 해도 이미 도서관 하나를 채우고도 남을 정도지만, 여전히 개인투자자들의 투자 성과는 100년 전과 비교해서 그다지 진전된 게 없다. 1900년 미국의 평범한 개인투자자들의 고민을 2000년 한국의 평범한 개인투자자들이 똑같이 하고 있다. 과연 무엇이 문제일까?

우선 개인투자자들이 주식시장에서 실패하는 이유로 가장 많이 꼽히는 것이 탐욕적이고 투기적인 심리다. 아직도 국내의 개인투자자들 사이에서는 주식시장을 하나의 투전판이나 도박장으로 생각하고 한 방 크게 먹자는 심리가 만연하고 있다. 그러나 대박주로 수익을 얻을 확률은 1%에 불과하며, 대박주를 노리다 쪽박을 차거나 시장 평균수익률에도 못 미치는 투자자가 99%라는 것을 객관적으로 설명해주는 사람은 아무도 없다. 오히려 이런 정서를 이용해서 테마주나 세력주를 공략하는 비법 따위의 전혀 검증되지 않은 매매기법으로 투자자를 유혹하는 사기꾼들이 득실대는 것이 주식시장의 실상이다. 합리적인 투자를 하고 싶어도 주식시장에 떠도는 온갖 종류의 주장 중에서 무엇이 진실이고 무엇이 거짓인지 투자자는 혼란스럽기만 하다.

　개인투자자들이 투자에 실패하는 두 번째 이유는 투자의 진실과는 거리가 먼 왜곡된 정보와 주관적인 체험담을 무비판적으로 받아들이는 데 있다. 약간의 시간을 내서 주식시장에서 널리 인정되는 수많은 상식들과 격언들을 분석해보면 대부분이 엉터리와 미신이라는 것을 금방 알게 된다. 그러나 개인투자자들은 객관적 사실 대신 화려한 입담에 마치 최면이라도 걸린 듯이 현혹된다. 매주 로또 1등 당첨자가 나오듯이, 투자의 세계에서도 벼락부자들이 곧잘 등장한다. 그러나 사람들은 대개 로또 1등 당첨자는 유별나게 운이 좋아서일 거라고 말하면서도 주식시장에서 단기간 큰돈을 번 투자자에게는 특별한 비법이 있을 거라 생각한다. 물론 누군가에게는 특별한 비법이 있을지도 모르겠다. 하지만 투자의 진실을 제대로 이해한다면 거액의 상금을 받은 로또 1등 당첨자와 몇백 퍼센트의 수익률을 거둔 실전투자대회 1등 수상자 간의 공통점이란 단지 '행운아'일 뿐이라는 것을 받아들이는 데 주저함이 없을 것이다.

물론 투자의 세계에는 빈번히 로또 1등 당첨을 하는 사람들처럼 특별한 사람들이 존재한다. 그러나 이런 극소수의 위대한 투자자들은 개인투자자들이 지향해야 하는 모델이 아니다. 그럼에도 불구하고 고의적이건 경솔함 때문이건 사기꾼들은 누구라도 워렌 버핏*이나 제시 리버모어**가 될 수 있다는 환상을 심어주고, 주식시장에서 매번 로또 1등 당첨자가 될 수 있는 방법이 있다고 투자자를 기만하고 속이고 있다. 그리고 이런 거짓말과 엉터리를 배우기 위해 개인투자자들은 너무나 많은 시간과 비용을 쏟아붓는다.

투자의 세계에서는 색안경이 필요하다. 진정으로 자신의 소중한 재산을 지키고자 한다면 누가 무슨 말을 하든지 일단 의심부터 해야 한다. 누가 어떤 방법으로 떼돈을 벌었다고 하면 과연 그 이야기가 사실인지, 그리고 그러한 방법이 누구에게나 적용되는 것인지, 아니면 특별한 재능이나 행운에 의한 것인지를 세밀하게 따져야 한

*워렌 버핏(Warren Buffett)
오마하의 현자로 불리는 금세기 최고의 가치 투자자. 버크셔 해서웨이(Berkshire Hathaway)의 CEO. 버크셔 해서웨이가 투자한 주식의 장부가는 1965년부터 2008년까지 연평균 20.3%의 상승률을 보였다. 같은 기간 S&P500지수 연평균 수익률은 8.9%였다.

**제시 리버모어(Jesse Livermore)
50년간 트레이더와 투기꾼으로 명성을 날렸다. 피라미딩 기법이라는 특유의 추세매매 기법을 통해 주식시장과 파생상품시장에서 엄청난 부를 쌓았지만 결국 자살로 생을 마감했다.

다. 또 누가 주식시장은 너무 위험하고 부동산이 최고라고 주장한다면, 역시 주식시장과 부동산시장의 수익률에 대한 객관적이고 경험적인 데이터를 먼저 확인하고 나서 그런 주장에 동의를 하거나 반대 의견을 제시해야 한다.

투자의 진실을 찾는 과정은 매우 간단하다. 모든 것을 회의적이고 비판적으로 검토하고, 객관적이고 경험적인 사실이 무엇인지 찾아서 그것을 바탕으로 누가 거짓말을 하고 누가 진실을 말하는지 밝혀내는 것이다. 이런 것은 개인투자자 누구나 마음만 먹으면 쉽게 할 수 있는 일이다. 이 책은 바로 이런 투자의 진실을 찾고자 하는 사람들에게 가장 큰 도움이 될 것이다.

이 책에는 지난 3년 동안 수집한 전 세계 주식시장의 방대한 데이터들이 담겨 있다. 시간을 거슬러 지금으로부터 100여 년 전의 주가 자료부터 2000년대 최근 주식시장의 흐름까지 한눈에 볼 수 있는 기회가 될 것이며, 또한 지역적으로도 국내를 포함하여 미국 등 전 세계 여러 나라 주식시장의 다양한 모습을 만날 수 있을 것이다. 또한 이 책에 있는 모든 자료와 투자 관련 이론들은 기본적으로 객관성과 투명성을 갖추고 있어 매우 쉽고 효율적으로 투자의 진실을 보여준다. 따라서 주식시장의 역사와 최신 이론에 관심이 있거나 과거부터 현재까지 투자의 세계를 조망하고자 하는 사람들에게도 이 책은 매우 유용할 것이다. 그리고 이 책을 통해 얻어진 투자의 진실은 단지 지식으로 머물지 않고 과학적 주식투자를 하는 토대가 될 것이며, 그것이 이 책을 쓰는 가장 중요한 목적이다.

과학적 주식투자란 객관적이고 실증적인 증거를 기반으로 하는 투자를 말한다. 과학적 주식투자는 시장에 난무하는 엉터리 주장들에 휩쓸려 투자에 실패하는 것을 근원적으로 방지할 수 있고, 손실 위험과 변동성이 매우 심한 주식시장에서 흔들리지 않고 합리적인 투자를 지속적으로 할 수 있게 하는 원천이기도 하다.

지금 이 순간 주식시장의 앞날에 대해서 자신 있게 말할 수 있는 사람은 아무도 없다. 그러나 우리는 적어도 주식시장의 역사적 사실은 알 수 있으며, 과거의 창을 통해서 주식시장의 미래를 가늠해볼 수는 있다. 이 책에 담긴 투자의 진실은 투자의 역사에 대한 검증과 고찰의 의미를 넘어서 투자의 미래를 보는 혜안을 가져다줄 것이다. 이것이 바로 이 책의 가치이자 존재이유다.

막상 원고 집필을 마치고 보니 못내 아쉬운 것이 한두 가지가 아니다. 보다 많은 자료와 데이터를 소개하고 싶었지만 분량의 제한을 고려하지 않을 수 없었고, 주식시장 이외에 다른 투자대상들도 상세하게 다루고자 했으나 이번 책에서는 주식시장이 주인공인 만큼 여기에 주로 초점을 맞추게 되었다. 독자 여러분이 이 책을 통해 투자의 진실에 한 발 더 나아가게 된다면 그것이 필자의 가장 짜릿한 기쁨이 될 것이다.

마지막으로 이 책이 나오기까지 같이 고생한 많은 분들에게 감사의 말을 전하고 싶다.

　글을 쓰는 내내 편한 친구처럼 격려와 조언을 아끼지 않았던 전준석 님, 삭막한 원고를 이렇게 멋진 책으로 만들어주신 (주)이레미디어 출판사 관계자 분들께 감사드린다.

　또한 필자가 운영자로 있는 네이버 주식투자 동호회 '투자의 진실을 찾아서(http://cafe.naver.com/mo12345)' 7,000여 회원님들께도 마음속 깊은 고마움을 전한다. 회원님들이 믿고 따라주었기에 이 자리까지 올 수 있었음을 다시 한 번 생각한다.

　그리고 이 세상에 나라는 존재를 있게 해준 존경하는 부모님과 늘 포근한 안식처가 되어주는 가족들에게 이 책을 바친다.

개포동에서
정광옥(필명: 말과의미)

차례

들어가는 말 • 6

PART 01

예비 지식_
꼭 알아야 할 투자의 '불편한' 진실

왜 주식투자인가? • 22

주식투자의 최대 장점 복리효과 • 25

주식투자의 최대 난관 손실위험과 변동성 • 28

공짜 점심은 없다 • 32

야누스의 두 얼굴, '수익'과 '위험'을 어떻게 조화시킬 것인가? • 36

   1) 적립식 투자 • 37

   2) 분산투자 • 40

   3) 가치주 투자 • 43

   4) 손절매 • 46

   5) 마켓타이밍 • 48

대박은 극소수에게 찾아오는 행운일 뿐이다 • 52

장기투자가 모두에게 잘 듣는 만병통치약인 것은 아니다 • 57

가랑비에 옷 젖는 줄 모른다, 비용을 아껴라 • 60

단기매매 _ 당신은 매매기계가 될 수 있는가? • 63

장기투자 _ 위대한 투자자가 될 것인가, 인생을 즐길 것인가? • 70

PART 02

생기초 지식_
주식을 바라보는 4가지 시각

4가지 주식접근법 _ 투자냐 매매냐, 시장추종이냐 시장초과냐 • 76

투자자 _ 기업의 가치를 찾아라 • 83

매매자 _ 주가의 움직임을 좇아라 • 89

시장추종자 _ 수익은 시장에 맡겨라 • 94

시장초과자 _ 시장을 이겨라 • 99

평범한 개인투자자는 무엇을 해야 하는가? • 106

결론 _ 수많은 '정보'와 '투자방법'의 바다에서 살아남기 • 116

PART 03

본격 지식_
시장을 이기는 전략들의 해부

'알파' 란 무엇인가? • **120**
    1) 알파와 관련된 논쟁 • **123**
    2) 알파와 베타 • **129**

시장을 이기기 위한 적극적 투자전략 • **134**
    1) 종목선택 전략 • **135**
    2) 마켓타이밍 전략 • **140**

종목선택 전략 _ 어떤 종목을 선택할 것인가? • **145**
    1) 성장주 vs. 가치주 • **149**
    2) 소형주 vs. 대형주 • **159**
    3) 마법공식 • **163**
    4) 급등주와 우량주 • **170**

마켓타이밍 전략 _ 최고의 타이밍은 어떻게 맞출 수 있을까? • 177
    1) 마켓타이밍이 수익률에 미치는 영향 • 178
    2) 단순 보유 전략 vs. 마켓타이밍 전략 • 180
    3) 마켓타이밍 전략의 가능성과 한계 • 184
    4) 알파를 얻기 위한 다양한 마켓타이밍 전략 • 187
    5) 결론-당신은 타이밍에 동물적 감각을 가지고 있는가? • 211

트레이딩 전략 _ 1년 1,000%의 수익이 가능할까? • 212
    1) 아무리 강조해도 지나치지 않은 수익과 위험의 양면성 • 212
    2) 시장에 좌우되지 않는 트레이딩 • 214
    3) 실전투자대회 우승자들의 놀라운 수익률 • 216
    4) 슈퍼수익을 만드는 조건 • 218
    5) 시장의 진실 • 220
    6) 실전투자대회의 현실 • 224
    7) 슈퍼수익을 위한 트레이딩 기법 • 229
    8) 결론-당신은 위대한 예술가인가, 평범한 화가인가? • 242

평범한 투자자가 시장을 이기려면? • 244

PART 04

심층 지식_
진정한 마법의 공식을 찾아

과학적 주식투자 _ 객관적으로 입증된 사실만 받아들여라 • **252**

데이터마이닝의 허와 실 • **258**

투자대상별 수익률 실제 • **265**

   1) 주식투자 vs. 채권투자 • **266**

   2) 주식투자 vs. 부동산투자 • **267**

   3) 국내의 자산별 수익률 비교 • **271**

국내 주식시장의 특징 • **276**

   1) 국내 주식시장의 변동성 • **278**

   2) 국내 주식시장에서 적극적 전략의 유용성 • **282**

업종대표주 전략 _ 특정 종목이 아니라 순위에 투자한다 • **286**

역발상 전략 _ 가장 싸게 사서 가장 비싸게 판다 • **293**

글로벌 투자가 필요하다 • 301
    1) 한국 증시가 전 세계 주식시장에서 차지하는 비중 • 301
    2) 전 세계 주식시장에 분산투자하라 • 303
효율적 시장에서 최선의 대안, 인덱스 투자 • 305
결론 _ 당신만의 진정한 '마법의 공식'을 확보하였는가? • 314

PART 01

예비 지식_
꼭 알아야 할 투자의 '불편한' 진실

에드워드 소프나 빌 밀러, 존 네프 혹은 랄프 웬저 등과 같은 위대한 투자자가 될 것인가? 아니면 윌리엄 샤프나 존 보글의 말처럼 시장 평균수익률을 추구하고 나머지 인생은 즐길 것인가? 이는 결국 각자 선택의 몫이지만, 어느 쪽 길을 갈지 결정하기 전에 먼저 '나는 과연 주식시장에서 무엇을 얻고자 하는가?' 하는 질문에 명쾌한 해답을 찾아야 할 것이다.

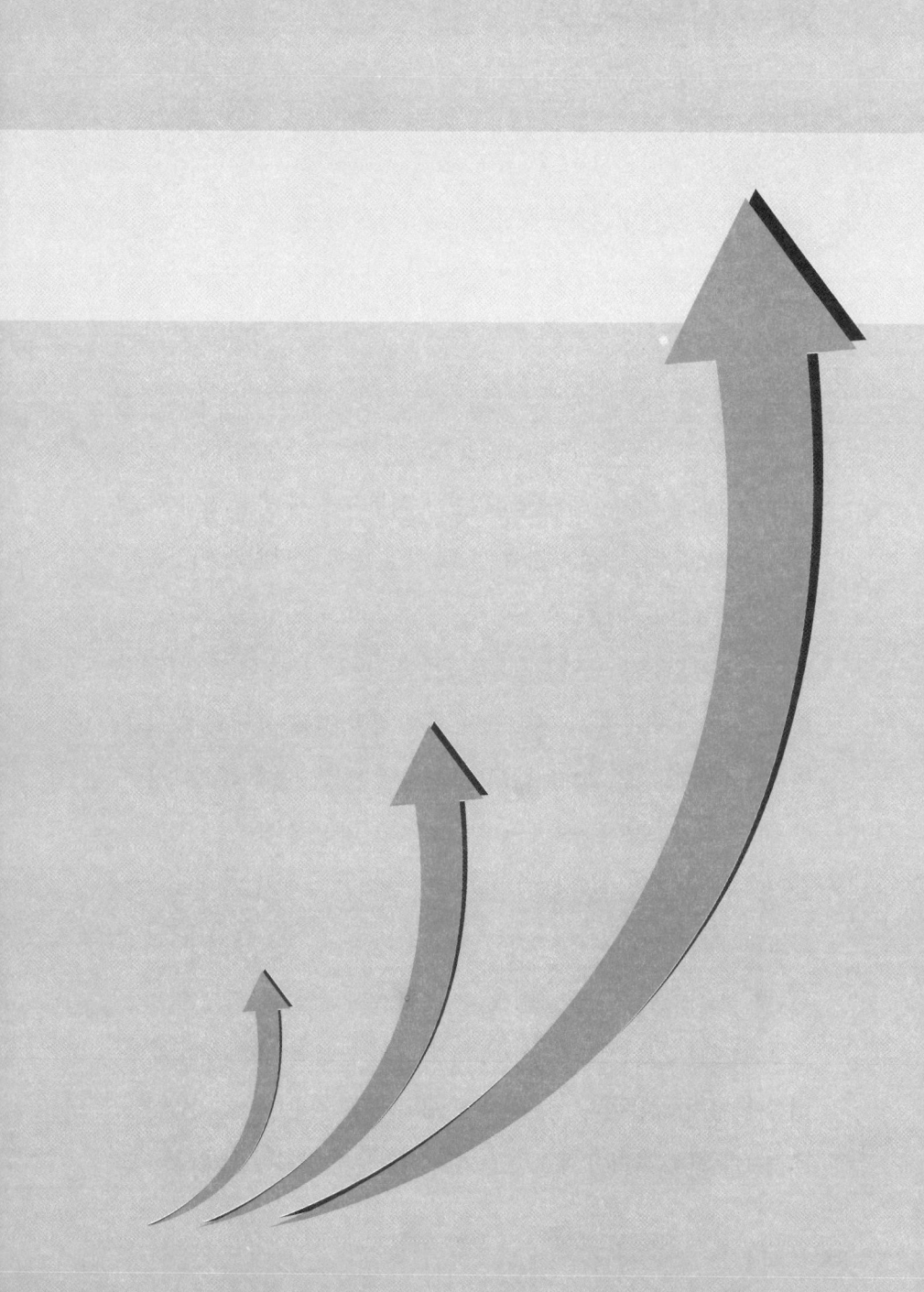

왜 주식투자인가?

이 장에서는 말도 많고 탈도 많은 주식투자를 왜 꼭 해야만 하는지, 그리고 실제로 주식투자를 할 때 가장 많이 부닥치는 어려움이 무엇인지 낱낱이 살펴보고자 한다.

왜 주식투자를 하는가? 주식투자는 단 며칠 만에 큰 손실을 볼 수 있는 높은 변동성을 가지며 전 세계 정치 경제 상황 등 수많은 변수에 의해 영향을 받아 사실상 그 '예측'이 불가능한 투자대상이다. 이렇게 예측불가능하며 높은 변동성을 가진 주식에 왜 사람들은 전 재산을 쏟아가면서, 그리고 매번 손실을 보면서도 계속 투자할까?

단기적으로는 높은 변동성을 가지고 도저히 예측불가능한 흐름을 보이지만, 장기적으로 주식투자보다 더 높은 수익을 주는 투자대상이 없기 때문이다. 즉 투자의 세계에서 수익만을 고려한다면 주식보다 더 매력적인 대상이 없기에 사람들은 주식에 열광하는 것

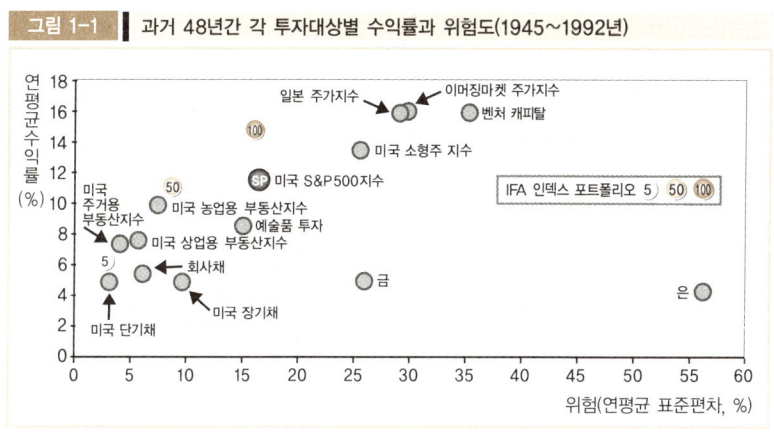

그림 1-1 │ 과거 48년간 각 투자대상별 수익률과 위험도(1945~1992년)

출처 : ifa.com/btp and Morgan Stanley Capital International

이다. 물론 파생상품 등 레버리지가 매우 높은 신종 금융상품들을 투기하듯 거래해서 엄청난 수익을 올린 사람들도 있지만, 이들은 장기적으로 볼 때 지속적으로 성과를 내기보다는 일시적인 운이나 시장의 도움을 받은 경우가 99%이다. 반면 시장 방향과 다른 포지션을 가질 경우 한 번에 전 재산을 날릴 수 있는 고위험이 상존하기에 이 신종 금융상품들은 일반적으로 투자의 대상이라기보다는 투기 내지 위험회피적 수단으로 활용되고 있다.

〈그림 1-1〉에서 보듯이 1945년부터 1992년까지 미국의 각 자산별 수익률을 보면 이머징마켓*의 주가수익률이 가장 높다. 저축의 경우 물가상승분 이상의 수익을 얻을 수 없지만 주식투자는 장기적

*이머징마켓(Emerging Market)
소위 떠오르는 시장이라고 해서 중국이나 러시아, 브라질처럼 경제력과 금융시장이 급성장하는 신흥시장을 말한다. 이런 이머징마켓의 가장 큰 특징은 성장성 높은 국가들로 구성되어 있으므로 고수익을 주는 반면 그만큼 손실위험이 크다는 것이다. 그리고 시장에 허점이 많아서 시장수익률 대비 초과수익을 얻을 확률도 높다. 우리나라 주식시장도 현재 이머징마켓으로 분류되고 있다.

으로 볼 때 부동산보다 인플레이션(물가상승)에 훨씬 더 강하다.

위 그림을 보면 이머징마켓 주가수익률은 매년 약 16% 수준으로 가장 높은 성과를 보여주고 있다. 이에 반해 부동산 수익률은 연평균 8% 정도이고, 예술품, 금, 은 등 원자재나 실물자산의 경우 수익률은 낮고 손실위험은 커서 상당히 비효율적 투자대상들이었음을 알 수 있다. 특히 은의 경우 손실위험이 가장 높은데도 수익률도 가장 낮아 전형적인 비효율적 투자대상인 셈이다.

물론 이 자료는 1992년까지의 자료로, 1990년대 후반 들어서는 금과 은 등 상품 가격이 폭등하면서 2000년 이후엔 주식시장 수익률보다 이러한 상품시장 및 원자재시장의 수익률이 상대적으로 더 높기는 하지만, 장기적으로 볼 때 주식투자야말로 가장 수익률이 높으면서도 위험이 작은 아주 효율적인 투자대상이라는 것을 알 수 있다.

주식투자의 최대 장점
복리효과

다른 투자와 구분되는 주식투자의 최대 장점은 '복리효과'이다. 물론 예금과 저축 등도 복리효과를 누릴 수 있는 투자대상이지만, 기본적으로 예금과 저축은 '현금이 필요한 상황에 대비하기 위한 일시적 보관'의 개념이며, 이자율 또한 물가상승률 수준이다. 장기적으로 부를 늘리는 데는 주식투자가 가장 효과적이라는 것을 역사적 데이터를 통해 알 수 있다.

그렇다면 복리효과란 구체적으로 무엇인가? 예를 들설명해보겠다.

매년 5%의 이자를 주는 채권에 투자하고, 그 이익이 매년 재투자된다고 하면 다음과 같은 결과를 얻게 된다.

- 1년 후 총수익은 5%가 된다. 5년 후 누적수익은 28%가 되며, 10년 후 누적수익은 63%가 된다.

표 1-1 | 복리효과

투자금(원)	연도별(년)	매년 15%씩 증가(원)	매년 20%씩 증가(원)
10,000,000	2007	11,500,000	12,000,000
	2008	13,225,000	14,400,000
	2009	15,208,750	17,280,000
	2010	17,490,063	20,736,000
	2011	20,113,572	24,883,200
	2012	23,130,608	29,859,840
	2013	26,600,199	35,831,808
	2014	30,590,229	42,998,170
	2015	35,178,763	51,597,804
	2016	40,455,577	61,917,364
	2017	46,523,914	74,300,837
	2018	53,502,501	89,161,004
	2019	61,527,876	106,993,205
	2020	70,757,058	128,391,846
	2021	81,370,616	154,070,216
	2022	93,576,209	184,884,259
	2023	107,612,640	221,861,111
	2024	123,754,536	266,233,333
	2025	142,317,716	319,479,999
	2026	163,665,374	383,375,999
	2027	188,215,180	460,051,199

2007년 국내 거래소시장은 34%의 상승률을 보였다. 1,000만 원을 원금으로 하여 매년 재투자한다고 가정할 때 다음과 같은 결과를 얻게 된다.

- 매년 30%씩 수익을 내면 정확하게 36년 후에는 복리로 약 972억 원이 된다.
- 매년 20%씩 수익을 내면 36년 후 약 59억 원이 된다.
- 매년 10%씩 수익을 내면 36년 후 약 2억 8,000만 원이 된다.

이처럼 복리의 마법은 내가 아무것도 하지 않아도 시간이 흐를수록 자산을 눈덩이처럼 늘려준다. 그래서 필자가 운영하는 네이버 투자동호회 '투자의 진실을 찾아서(http://cafe.naver.com/mo12345)'에서는 '1,000만 원을 이머징마켓 인덱스 펀드에 20년간 묻어두기 캠페인'을 하고 있다. 이 캠페인은 30대 중반 직장인들을 대상으로 하고 있는데 주식투자에 여력을 쏟을 만한 여건이 되지 못한다는 사람들에게도 호응을 얻고 있다. 1,000만 원이라는 돈은 물론 큰돈이지만 이번에 한번 없는 셈치고 아이나 아내 앞으로 이머징마켓 인덱스 펀드에 20년간 묻어놓자는 캠페인이다. 만약 매년 15%의 수익률이 발생한다면 1,000만 원은 20년 후 1억 8,000만 원으로 불어나 있게 된다. 참고로 연 15% 수익률은 2000년 이후 우리나라 주식시장의 연평균 상승률이다. 또한 이머징마켓의 연평균 주가상승률 또한 16% 정도이다. 따라서 이머징마켓의 주가지수에 투자하는 이머징마켓 인덱스 펀드에 20년간 투자를 한다면 20년 후 2억 정도의 자금은 충분히 마련할 수 있다.

물론 워렌 버핏과 같은 위대한 투자자에게 자금을 맡긴다면 매년 20% 이상의 수익률을 올릴 수 있으므로 20년 후 1,000만 원은 4억 6,000만 원으로 엄청나게 불어나게 된다. 이것이 바로 위대한 투자자가 운영하는 펀드에 가입하는 이유이다.

부를 축적하고자 한다면, 지금 바로 계좌를 개설하고 투자를 시작해야 한다. 빨리 시작할수록 특정 시한까지 누릴 수 있는 복리효과의 기회가 늘어나기 때문이다.

주식투자의 최대 난관
손실위험과 변동성

부동산, 채권, 예금 등과 비교해서 주식이 역사적으로 가장 수익률이 높았다는 점은 실증적 데이터로 확인했고, 복리효과로 인해 주식투자는 빨리 할수록 좋다는 달콤한 이야기—그러나 엄연히 사실인 이야기—까지 들었으니 이제 남은 건 당장 주식계좌를 개설하고 투자를 시작하는 것이다.

그러나 막상 주식투자를 시작하면 초기에 한두 번의 행운Beginner's Luck으로 수익을 얻기도 하지만 투자가 이어질수록 손실이 누적되고, 방향성을 알 수 없는 주가 흐름에 매번 흔들리고 당하게 마련이다. 이쯤 되면 처음 주식투자에 입문했을 때의 기대와 흥분은 모두 사라지고 오로지 회의와 실망만이 남게 된다. 그리고 과연 주식투자가 진짜 수익을 주는 투자인지, 복리효과를 얻을 수나 있는지 심각하게 고민하게 된다.

이렇게 되는 이유는 주식투자를 시작할 때 오로지 높은 수익이라

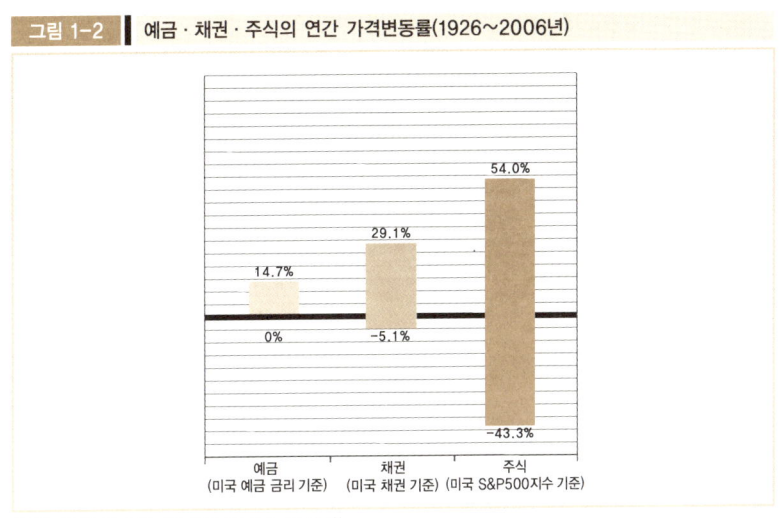

그림 1-2 | 예금·채권·주식의 연간 가격변동률(1926~2006년)

출처: 주식 동호회 '투자의 진실을 찾아서'

는 밝은 면만을 보고 덤벼들었을 뿐, 주식시장의 가장 큰 복병이자 난관인 '손실위험과 변동성'에 대해서 충분히 이해하지 못했기 때문이다. 주식 입문자들은 주식투자를 하기 이전에 했던 투자들— 예금, 저축, 계, 부동산투자 등—과 주식투자는 분명히 엄청난 차이점이 있다는 사실을 빨리 깨달아야 한다. 주식투자만의 독특한 특징을 이해 못하는 한, 아무리 주식시장에 오래 있어도 실패자로 남게 되기 때문이다.

예금이나 저축에 투자하던 때와 달리, 주식시장에 들어서면 별것도 아닌 일로 20~30%의 손실을 입는 것은 다반사이다. 워렌 버핏과 같은 위대한 투자자조차 '매수가에서 50% 빠지는 것 정도는 아무것도 아니다'라고 말하고 있으며, 존 보글*과 같은 위대한 투자자 역시 20% 정도 손실 날 것을 걱정한다면 주식투자는 아예 하지

표 1-2 저축과 투자의 차이

구분	저축	투자
목적	단기 지출이나 예상 밖의 사태에 대비	장기적인 자산가치의 상승
이용되는 자산	은행예금이나 우체국 적금, MMF 등	주식, 채권, 투자신탁 등
리스크(손실위험)	원리금이 보장되는 은행예금이나 정기예금에는 손실위험이 없다.	소유하는 증권의 종류에 따라 손실위험의 정도가 다르다.
수익의 원천	맡긴 자금에 대한 이자	소유하는 증권의 종류에 따라 다르지만 이자와 자본수익(자산 가격의 상승에 의한 이익)
장점	안전하고 출납이 간단하다.	장기적으로 인플레이션을 웃도는 수익을 얻을 수 있다.
단점	장기적으로 물가상승률 이하의 수익을 얻을 가능성이 높다.	증권의 가격이 내리면 손실을 입는다.

말라고 했다. 하지만 이렇게 '주식은 손실위험이 높은 것이 고유의 특징'이라고까지 친절하게 설명을 해줘도, 일반 투자자들은 막상 주가가 빠지면 안절부절못하고 온갖 증권사이트마다 돌아다니며 종목상담을 한다.

〈그림 1-2〉에서 보듯이 과거 80년간의 데이터에 의하면 예금은 손실이 제로인 반면 수익률 또한 제한적이다. 채권투자의 경우 약간의 손실이 있을 수 있지만 예금보다는 높은 수익률을 얻을 수 있다. 반면 주식의 경우에는 한 해에 54%의 높은 수익률을 얻을 수 있는 반면 불행한 해에는 43%의 손실을 입기도 한다. 이처럼 주식은 다른 투자대상과 달리 매우 높은 변동폭을 가진다. 이를 변동성이라고 하는데 이런 변동성을 제대로 이해하지 못하면 주식투자로

*존 보글(John Bogle)
전 세계 최초로 인덱스 펀드를 선보인 뱅가드그룹의 창설자이다. 뱅가드그룹은 현재 피델리티를 제치고 전 세계에서 가장 큰 규모의 펀드를 운영하고 있다.

결코 성공할 수가 없다.

  변동성은 야누스와 같은 두 얼굴을 하고 있다. 즉 높은 수익을 주는 것도 변동성 때문이며, 반대로 엄청난 손실을 입히는 것도 이 변동성 탓이다. 따라서 이 변동성을 어떻게 잘 활용하느냐가 결국 주식투자의 핵심이다.

  〈표 1-2〉는 저축과 투자의 차이를 설명한 것이다. 주식투자는 위험을 안고 있으며, 대신 예금이나 채권보다 더 높은 수익을 얻는 투자방식이라는 것을 이번 기회에 확실히 깨닫기 바란다.

공짜 점심은 없다

결코 높은 수익을 부러워하지 말기 바란다. 수익과 리스크(손실 위험)는 정비례하기에, 높은 수익을 올리다 보면 높은 위험에 자주 접하게 되어 한 번에 큰 손실로 이어지는 경우가 대부분이다.

수익률이 높은 사람을 부러워하는 건 당연하다. 주식투자란 기본적으로 수익을 내기 위함이며 당연히 높은 수익을 내는 사람이나 기법에 대해 관심이 많을 수밖에 없다. 그러나 그렇게 높은 수익을 내는 사람이나 기법을 대하기 이전에 반드시 알아두어야 할 사항은, 결코 그 수익은 공짜가 아니라는 것이다.

일반적으로 높은 수익을 위해서는 그만큼의 높은 위험을 감수해야만 한다. 장점만 있거나 100% 확실한 매매기법이란 존재하지 않으며, 수익률이 높은 매매기법일수록 그 기법 적용에 실패할 경우 손실 또한 매우 크다는 것을 잊어서는 안 된다.

거듭 말하지만, 높은 수익에는 그만큼 큰 리스크가 따른다. 물론 누구나 손실은 적고 수익률이 높은 투자전략을 선호한다. 그리고 이런 투자전략을 '효율적 투자전략' 또는 '효율적 포트폴리오' 라고 한다. 그러나 실제로 장기간 검증되고 실제 데이터를 통해 입증된 '효율적 투자전략' 은 극소수이다. 그럼에도 불구하고 초보 주식투자자들은 검증되지 않은 투자전략이나 기법에 현혹되어 시간과 비용을 낭비하기 일쑤다.

기본적으로 주식투자로 높은 수익을 얻을 수 있는 것은 다른 투자대상보다 그만큼 위험이 크기 때문이다. 위험 없는 수익을 원하거나 그런 방법이 있다고 주장하는 사람이 있다면, 화려한 문구나 광고가 아니라 역시 가장 간단하게 실제 수익률로 입증해야 할 것이다.

높은 수익에 높은 리스크가 있다는 것은 누구나 그 수익을 얻을 수 있다는 것이 아니라, 그 위험을 잘 관리하는 극소수의 사람만이 높은 수익을 얻는다는 것이다. 거의 대부분의 주식투자자들은 단기간에 높은 수익을 추구하지만 결국 큰 손실만 입게 된다. 일반적으로 대박을 꿈꾸고 급등주를 매매하지만 실제로 대박을 얻는 경우는 극소수이며 오히려 쪽박을 차게 된다. 이유는 바로 수익과 위험과의 관계를 제대로 이해하지 못했기 때문이다.

가치 투자를 한다고 해서 시장이 하락하는데 + 수익률이 나는 건 아니다. 즉 위대한 펀드매니저인 피터 린치*가 운영한다고 해서 하락장에서 펀드 수익률이 +가 될 수는 없다. 마찬가지로 트레이딩을

*피터 린치(Peter Lynch)
월스트리트의 영웅으로 불리는 대표적인 시장초과자. 마젤란펀드의 펀드매니저로서 1977년부터 1990년까지 13년간 연평균 29.2%의 수익률을 올렸다.

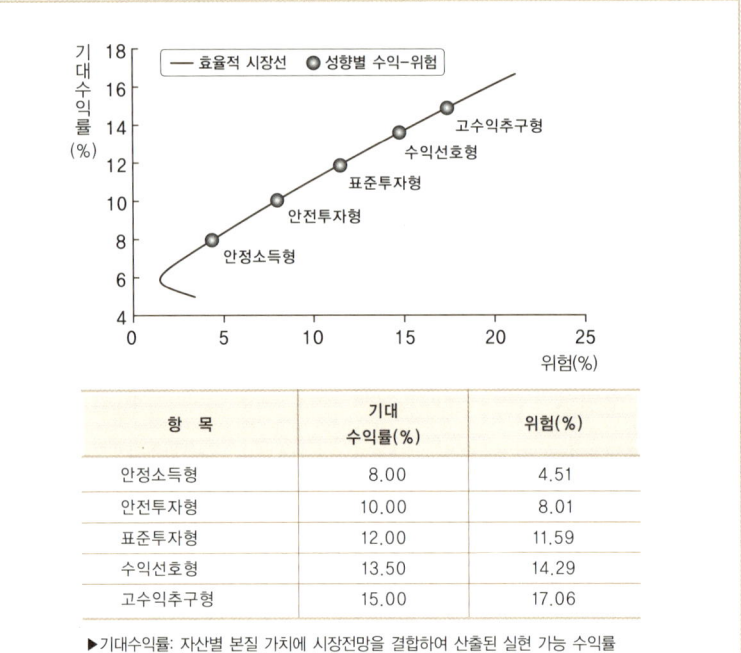

그림 1-3 | 수익과 위험 분석

항 목	기대 수익률(%)	위험(%)
안정소득형	8.00	4.51
안전투자형	10.00	8.01
표준투자형	12.00	11.59
수익선호형	13.50	14.29
고수익추구형	15.00	17.06

▶기대수익률: 자산별 본질 가치에 시장전망을 결합하여 산출된 실현 가능 수익률
▶위험: 기대수익률이 향후 어느 정도 움직일 가능성이 있는가를 나타내는 지표

출처: 삼성증권 리서치 자료

잘 한다고 해서 주가가 하락하는데 + 수익률이 지속적으로 발생할 수는 없다. 박스권 매매기법으로 유명한 니콜라스 다바스* 같은 트레이더들조차 하락장에서는 - 수익률을 기록할 수밖에 없는 것이 주식시장이다.

*니콜라스 다바스(Nicolas Darvas)
헝가리 출신 무용가로, 미국과 유럽 등에서 무용공연을 하면서도 주식투자를 해서 백만장자가 되었다. 그는 자신의 투자 경험을 토대로 박스이론(Box Theory)이라는 독특한 투자이론을 만들었다. 박스이론은 주가가 상하 일정범위 내에서 박스권 형태로 움직이다가 그 박스의 상단을 돌파하면 새로운 박스권이 형성된다는 내용을 골자로 한다. 이 박스이론에 입각해서 박스의 상단을 돌파하는 시점에 매수를 하면 수익을 얻을 수 있고, 박스의 하단을 뚫고 내려가면 손절매를 해서 추가손실을 방지할 수 있다는 것이다. 이런 매매기법을 흔히 박스권 매매기법이라고 한다.

그러나 이렇게 시장이 하락할 때 노련한 가치 투자자들은 오히려 추가로 매수하는 방식으로 이 변동성을 활용하며, 트레이더는 손절이나 공매도 등으로 대응한다. 바로 이것이 고수와 초보의 차이점이다. 결국 핵심은 손실위험 자체가 아니라 '손실이 발생했을 때 어떻게 대처하느냐'인 것이다.

또한 위험은 개별기업위험부터 시장위험까지 다양한데, 어떤 종류의 위험은 피할 수 있고 어떤 종류의 위험은 피할 수 없는지 등 '위험과 변동성, 그리고 손실'에 대해서 충분히 공부를 한 다음에 투자를 해야만 실제 투자에서 당황하지 않고 목표를 향해 나아갈 수 있다.

적어도 주식투자를 하는 이상 손실과 변동성이 발생하는 것 그 자체를 막을 수 있는 방법은 없다. 따라서 손실과 변동성 자체를 자연스럽게 인정하는 태도가 중요하다. 주식투자란 무위험 수익을 추구하는 것이 아니라 위험을 어느 정도 감수하고 대신 상대적으로 높은 수익을 얻는 투자방식이라는 것을 명심해야 한다.

〈그림 1-3〉에서 보듯이 수익이 높을수록 위험은 비례하여 증가한다. 즉 효율적 투자전략이란 위험이 없는 투자전략이 아니라, 위험 대비 수익이 높은 투자전략을 말하는 것으로, 좀 더 학문적으로 이야기한다면 '효율적 시장선' 위에 존재하는 투자전략을 말한다. 바로 이렇게 자신이 감내할 수 있는 손실위험 안에서 최고의 수익을 주는 투자전략 내지 매매기법을 배우고 개발한다면 어느덧 초보에서 고수로 올라선 자신의 모습을 발견하게 될 것이다.

야누스의 두 얼굴, '수익'과 '위험'을 어떻게 조화시킬 것인가?

　주식투자는 동전의 양면을 가지고 있다. 바로 동전의 앞면인 수익과 뒷면인 위험이 그것이다. 수익과 위험이라는 상반된 개념이 동시에 있다 보니 이를 제대로 이해하는 사람이 많지 않다. 동전의 앞면인 '수익'만 보고 투자를 하다가 '위험'이라는 암초에 부닥쳐 좌초하거나, 정반대로 '수익'은 전혀 보지 못하고 오로지 뒷면인 '위험'만을 보고 주식투자를 기피하는 사람들이 그 대표적인 유형이다.
　현대의 많은 투자자와 탐구자들 역시 저위험 고수익을 위한 투자방법을 계속 연구하고 실증적 데이터를 마련하고 있는데, 최근까지 연구되고 입증된 위험관리 방법에는 크게 네 가지가 있다.

표 1-3 | 연평균 수익률 비교: 마켓타이밍이 수익률에 미치는 영향(1970~2000년)

시장	매년 최고가 매수(%)	매년 1월 매수	매년 최저가 매수(%)
영국	15.2	16.5	17.2
미국	13.9	14.6	14.9
독일	11.9	12.6	12.8
프랑스	15.7	16.7	17.3
홍콩	16.6	18.7	19.4

*1970년 12월~2000년 12월 MSCI 국가지수를 기준으로 연평균 수익률을 계산한 것이다.
출처: Fidelity Investments

1) 적립식 투자

일반적으로 적립식 투자는 변동성을 낮추고 위험을 최소화하는 데 가장 효과적인 대응전략으로 손꼽힌다. 보통 '달러 코스트 평균법Dollar-Cost Average'을 많이 사용하는데, 달러 코스트 평균법이란 주가의 등락이나 시장 상황을 고려하지 않고 주식에 일정액을 정기적으로 투자하는 방법을 말한다. 직장인들이 매월 월급날마다 얼마씩 떼어서 펀드에 넣는 것이 바로 이 달러 코스트 평균법이다.

시장이 상승하건 하락하건 매월 특정일에 주식을 매수하는 방식은 일견 단순무식해 보인다. 그래서 대부분 차라리 주가가 폭락할 때마다 매수하는 방식이 더 효과적이라고 생각할지도 모르겠다. 그러나 현실적으로 아무리 뛰어난 마켓타이밍 능력의 소유자라도 최저가에 주식을 매수할 수는 없다. 오히려 개인투자자들은 주가가 내릴 때는 공포에 사로잡혀 적극적인 매수를 못하고, 반대로 주가가 과열되면 추격매수를 하는 경향이 강하다. 이렇게 공포와 탐욕

표 1-4	코스피 5년간 수익률 비교: 마켓타이밍이 수익률에 미치는 영향			
	기간	매월 최고가 매수(%)	매월 10일 매수(%)	매월 최저가 매수(%)
5년간	2002년 10월~2007년 10월(5년)	13.8	14.9	15.8

에 휩쓸려서 투자를 하다 실패하는 것을 방지하는 방법으로 적립식 투자가 제격이다.

〈표 1-3〉은 각국에서 최고의 마켓타이밍 시점과 최악의 마켓타이밍 시점, 그리고 무조건 매년 1월에 매수하는 적립식 투자전략들 간의 수익률을 비교한 자료이다. 1970년부터 2000년까지 총 30년 동안의 연평균 수익률을 각 국가별로 비교한 결과, 최고의 마켓타이밍 전략과 매년 1월에 무조건 매수하는 적립식 투자와의 차이는 0.7%p 이내라는 것을 알 수 있다.

국내의 경우에도 이와 비슷한 수치를 얻게 되는데, KODEX200 (거래소 KOSPI200지수를 그대로 추종하는 ETF. ETF는 펀드지만 주식처럼 자유롭게 매매 할 수 있다는 장점이 있다)을 가지고 마켓타이밍에 따른 수익률을 비교해본 결과 연평균 수익률 차이는 최악의 타이밍과 최고의 타이밍 간에 2%p밖에 발생하지 않았다. 이 수치는 앞서 본 외국의 자료와 매우 유사한 수치로, 국내의 경우도 마켓타이밍의 효과는 시간이 지날수록 줄어든다는 것을 알 수 있다. 여기에 매매 제비용을 고려한다면 사실상 매월 10일에 매수하는 적립식과 최고의 마켓타이밍 방식과의 수익률 격차는 거의 없다고 봐야 한다.

물론 1%p의 수익률 차이가 크긴 하지만 우리가 항상 최고의 마켓타이머가 될 수는 없다는 점과 마켓타이밍에 따른 잦은 매매시 발생하는 비용을 고려하면 사실상 타이밍을 전혀 고려하지 않는 적립식 투자로도 목표한 투자 성과를 충분히 얻을 수 있다는 점이 중요하다.

그러나 적립식 투자를 한다고 해서 항상 이익이 나거나 손실을 줄일 수 있는 것은 아니다. 적립식 투자는 등락을 심하게 하는 횡보장에서 매우 유용하다. 횡보장에서는 마켓타이밍을 이용해서 매매를 하는 전략(마켓타이밍 전략)의 경우 손절이 많아지고 매매비용이 늘어나는 단점이 있고, 단순히 주식을 사서 보유하는 전략(바이앤홀딩 전략)의 경우 수익률의 변화가 별로 없다. 반면 적립식 투자를 하면 주가가 하락할 땐 많은 양의 주식을 사게 되고 주가가 오를 땐 적은 양의 주식을 사게 되어, 결과적으로 매수평균단가가 낮아져서 시장 평균수익률보다 우월한 성과를 보인다.

그렇지만 시장이 꾸준히 하락하거나 상승하는 경우엔 적립식 투자가 오히려 부정적인 결과를 낳기도 한다. 시장이 꾸준히 하락하는 경우 아무리 적립식 투자를 해서 매수단가를 낮춘다고 해도 수익이 날 수는 없다. 또한 지속적인 상승장에서는 매수평균단가가 높아져서 오히려 시장 전체 상승률보다 수익률이 낮아지는 단점이 있다. 따라서 적립식 투자는 장기적으로 상승하면서도 구간구간 하락과 조정이 있는 형태의 시장에서 최고의 효과를 발휘할 수 있다.

2) 분산투자

오래된 주식 격언에 '계란은 한 바구니에 담지 말라'는 말이 있다. 이 말은 곧 분산투자^{Diversification}를 의미한다. 분산투자란 한두 종목에 자신의 투자원금을 집중투자(주식시장에서는 은어로 '몰빵투자'라고도 한다)하지 않는 것이다. 그렇다면 왜 분산투자를 해야 할까?

주식시장에서 위험은 크게 체계적위험$^{Market\ Risk}$과 비체계적위험$^{Firm's\ specific\ risk}$으로 구분할 수 있다. 체계적위험이란 주식시장의 모든 종목에 공통적으로 미치는 위험이다. 전 세계 경제악화나 시중에 유동성이 부족해서 주식시장 모든 종목이 하락하는 때가 있는데, 이렇게 모든 종목이 하락해서 손실이 발생하는 경우를 시장위험 또는 체계적위험이라고 한다. 반면 비체계적위험이란 기업 고유의 위험을 말한다. 기업의 경영악화로 인한 부도나 파업, 새로운 사업 진출 등에 따른 주가 변화가 바로 그것이다.

그런데 문제는, 체계적위험(시장위험)은 피할 수 있는 마땅한 대책이 없다는 것이다. 아무리 뛰어난 시황예측가라도 적중률이 50% 내외이다 보니 시장의 흐름을 예견해서 체계적위험을 벗어나는 것은 불가능하다. 그래서 주식 고수들은 시장 전체가 좋지 않아서 하락하는 장세에서는 손실을 담담하게 받아들인다. 그러나 기업 고유의 문제로 인한 주가손실은 분산투자를 통해서 충분히 최소화할 수 있다. 즉 분산투자는 기업 고유의 위험(비체계적위험)을 줄이는 위

표 1-5 | 국내 100대 기업 변천사: 40년 전 100대 기업 중 아직 건재한 12개 사

회사	2004년 순위	1965년 순위
LG전자(옛 금성사)	3	41
기아차	6	100
현대건설	21	96
대림산업	35	32
CJ(옛 제일제당)	42	8
한화	47	36
제일모직	51	15
한국타이어	71	27
대상(옛 미원)	85	97
코오롱	90	50
대한전선	91	52
태광산업	99	64

출처: 《월간 현대경영》, 2005년 4월호

험관리 방식이다.

　적립식 투자가 주가의 높은 변동성에 대응하는 위험관리 방식이라면, 분산투자는 기업의 예기치 않은 악재에 대비하는 위험관리 방식이다. 기업의 수명은 생각보다 짧고, 산업이나 경제 상황에 따라 오늘 우량기업이라도 내일은 부실기업이 되는 일이 흔한 것이 기업 세계의 생리다. 따라서 아무리 좋은 종목이라도 미래를 알 수 없기에 적절한 분산투자를 해야만 한다. 만약 두 종목을 보유하고 있다가 그중 한 종목만 잘못돼도 투자원금의 50%가 날아갈 수 있다. 그러나 열 종목을 보유하고 있으면 기껏해야 10% 정도만이 손실이다. 이것이 바로 분산투자를 하는 이유이다.

　〈표 1-5〉를 보면 1965년에 국내 100대 기업으로 꼽히던 곳들 중 2004년 현재 건재한 회사는 고작 12개에 불과하다. 특히 LG전자나

기아차처럼 1965년에는 별볼일없었던 회사들이 2004년에는 최고의 업종대표주로 부각된 경우도 있다. 이처럼 기업에는 여러 가지 변수에 의한 위험이 늘 도사리고 있는데 그 위험을 사전에 감지하고 대응할 수 없다는 것이 문제가 된다.

분산투자의 목적은 종목을 늘려 위험을 감소시키는 것이다. 〈그림 1-4〉를 보면 보유종목이 늘어날수록 손실위험이 감소하는 것을 알 수 있다. 이렇게 종목을 늘려 포트폴리오를 구성하면 비체계적 위험이 감소한다는 것을 실증한 사람이 바로 해리 마코위츠Harry M. Markowitz 교수이다. 마코위츠 교수는 1952년 현대 투자 이론의 근간을 이루는 '포트폴리오 이론'을 발표하면서 세상의 주목을 받았고, 1990년 노벨경제학상까지 수상했다.

그런데 여기서 주의할 것은 단순히 종목 수를 늘리는 것이 분산투자는 아니라는 사실이다. 분산투자에서는 상관계수가 중요하다. 상관계수란 두 종목 간의 연관성을 −1에서 +1까지 표시한 것으로, 상관계수가 음수일수록 연관성이 작기에 분산효과가 있다. 물론 개인투자자가 종목 간의 상관계수를 일일이 파악하는 것은 불가능하기에 최적화된 분산투자를 하기는 어렵겠지만, 업종별로 그리고 시장별로 성격이 다른 자산이나 종목들을 보유함으로써 비체계적위험을 최대한 줄여야 한다. 또한 과도한 분산투자는 오히려 관리 면에서나 비용 면에서 비효율적이라는 점도 참고해야 한다.

분산투자를 통해 관리할 수 있는 위험은 비체계적위험에 그친다. 따라서 시장 전체가 하락하는 위험의 경우엔 앞서 살펴본 적립식

그림 1-4 | 보유종목 수 증가에 따른 위험 감소 효과

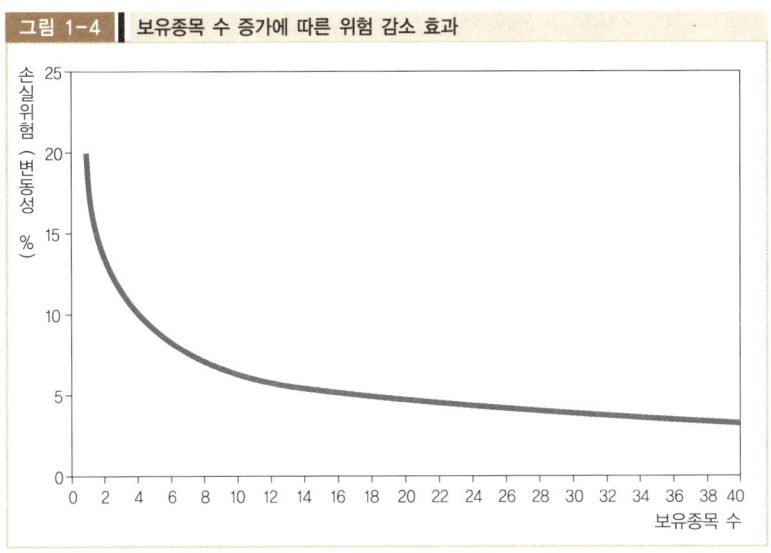

투자나 뒤에 살펴볼 손절매 등을 활용해야 한다. 결국 주식시장의 승패는 위험을 얼마나 잘 인지하고 관리하느냐에 달렸다고 해도 과언이 아니다.

3) 가치주 투자

일반적으로 장기적으로 성장하고 자산이 많고 내재가치 대비 주가가 낮은 기업은 하락장에서 덜 빠지고, 상승장에서 높은 수익을 주는 것으로 알려져 있다. 이러한 가치주 투자 Value Investment가 손실위험을 줄이면서도 변동성이 낮은 뛰어난 주식투자 방법이라는 것을 입증한 대표적인 사람이 바로 벤저민 그레이엄 Benjamin Graham이다. 그는 안전마진*이라는 개념을 활용하여 내재가치보다 주가가 훨

표 1-6 | 벤저민 그레이엄의 연평균 수익률 비교(1925~1935년)

동 기간 비교대상	연평균 수익률(%)
벤저민 그레이엄	6
S&P500지수	5.8
다우존스지수	3.8

표 1-7 | 그레이엄-뉴먼 회사의 연평균 수익률 비교(1945~1956년)

동 기간 비교대상	연평균 수익률(%)	샤프지수* (위험조정평균 수익률)
연평균 주주배당 수익률	15.5(Beta=0.39)	1.43
S&P500지수	18.3	1.06

*샤프지수 = $\dfrac{\text{펀드 평균수익률} - \text{무위험 평균수익률}}{\text{펀드 수익률 표준편차}}$

씬 낮게 형성된 종목만을 매수하는 방식의 계량적 가치 투자로 매우 안정적으로 장기간 높은 수익을 올렸다.

1925년부터 1935년까지 10년간 벤저민 그레이엄은 연평균 6%의 수익을 올렸고, 동 기간 동안 S&P500**지수는 연평균 5.8%의 수익률을 기록했다. 또한 그레이엄-뉴먼 파트너회사를 세운 벤저민 그레이엄은 그의 투자방식을 그대로 적용하여 1945년부터 1956년까지 11년간 매년 약 17%(주주배당 기준으로는 15.5%)의 수익을

---

*안전마진(Margin of Safety)
벤저민 그레이엄이 최초로 사용했으며, 가치 투자의 세계에서는 가장 중요하게 여겨지는 개념이다. 가치 투자자 입장에서 기업의 주가는 궁극적으로 기업의 내재가치와 일치한다. 따라서 내재가치 대비 주가가 낮을수록 안전하게 수익을 올릴 수 있다. 이것이 바로 안전마진인 것이다. 벤저민 그레이엄은 주가 수준이 순유동자산을 총 발행주식수로 나눈 가격보다 낮으면 안전마진이 생긴다고 판단해서 주식을 매입했다.

**S&P500
미국 주식시장은 크게 다우존스(Dow Jones) 시장, S&P500(Standard & Poors 500) 시장, 나스닥(Nasdaq) 시장으로 구분된다. 다우존스 시장에서는 미국의 업종대표주 30개 종목이 거래되고 있으며, S&P500 시장에는 미국 기업들 중 우량주 및 블루칩 500개 종목이 상장되어 있다. S&P500 시장은 국내 거래소(KOSPI) 시장 중 삼성전자, POSCO, 현대중공업, 현대차 등 우량주 200개를 모은 KOSPI200 시장과 거의 유사하다고 보면 된다.

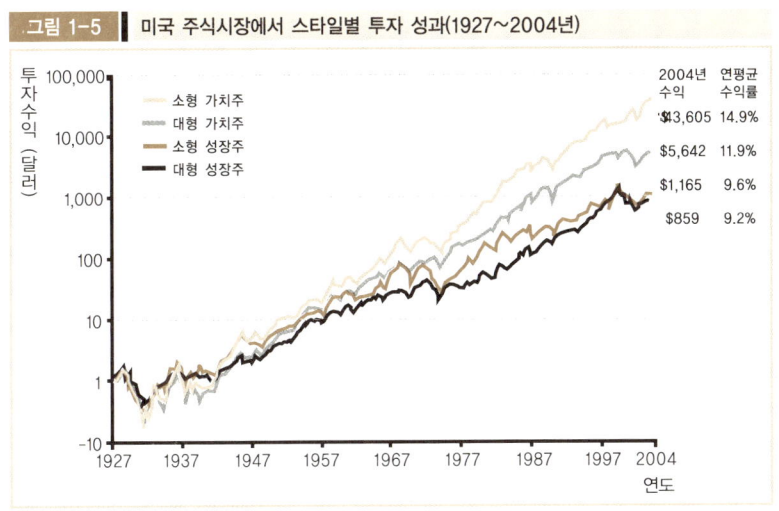

그림 1-5 미국 주식시장에서 스타일별 투자 성과(1927~2004년)

출처: ibbotson Associates, Inc.(1995)

얻었다. 물론 동 기간 동안 S&P500은 매년 18.3%의 상승률을 보였지만, 샤프지수로 보면 벤저민 그레이엄의 수익률은 매우 안정적인 것이었다.

또한 가치주 투자의 경우 상대적으로 고배당을 받는데, 이 배당을 재투자함으로써 다른 투자대상보다 훨씬 높은 수익률을 얻게 된다.

현재까지 학문적으로 실증된 효과적인 가치 투자방법은 '소형 가치주 포트폴리오'나 '대형 가치주 포트폴리오'* 등 종목을 계량적으로 구분해서 가치주 포트폴리오를 구성하는 것이다. 이렇게 구성

*소형 가치주와 대형 가치주 포트폴리오
주식시장의 전체 종목을 시가총액 등을 기준으로 대형주와 소형주로 구분하고, 순자산 대비 주가 비율을 토대로 가치주와 성장주로 나누어서 대형 가치주, 대형 성장주, 소형 가치주, 소형 성장주 등 4가지 형태의 포트폴리오를 만들 수 있다. 그런데 이렇게 짜인 각 포트폴리오의 수익률을 역사적으로 검증해본 결과 소형 가치주와 대형 가치주 포트폴리오가 우수한 성과를 보여주었다. 이를 계기로 다양한 방식으로 포트폴리오를 구성한 후 투자 성과를 연구하는 시도가 활발하게 진행되고 있다.

된 가치주 포트폴리오는 시장 평균보다 위험은 작고 수익은 높게 나오는 것으로 연구 발표되고 있다. 여기에 대해서는 2부와 3부에서 더 자세하게 다룰 것이다.

1927년부터 2004년까지 미국 시장의 수익률 비교 그래프 〈그림 1-5〉를 보면, '소형 가치주 포트폴리오'는 1달러에서 시작해서 4만 3,605달러를 번 반면, '대형 성장주 포트폴리오'는 겨우 859달러 버는 데 그쳤음을 알 수 있다. 즉 미국 주식시장을 기준으로 해서 볼 때 1927년부터 최근 2004년까지 소형 가치주 포트폴리오가 대형 성장주 포트폴리오보다 월등히 높은 수익률을 거둔 것으로 나타난 것이다. 일반적으로 개인투자자들은 대형 성장주 펀드나 포트폴리오가 더 수익률이 높을 것으로 예상하지만 실제 결과는 정반대이다. 이처럼 단순히 개인적인 투자 체험이나 주변의 이야기가 아닌 실증적이고 객관적인 자료를 바탕으로 주식을 이해해야만 올바른 주식투자관을 가질 수 있다.

4) 손절매

일반적으로 손절매Stop-Loss에 관해서는 아직 많은 실증적 데이터와 검증이 이루어져 있지 않다. 집중투자를 하거나 한두 종목으로 트레이딩을 하는 경우 기업의 부도 위험 등을 회피할 방법이 없기에 손절매는 필수적인 위험관리법이다. 또한 기업 고유의 위험인 비체계적위험뿐만 아니라 시장 전체 하락 위험에도 손절매는 좋은 대응전략이 될 수 있다. 그러나 아직 손절매가 얼마나 위험관리에 도움이 되는지는 구체적으로 연구되거나 검증된 자료가 없다.

현재까지 알려진 손절매 효과는 변동성을 줄여준다는 것이다. 손절매를 통해 추가하락을 방지함으로써 손실률을 일정 한도로 유지시킬 수 있다는 것이 가장 큰 장점이다. 그러나 장기적으로 보면 손절매는 손실도 제한하지만 수익 또한 제한하는 역효과를 발생시킨다. 때문에 시장이 효율적이라면 손절매를 한 사람과 하지 않은 사람의 수익률은 차이가 없으며, 오히려 손절매를 함으로써 거래비용을 발생시킨 사람의 수익률이 더 떨어진다. 따라서 실제 주식시장에서 손절매 전략이 다른 위험관리 방법인 분산투자나 가치주 투자보다 더 효과적인지는 단언해서 말할 수 없다.

또한 손절매 전략을 구체적으로 실천하는 데도 여러 가지 숙제가 있다. 과연 얼마에 손절매를 해야 하는지, 어떤 손절매 방식을 사용해야 하는지 그리고 손절매와 다른 위험관리 방법을 어떻게 병용해야 하는지 등 아직 연구하고 검증할 부분이 많다고 생각한다.

최근 들어 시스템 트레이딩이 발달하면서 손절매와 관련된 다양한 연구결과와 데이터들이 나오고 있다. 미국에서는 1950년부터 2004년까지 주식시장과 채권시장에서 단순한 손절매 규칙을 적용했을 때도, 시장수익률보다 매월 0.5%p에서 1%p의 이익이 더 나는 것으로 보고되고 있다(출처: Kathryn Kaminski and Andrew Lo, 『When Do Stop-Loss Rules Stop Losses?』). 그러나 수수료와 슬리피지Slippage, 체결오차를 감안한다면 장기적으로 시장을 이기는 의미

있는 손절매 규칙은 없다는 연구결과도 많아서 손절매 전략은 아직까지는 실험중인 위험관리 방법이다.

이렇듯 실제로 손절매 전략의 효율성에 대해서 명백히 밝혀진 것이 없음에도 불구하고 개인투자자들 대부분은 시장에 떠도는 검증되지 않은 손절매 전략을 위험관리의 전부로 받아들이고 있다는 데 심각한 문제점이 있다.

손절매는 개인투자자들 세계에서 일종의 보험전략으로 통한다. 즉 추가하락을 방지하기 위한 보험이라는 뜻이다. 그러나 주가는 변동성이 크기에 매수가 이하로 내려갈 확률이 빈번하다. 그러므로 주가가 기대와 달리 하락할 때마다 섣부른 손절매를 한다면 손실만 누적될 뿐 기대한 수익은 얻지 못할 것이다.

손절매 또한 분명히 투자의 세계에서 애용되는 위험관리 방법이지만, 적정하며 검증된 원칙을 세우지 못하는 한 오히려 손절매로 인해 손실위험이 더 늘어나게 된다는 점을 유의해야 한다.

5) 마켓타이밍

마켓타이밍Market Timing을 통해 하락장과 상승장을 예측하거나 대응할 수 있다는 주장이 있다. 그러나 마켓타이밍으로 단기간에는 놀랄 만한 성과를 낸 사람들이 있지만, 마켓타이밍이 장기적·지속적으로 시장을 예측했다는 어떠한 자료나 실증적 데이터도 없다. 또한 현실적으로 시장예측 능력은 평균 50% 이하이며 설령 마켓타

표 1-8 | 미국의 유명 시장예측가들의 예측 능력 평가표 I(2000~2008년)

전문가	적중률(%)	시장
잭 샤넵(Jack Schannep)	63	미국 주식시장
켄 피셔(Ken Fisher)	58	미국 주식시장
데이비드 드레먼(David Dreman)	54	미국 주식시장
마크 파버(Marc Faber)	53	전 세계 주식시장
짐 크래머(Jim Cramer)	46	미국 주식시장
51명 전문가 집단 평균	48	

출처: CXO Advisory Group LCC, (http://www.cxoadvisory.com)

이밍 능력이 평균 이상이라고 해도 매매 관련 비용이 누적된다. 때문에 지속적인 하락장이 아니라면 타이밍 전략을 전혀 사용하지 않은 투자자보다 오히려 수익률이 더 나쁠 수 있다는 점도 지적하고 싶다.

〈표 1-8〉은 미국에서 내로라하는 시황예측 전문가들의 적중률을 비교분석한 자료이다. 가장 높은 적중률을 보인 시황전문가는 잭 샤넵Jack Schannep(다우 이론을 기반으로 한 시장예측가)으로 9년간 63%의 적중률을 보였으며, 성장주 투자의 아버지로 불리는 필립 피셔Philip Fisher의 아들이자 아버지에 이어 피셔펀드를 운영하는 켄 피셔Ken Fisher가 약 58%의 적중률을 보였다. 흥미로운 것은, 1987년 미국의 블랙먼데이와 1997년 아시아 경제위기를 예측해서 닥터 둠Dr. Doom이라는 호칭까지 얻으며 우리나라에도 많은 팬을 거느리고 있는 마크 파버Marc Faber의 경우 9년간 적중률은 53%에 그쳤고, CNBC에서 증권 프로그램의 MC로 전 세계 투자자들에게 너무나 잘 알려진 짐 크래머Jim Cramer 역시 인지도나 유명세와 달리 예측 능력은 고작 46%밖에 되지 않는다는 것이다.

표 1-9 | 미국의 유명 시장예측가들의 예측 능력 평가표 II(2000~2007년)

시황예측가	총 시장예측 횟수	예측이 적중한 경우	예측이 틀린 경우	적중률(%)
데이비드 나사르 (MarketWatch.com)	44	30	14	68
제임스 오버웨이스(zacks.com)	34	22	12	65
루이스 나블리어 (MarketWatch.com)	64	39	25	61
제이슨 켈리(jasonkelly.com)	100	60	40	60
스티븐 립(leeb.net)	17	10	7	59
돈 러스킨(SmartMoney.com)	144	81	63	56
댄 설리번(zacks.com)	93	52	41	56
마크 아르베터 (Business Week)	199	109	90	55
밥 달(ml.com)	157	85	72	54

출처: CXO Advisory Group LCC, (http://www.cxoadvisory.com)

    정리해보자면 최고의 시황전문가들의 평균 적중률은 48%로 매우 실망스러운 결과를 보이고 있다. 즉 우리는 유명한 시황전문가들의 예측 등을 신문이나 언론에서 접하면서 시장에 대해 걱정하거나 환호하지만, 실제 이들의 적중률은 50%도 안 된다는 것이다. 동전을 던져서 앞면 뒷면을 맞출 확률보다 낮은 예언력에도 불구하고 여전히 개인투자자들은 족집게를 기대하며, 이들의 말에 귀를 기울이고 있다.

    우리가 주목해야 할 또 하나의 연구결과가 있다. 미시간 대학에서 조사한 바에 의하면, 1963년부터 1993년까지 30년간 시장의 가격 상승폭 가운데 95%가 전체 거래일 중 1.2%의 날에 집중되어 있다고 한다. 즉 수익의 대부분은 100일 중에서 1.2일 동안 얻어진다는 것이다.

그렇다면 최고의 마켓타이머가 되기 위해선 100일 중 1.2일을 예측하거나 대응해야 한다는 이야기다. 이를 고려해볼 때 마켓타이머가 시장에서 성공하기보다는 실패하는 이유가 무엇인지 알 수 있다. 마켓타이밍은 여전히 논란이 많은 전략이다. 다만 확실한 명제는 '시장은 누구도 예측할 수 없다'는 것이다.

대박은 극소수에게 찾아오는
행운일 뿐이다

　투자설명회나 주식 강의를 하다 보면 가장 많이 받는 질문이 "어떤 종목이 요즘 가장 유망한가요?" 혹은 "내가 보유한 종목의 향후 주가 흐름은 어떻게 될까요?" 하는 것이다. 물론 전형적인 대답이 준비되어 있지만, 사실 아무도 자신 있게 답할 수 없는 질문들이다.
　어떤 한 종목이 특정 기간에 어느 정도의 변동성을 가지는가에 대해서는 많은 실증적 연구자료가 있다. 따라서 투자를 하기에 앞서 적어도 자신이 관심 가지는 종목이 어느 정도의 변동성을 가지고 움직이는지 정도는 알아두어야 한다. 하지만 많은 이들이 그저 막연한 희망과 운이 좋을 것 같다는 느낌으로 그 종목을 매수하고 나서 주가가 생각대로 잘 안 움직이면 고민을 한다.
　지금 이 시간에도 각종 증권사이트에는 보유종목 때문에 잠 못 이루는 투자자들로 인산인해를 이루고 있다. 그러나 어디서도 속 시원한 대답은 얻을 수 없다. 누구는 팔라고 하고 누구는 사라고 하

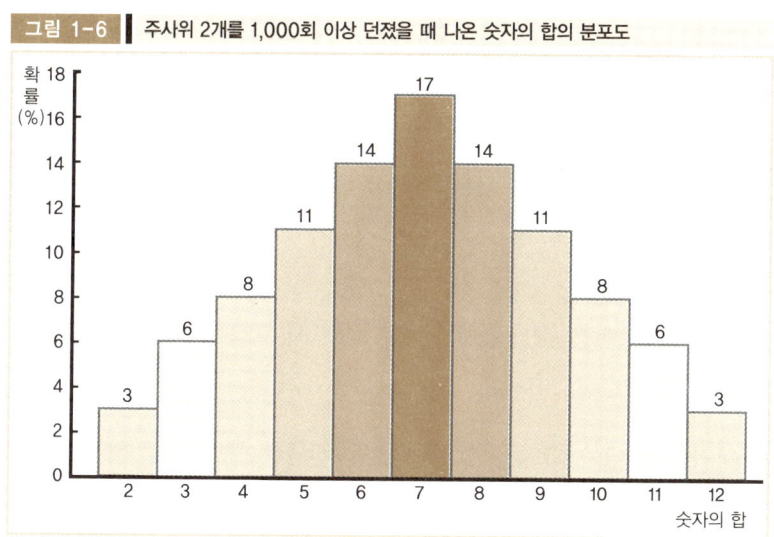

출처: 주식 동호회 '투자의 진실을 찾아서'

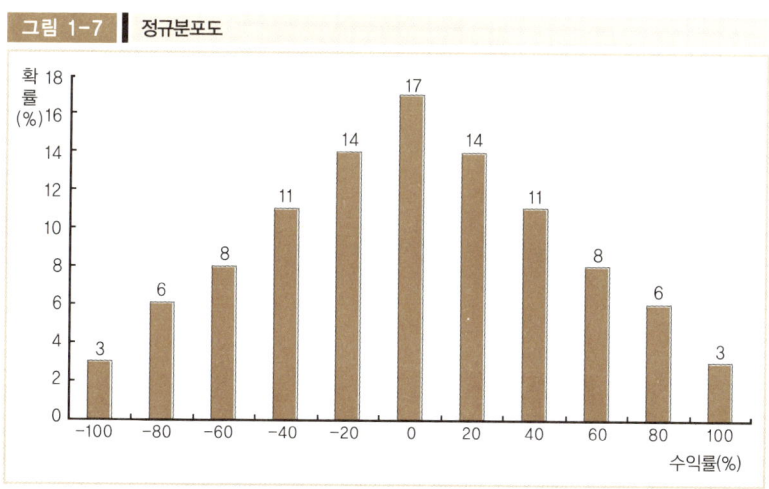

출처: 주식 동호회 '투자의 진실을 찾아서'

니 마음만 더 답답해지고 혼란스러울 뿐이다. 개인투자자들의 이런 고충은 '주가의 수익률 분포도'를 이해하지 못했기 때문이다.

〈그림 1-6〉을 찬찬히 들여다보라. 주사위 2개를 동시에 던져 나온 숫자의 합을 그래프로 나타낸 것이다. 1,000회 이상 던졌을 때 좌우가 대칭되는 결과에 수렴한다. 재미있는 것은 학생들의 키나 목장의 우유 생산량과 같은 자연현상도 이와 유사한 분포도를 보인다는 것이다.

주사위 2개를 던졌을 때뿐만 아니라 3개, 4개를 던져도 분포도는 위와 같은 모습을 가진다. 일반적으로 이렇게 중심점을 기준으로 좌우가 대칭되는 확률을 보이는 것을 정규분포도Normal distribution라고 한다(그림 1-7).

그런데 주식시장에서의 수익률 분포도는 이런 정규분포도와는 약간 다른 모습을 보인다. 왜냐하면 주식시장에서는 손실은 -100%로 한정되어 있고 수익은 무제한이기에, 수익률 분포도는 당연히 오른쪽으로 갈수록 무한한 경우의 수가 생길 수 있다. 따라서 일반적으로 손실이 한정되고 수익이 무제한인 경우 수익률 분포도는 〈그림 1-7〉의 정규분포도가 아닌 〈그림 1-8〉의 분포도처럼 오른쪽 꼬리가 긴 좌우 비대칭 모습이 된다.

미국의 S&P500지수에 속하는 500개 종목들의 5년간 연평균 수익률(총 2,339건) 분포도를 작성해보면 〈그림 1-8〉처럼 오른쪽 꼬리가 긴 분포도가 나오게 되는데, 이것이 바로 실제 주식시장의 수익률 그래프 구조이다. 그렇다면 이런 수익률 분포도가 의미하는 바는 뭘까?

먼저 〈그림 1-8〉 수익률 분포도를 보면 대다수 종목들의 연수익

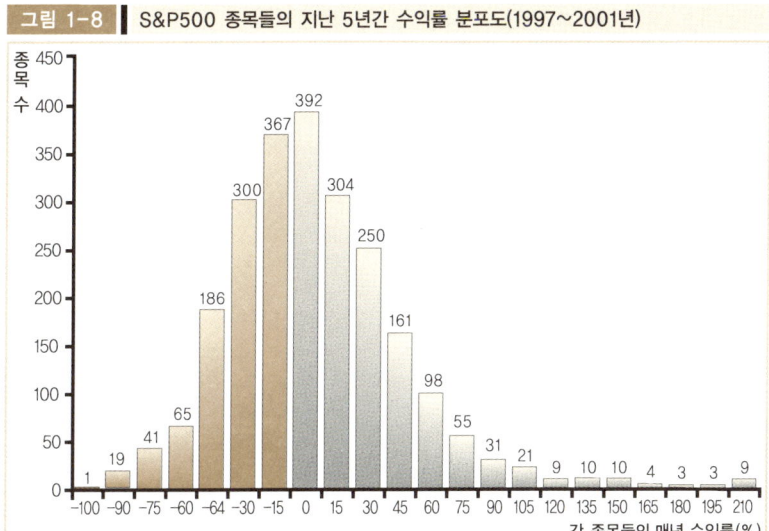

출처: 시카고 대학 증권연구소

률은 −30%~+30% 사이에 몰려 있으며, 100% 이상 수익률을 올린 경우는 69건으로 전체의 3%에 불과하다. 단지 극소수의 종목만이 연간 100% 이상의 높은 수익률을 기록하고 있다는 것을 알 수 있다. 즉 열심히 분석하고 최적의 타이밍에 매수를 한다고 해도, 10종목 중 7종목은 시장 평균수익률 정도에서 크게 벗어나지 못한다는 뜻이다.

또한 자세히 보면 전체 종목 중 70%가 시장 평균수익률보다 수익률이 떨어진다는 것을 발견할 수 있다. 우리는 흔히 시장 평균수익률 하면 '평균'이라는 개념 때문에 전체 종목 수익률의 중간 정도라고 생각하지만, 손실은 제한되고 이익은 무제한인 주식시장에서는 전체 종목들 중 30% 정도만이 평균 이상의 수익률을 올리게 된다. 따라서 평균수익률 이상을 올리기 위해서는 우리의 투자 실력이 중간이 아니라 상위 30% 이상이어야 한다는 것을 기억해야 한다.

정리하자면, 소위 말하는 대박을 얻을 확률은 5% 이내다. 역시 쪽박을 찰 확률도 5% 이내다. 다만 쪽박은 −100%로 끝나지만 대박은 +1,000%도 나올 수 있다는 것이 차이점이다. 대박을 꿈꾸는 투자자들에게 이 점은 매우 고무적인 사실이다. 하지만 이들에게는 실망스럽겠지만 10종목을 선택하면 그중 1종목 정도나 시장 평균보다 높은 수익을 얻을 수 있을 뿐 나머지 종목은 시장 평균 수준이라는 현실을 빨리 깨닫는 것이 중요하다. 즉 여러분이 주식투자로 기대할 수 있는 수익률은 특정 기간의 시장 평균수익률이라고 생각하면 된다. 국내 주식시장의 경우 2000년 이후 연평균 수익률은 15% 내외이다. 만약 그 이상을 얻고자 한다면 매우 특별한 재능과 행운이 따라야 한다.

장기투자가 모두에게 잘 듣는
만병통치약인 것은 아니다

〈그림 1-9〉는 1950년부터 1994년까지 미국의 연간 주가수익률 변화를 나타낸다. 어떤 특정한 1년만 보면, 주가는 -26.5%로 떨어지기도 하고 52.6%로 오르기도 하지만, 5년을 보유하면 손실을 보더라도 -2.4%로 급격히 줄어들며, 10년을 투자하면 어떤 시기라도 + 수익률이 나왔다는 것을 알 수 있다.

〈그림 1-9〉를 보면 알겠지만, 미국처럼 주가가 꾸준히 우상향하는 나라는 어떠한 시기에 매수를 해도 10년 이상만 보유하면 수익이 나는 구조다. 즉 주가가 우상향하는 시장에서는 투자 실력이 없어도, 운이 없어 최고가에 매수해도 단지 기다리기만 하면 수익을 얻을 수 있으며 시간이 흐를수록 수익이 꾸준히 누적된다. 이것이 바로 장기투자의 가장 큰 장점이다. 그러나 미국처럼 이렇게 우상향하는 나라에서도 10년 이상은 주식투자를 해야 수익이 난다는 것과 은행 이자 이상의 수익을 얻기 위해서는 적어도 20년 이상 투

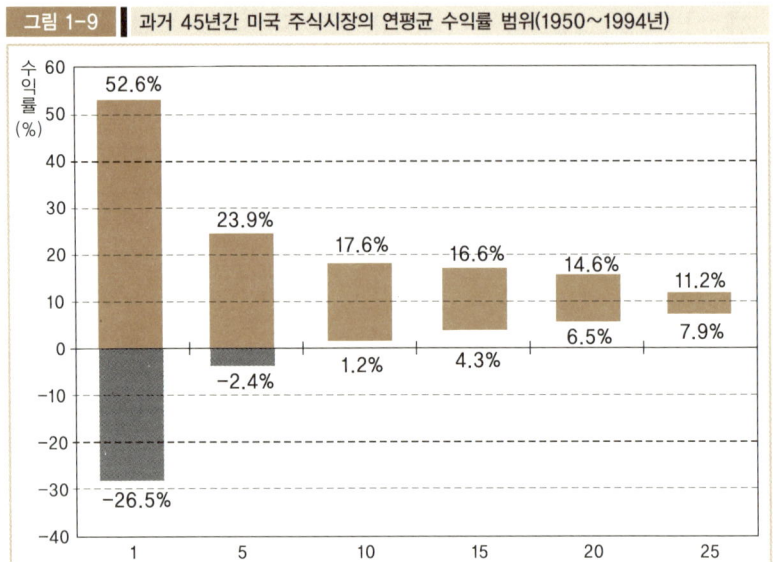

출처: 블룸버그, 2004

자를 해야 한다는 것에 주목해야 한다.

 장기투자의 장점이 발휘되기 위해서는 꾸준히 성장하는 기업과 꾸준히 상승하는 시장이라는 구조가 갖춰져 있어야만 가능하다. 일본과 같이 1990년대 이후 2009년까지 20년 동안 주가가 하락하여 고점 대비 3분의 1 토막이 난 경우에는 장기투자했다가는 손실만 입게 된다. 우리나라 역시 2000년 IT 버블 이후 2009년 현재까지도 코스닥시장은 2000년의 전고점을 돌파하지 못하고 있다. 물론 이런 특수한 시장은 이례적이며, 전 세계 주식시장으로 보면 매년 시장은 꾸준히 우상향하고 있다고 할 수 있다.

 그렇지만 적어도 국내 주식시장에만 투자할 경우 향후 계속 우상향일지는 확신할 수 없다. 미국처럼 우상향할 수도 있고 일본처럼 장기 하락할 수도 있다. 어떤 것도 확실치 않은데 외국의 사례를 들어 장기투자를 권하거나 부추기는 사람들이 너무나 많다. 최소한의 투자상식도 없이 무조건 장기투자를 강요하는 전문가들과 그것을 무턱대고 받아들이는 아마추어들이 태반이라면 투자의 진실과는 거리가 멀어도 한참 먼 것이다. 운이 좋은 극소수 투자자들의 성과에 근거해서 장기투자의 신화를 심어주는 것보다는 꾸준히 우상향할 수 있는 시장을 찾아서 투자하도록 유도하는 것이 전문가의 진정한 역할이다.

장기투자는 전 세계 주식시장에 적정한 비중으로 분산투자할 때에만 의미가 있다. 왜냐하면 특정 국가나 특정 지역의 시장이 나쁠지라도 전 세계 주식시장 자체는 과거부터 현재까지 꾸준히 우상향하는 수익률 그래프를 만들어왔으며 앞으로도 그럴 가능성이 높기 때문이다.

우상향하는 시장 전체를 대상으로 꾸준히 장기투자하면 누구나 동일한 수익률을 얻을 수 있기에 누구에게나 추천할 수 있는 주식투자 방법이다. 특별히 주식에 대한 감각이 없어도, 주식 운이 없거나 지식이 없어도, 돈이 많건 적건, 초등학생이건 할아버지건 누구나 동일한 수익률을 얻을 수 있다는 점이 특징이다.

결론적으로 장기투자는 우상향하는 종목 내지 우상향하는 시장에서만 유효한 전략이라는 점을 다시 한 번 강조한다.

가랑비에 옷 젖는 줄 모른다,
비용을 아껴라

    이 장에서는 많은 학문적 탐구자들과 실제 투자자들의 연구결과와 실증적 결과가 입증하는바 '주식투자를 장기적으로 하면 시장은 효율적이기 때문에 결국 주식시장에서의 최후의 승리자는 가치 투자자도 트레이더도 아닌 비용을 덜 쓴 사람이다'라는 사실을 다루고자 한다.

    지금까지 우리는 종목 발굴을 잘하는 방법이나 시장예측을 잘하는 방법 등에 대해서만 관심을 가져왔지만 지금부터는 바로 '비용'에 대해서 생각해보자. 결론부터 말하자면 비용을 아끼고 시장을 추종하면 누구나 확실한 수익을 얻을 수 있다는 것이다.

    MER$^{\text{Management Expense Ratio}}$이라고 하는 관리비용 비율 문제는 펀드와 같은 간접투자뿐만 아니라 직접 주식투자를 하는 모든 투자자에게 관련이 있다. MER은 펀드에서는 각종 보수와 수수료 비율을, 직접투자에서는 거래세 등 세금과 매매수수료 등의 비율을 말한다.

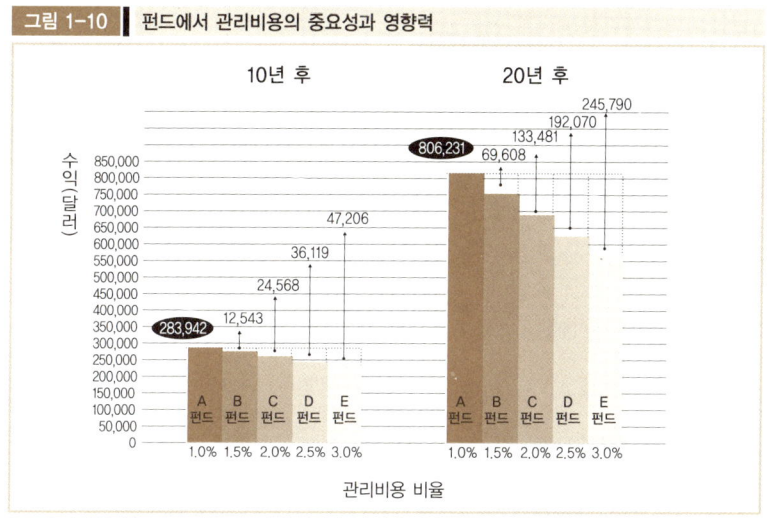

그림 1-10 펀드에서 관리비용의 중요성과 영향력

*10만 달러를 원금으로 연 12%의 수익률을 가정하였다.
출처: Standard Life Mutual Funds

　예를 들어 매년 12%의 수익률을 얻는다 해도 10년 후에는 MER 탓으로 실제 수익률은 12%보다 훨씬 적어진다. 물론 단기적으로 비용은 크게 문제가 되지 않겠지만 장기투자를 할 경우엔 펀드건 직접투자건 매매수수료나 펀드수수료 등 관리비용을 줄이는 것이 최대의 관건이다. 적극적으로 수익률을 높이는 전략들이 단기적으로는 높은 성과를 거두어도 장기로 갈수록 실패하는 원인 중 하나가 바로 이 비용 때문이기도 하다.

　〈그림 1-10〉은 10만 달러를 투자하고 매년 12%의 수익률을 얻는다고 가정할 때 1%부터 3%까지 비용 발생의 예를 들어 10년 후와 20년 후 각각 수익에 얼마나 차이가 있는가를 잘 보여주고 있다. 이 그림에서 10만 달러를 기준으로 연 12%의 수익률을 얻을 때

비용이 1%면 10년 후 약 28만 3,942달러가 된다. 그러나 비용이 3%면 이보다 약 4만 7,206달러를 덜 받게 된다. 20년을 기준으로, 관리비용이 1%일 때와 3%일 때의 차이는 무려 24만 5,790달러나 된다. 관리비용이 1%일 때의 수익에서 거의 4분의 1을 더 지불하는 셈이다.

장기투자 관점에서 보면 자산배분 전략도 중요하고 우상향하는 시장인지 여부도 관건이지만, 비용과 관련해서도 꼼꼼히 살펴봐야 한다. 마찬가지로 직접투자도 매매를 많이 할수록 수익률이 떨어지는데, 그 이유가 바로 매매할수록 발생하는 거래세와 매매수수료 때문이다.

단기매매 _
당신은 매매기계가 될 수 있는가?

주식시장에는 두 부류의 사람들이 존재한다. 한 부류는 단기간에 높은 수익을 올리려는 사람들이고, 다른 부류는 장기적으로 안정적인 수익을 올리고자 하는 사람들이다. 그러나 결론부터 말하자면 두 부류 모두 자신의 투자 목표를 제대로 달성한 사람은 아주 극소수이다.

그렇다면 왜 이렇게 단기매매건 장기투자건 성공하기가 힘든 걸까? 이유는 다양하지만 기본적으로 수익을 얻는 객관적이고 검증된 투자방식을 갖고 있지 못한 탓이 크며, 여기에 심리적으로도 탐욕과 공포에 휘둘려 스스로 세운 원칙마저 지키지 못하기 때문이다. 이번 장에서는 매매나 투자에서 실패하는 요인들에 대해서 살펴보고, 더 나아가 이를 어떻게 극복할 수 있을지 함께 고민해보자.

대다수 개인투자자들은 '대박' 환상을 가지고 있기에 단기간에 높은 수익을 올리는 사람이나 매매기법에 많은 관심을 가진다. 단지 수익률로만 본다면 실전투자대회에서 몇 개월 만에 수백 퍼센트의 수익률로 우승하는 사람들이 최고의 투자자로 보인다. 세계 최고의 투자자라고 불리는 워렌 버핏이 연평균 22%의 복리수익률로 그 자리를 유지하고 있는 데 비해, 단지 몇 개월 만에 수백 퍼센트 수익률이라면 아주 놀라운 성과다. 그렇다면 왜 워렌 버핏은 '단기간에 몇백 퍼센트의 수익률'에 도전하지 않을까?

시장에는 분명히 단기간 수백 퍼센트의 수익률을 기록하는 트레이더나 투기자들이 존재한다. 또한 뒤에서도 다루겠지만 '슈퍼수익'을 얻는 매매기법이나 투자전략은 누구나 시장에 대한 이해만 있으면 논리적으로 만들 수 있고 실천할 수 있다. 인간이라면 누구나, 워렌 버핏조차도 단기간에 높은 수익을 얻기를 원할 것이다. 그러나 두 가지 이유에서 위대한 투자자들은 단기간에 높은 수익을 얻는 대신 장기간에 걸쳐 안정적인 수익을 추구한다.

첫째는 자금 규모가 너무 크기 때문이다. 즉 단기간에 높은 수익을 내는 전략이나 기법은 자금 규모가 시장에 비해 굉장히 작아야 한다. 그래야 시장 흐름을 타면서 쉽게 매수와 매도를 할 수 있다. 하루 거래량이 10만 주인 종목이 있다면 적어도 1,000주 내외 정도로 운영을 해야 내가 원하는 타이밍에 매수와 매도를 할 수 있다. 자금 규모가 크다면 내가 특정 종목을 매수하는 것 자체가 시세를 변하게 할 수 있으며, 매도를 하려고 해도 보유물량이 많으면 하한가를 가거나 며칠에 걸쳐 매도할 수밖에 없는 상황이 발생한다. 즉 자금 규모가 크면 관심 가지는 종목도 유동성이 풍부하고 시가총액이 큰 종목들로 한정될 수밖에 없으며, 타이밍과 관련해서도 재빠르게 대응할 수 없게 된다. 따라서 시장 전체 수익률에서 크게 벗어나지 않는 투자밖에는 할 수 없다.

두 번째 이유는 높은 수익엔 반드시 높은 위험이 따르기 때문이다. 단순히 운에 의해서 단기간에 높은 수익을 올리는 경우가 아니라 꾸준히 지속적으로 단기간에 높은 수익을 올리기 위해서는 높은 위험을 잘 관리할 수 있는 매매규칙을 세워 매매가 기계적으로 이루어지도록 해야 한다. 특히 코스닥 개별주와 같이 변동성이 큰 종목들이나 레버리지가 큰 투자대상(선물이나 옵션 등)은 반드시 엄격한 손절 원칙이 적용되어야 한다.

트레이딩은 한두 종목의 집중 매매가 이루어지기에 객관적으로 입증된 손절매 규칙을 통해서 위험관리가 지속적으로 이루어져야 하는데, 현실적으로 막상 손절을 해야 할 때 손절을 하지 못하거나 이익을 실현해야 할 때 기회를 놓치는 일이 발생하면 이 한순간의 실수가 큰 손실로 이어지게 마련이다.

그런데 중요한 문제는 이런 기계적인 매매는 누구나 할 수 있는 능력이 아니라는 것이다. 두려움과 공포, 탐욕과 흥분과 같은 인간의 근원적인 심리를 완벽하게 제어할 수 있어야 하고, 어떠한 상황에서도 매매규칙을 그대로 실천해야 하는 아주 비범하고 특별한 재능이 있어야 가능하다. 사실상 인간이 아닌 로봇이어야만 지속적으로 높은 수익을 얻는 트레이딩에 성공할 수 있는 것이다.

이론적으로만 보면 슈퍼수익이 가능한 매매규칙은 아주 쉽게 만

| 그림 1-11 | 역발상 3점 기법을 활용한 추세매매의 수익률 분포도(166회 매매) |

*역발상 기법에 의해 매수시그널이 발생한 종목을 매수한 후, 저점 이탈시 매도하는 추세 추종 매매 규칙에 의거, 2006년~2007년에 걸쳐 국내 시장에서 실제 매매한 데이터.

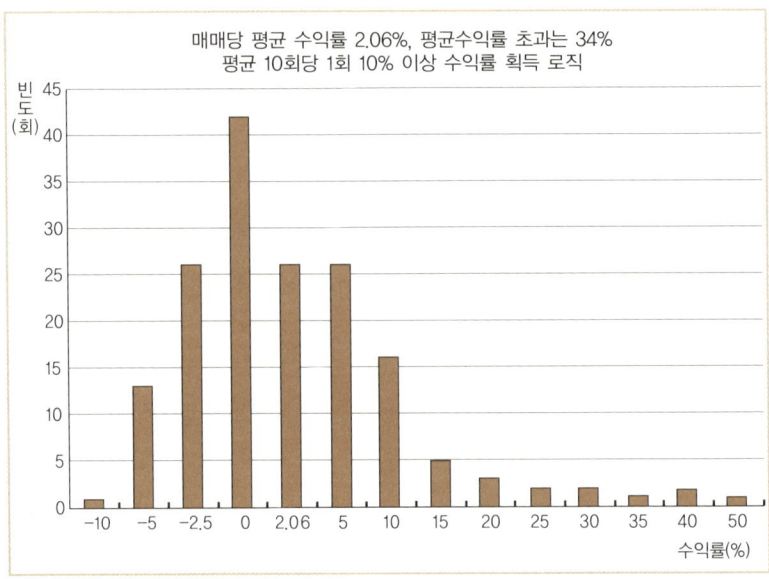

출처: 주식 동호회 '투자의 진실을 찾아서'

들 수 있다. 슈퍼수익이 나는 매매규칙은 알고 보면 굉장히 단순한 로직logic이다. 즉 손실을 최소화하고 이익을 극대화하는 원리를 실제 매매규칙화하기만 하면 된다. 대박이 극히 드물다는 사실을 보여주는 '주가의 수익률 분포도'를 떠올려보자. 여기서 '주가의 수익률 분포도'는 -100%에서 +3,000%까지 다양하게 존재한다. 그러나 슈퍼수익, 다시 말해 단기간에 높은 수익이 나는 매매규칙에서는 -100%가 나오는 종목을 -5% 내지 -10%로 손실을 한정시킴으로써 추가손실을 방지하고, 이익이 나는 종목은 최대한 중간에 자르지 않고 수익을 얻는 구조를 통해 '주가의 수익률 분포도'를 〈그림

1-11〉과 같이 변형시킨다.

분명히 〈그림 1-11〉의 수익률 분포도는 일반적인 주가수익률 분포도와 큰 차이를 보인다. 이 수익률 분포도는 보통의 주가수익률 분포도보다 손실 나는 종목의 개수가 확실히 적다. 물론 수익이 나는 종목의 개수도 축소된다. 그러나 전체적으로 수익률은 시장 대비 초과수익을 보이며 수익률 그래프를 그려보면 우상향을 하게 된다.

이렇게 간단한 매매규칙만으로도 우리는 일반 투자자가 상상할 수 없는 슈퍼수익을 얻을 수 있다. 그러나 현실세계에서는 이런 매매가 쉽지 않다. 왜냐하면 인간은 기계와 다르기에 여러 가지 실수를 할 수밖에 없다. 실제로 매매를 하게 되면 인간의 심리적인 이유나 급작스럽게 발생한 상황 또는 개별 종목의 위험 등으로 인해 매매규칙이 지켜지지 않는 것이 보통이다. 그러다 보니 이론적으로 슈퍼수익이 가능해도 현실적으로는 매우 힘들다.

그래서 최근에는 인간으로서의 한계를 극복하기 위한 대안으로 시스템 트레이딩이 각광을 받고 있다. 물론 시스템 트레이딩 자체는 돈을 버는 기계가 아니다. 시스템 트레이딩에 대한 논란은 여전히 지속되고 있지만, 가장 큰 매력은 적어도 매매규칙을 위반하는 일은 없다는 것이다. 시스템 트레이딩이란 무엇이며 슈퍼수익이 나는 매매로직은 어떻게 만드는 것인지 구체적인 것은 뒤에서 다루기로 하자.

아무튼 분명히 '트레이더로서의 재능'이 있는 사람은 전체 투자자들 중에서도 굉장히 소수이다. 이런 투자자는 혈액형이 주식형 Stock Type이다 못해 트레이더형Trader Type이어야 한다. 그렇다면 트레이딩에 재능이 없는 절대다수의 투자자들은 좌절해야 할까? 조지 소로스*와 함께 퀀텀펀드를 운영하며 1970년부터 1980년까지 11년간 연평균 38%의 수익률을 올리고, 90년대부터는 로저스지수라는 유명한 상품지수를 만들어 상품시장에서 활발하게 투자 활동을 벌이고 있는 짐 로저스Jim Rogers는 이런 말을 했다.

"나는 아무리 생각해봐도 최악의 트레이더이고 절대 트레이더로서 성공하지 못할 것이다."

그러나 그는 주식시장에서 최고의 명성과 부를 얻고 있는 사람의 하나다. 워렌 버핏이나 피터 린치 역시 단기간에 높은 수익을 내야 하는 실전수익률대회에 참여하면 분명히 형편없는 성적을 보일지도 모르겠다. 그러나 그들은 장기적으로 안정적인 수익률을 꾸준히 내어 위대한 투자자로서 전 세계 투자자들의 기준이 되고 있다.

시장은 공평하다. 단기간에 높은 수익을 내는 트레이더는 높은 변동성과 기업의 개별적 위험, 여기에 잦은 매매에 따른 비용 문제 그리고 매매규칙을 지키지 못하는 상황 등 다양한 방면에서 심각한 문제에 노출되어 있다. 그래서 시간이 지날수록 승리보다는 패배하는 트레이더가 늘어나게 마련이다. 우리에게 낯익은 유명한 트레이

---

*조지 소로스(George Soros)
국제 헤지펀드의 대부. 퀀텀펀드를 운영하여 19년간 연평균 34.5%의 수익률을 거두었다. 특히 1992년 영국 파운드화 공매도로 영국 은행을 굴복시키고 하루 만에 10억 달러를 벌어들여 국제적으로 이름을 날렸다.

더들조차도 한순간의 방심으로 엄청난 손실을 입는 경우가 흔하게 발생한다.

'미국 주식 챔피언십' 주식투자 부문에서 세 차례(1985~1990년)나 챔피언 트로피를 거머쥐며 월스트리트를 떠들썩하게 했던 데이비드 라이언* 같은 트레이더도 1984년 투자원금의 3분의 2를 날리는 큰 손실을 입기도 했다. 추격매수와 장세를 반영하지 않은 무리한 투자가 원인인데, 이처럼 인간의 욕심과 매매원칙을 지키지 못하는 것은 트레이더 세계의 최고수조차 극복하기 힘든 문제다.

국내에만 해도 매년 수십 차례의 실전투자대회가 열리며 작게는 몇백 퍼센트에서 많게는 몇천 퍼센트의 수익률로 우승을 차지한 트레이더들이 화려하게 주식시장에 데뷔했다. 하지만 장기간에 걸쳐 놀랄 만한 수익을 지속적으로 보여주는 사람은 현재 찾아보기 어렵다. 오히려 무리한 매매로 다시 실패자가 되어 세상의 동냥을 받는 경우가 더 흔하다. 단기간의 높은 수익이냐, 장기간의 안정된 수익이냐, 하는 것은 결국 투자자 스스로 선택할 문제지만 적어도 단기간에 고수익을 지속적으로 얻고자 한다면 철두철미한 매매기계Trading Machine가 되어야 한다는 점을 잊어서는 안 된다.

---

*데이비드 라이언(David Ryan)
미국의 실전투자대회에서 세 차례 우승을 하면서 미국의 대표적인 트레이더로 추앙받았다. 윌리엄 오닐의 매매기법의 추종자이기도 하다. 1985년부터 1987년까지 누적수익률 1,279%를 기록했다.

장기투자 _
위대한 투자자가 될 것인가,
인생을 즐길 것인가?

단기적으로 높은 수익을 내는 것은 자금의 규모나 인간의 탐욕과 공포와 같은 심리, 기타 이유 등으로 인해 평범한 개인투자자가 달성하기 힘든 목표라는 것을 알았다면, 이제부터는 장기적으로 안정적인 수익을 올리는 방법에 대해서도 연구를 해야 한다.

장기적으로 꾸준히 높은 수익을 올린 위대한 투자자들의 이야기를 듣고 있노라면, 누구나 그들의 방법만 따라 하면 쉽게 엄청난 수익을 얻을 수 있을 것으로 생각된다. 그러나 실제로 위대한 투자자들의 투자방법에는 개인투자자들이 모방하기 어려운 불가해한 요소들이 많이 숨겨져 있다는 것을 알아야 한다. 그것이 행운에 의한 결과였는지 아니면 진정으로 투자 실력이 특출해서였는지 사실상 분별하기 어렵다는 것이 문제다.

분명히 주식투자를 통해 시장 대비 높은 수익을 얻기 위해서는 '시장보다 상대적으로 강한 종목'을 골라서 '저점 매수 및 고점 매도'를 해야 한다. 그러나 현실적으로 주가는 모두 미래의 영역이기에 과연 이 종목이 미래에도 시장보다 강할지, 과연 지금 이 시점이 매매하기에 최적의 시점인지 알 수가 없다.

오히려 '좋은 종목'을 찾으려고 하다가 '나쁜 종목'을 선택하기 일쑤이고, '최선의 시점'을 고민하다가 '최악의 시점'에 매매를 하는 경우가 일반 투자자들에게 다반사로 발생한다. 검증되지 않은 어설픈 종목선택 전략이나 마켓타이밍 전략은 수익을 올려주는 것이 아니라 오히려 수익을 떨어뜨리는 요소로 작용하곤 한다. 객관적으로 입증된 투자전략이 아니라면 일단 의심을 하고 분석을 해야 한다. 그러나 아직도 수많은 투자자들이 '과학적 분석'보다는 '감'이나 '정보' 또는 '개인적 경험'에 더 의존하고 있다는 점이 우상향하는 수익률 그래프를 만드는 데 장애물이 되고 있다.

장기적으로 안정적인 수익을 얻고자 한다면 우선 주식시장의 통계적 사실부터 공부해야 한다. 꾸준히 시장을 이긴 소수의 위대한 투자자들이 존재하지만, 실제 주식시장에서 시장 대비 초과수익을 내는 것은 굉장한 난제라는 것을 객관적 자료들은 보여주고 있다.

최근 전 세계 모든 주식시장에서 공통된 현상은 '시장 평균수익률'을 이기는 투자자가 점차 줄어들고 있다는 사실이다. 우리나라처럼 규모가 작은 주식시장에서는 아직도 시장을 이기는 투자자나 펀드가 많지만, 전 세계를 놓고 보면 매년 평균 30%만이 시장 평균수익률을 이기며 10년을 놓고 보면 약 1~5%만이 시장을 이기는 투자자가 된다. 또한 실증된 결과를 놓고 보면 적극적 투자전략 100

개 중 95개는 결코 장기간에 걸쳐 시장수익률을 이기지 못하는 전략이다. 이렇게 거의 대부분의 적극적 전략(가치투자, 테마주투자, 특정 종목에 투자하는 전략, 5일선매매, MACD 매매전략, 특정 타이밍에 매매하는 전략 등이 모두 적극적 매매전략에 포함된다)이 시장보다 수익률이 낮다면 과연 엄청난 시간과 비용을 소비해가며 적극적 투자를 해야 할지 고민이 아닐 수 없다.

더구나 하루 종일 주식시장만 연구하는 전문적인 투자자가 아니라 생업을 하는 틈틈이 자투리 시간을 활용해서 주식투자를 하는 개인투자자들(직장인, 자영업자, 주부 등)에게 진정으로 도움이 되는 투자조언이란 무엇일까?

주식투자자의 길은 크게 두 가지가 있다. 하나는 시장 대비 장기간 초과수익을 얻는 것으로, 아주 엄청난 행운이 따라주거나 혹은 확실히 시장을 이기는 투자전략을 가지고 있을 때 가능한 것이다. 다른 하나는 첫번째가 매우 어렵고 힘든 길이라는 것을 깨닫고 시장 평균수익률 정도에 만족하는 방식이다.

만약 주식시장에서 한번 승부를 걸어보겠다고 한다면 당연히 전자의 길을 추구해야 한다. 그러나 평범한 직장인이나 주부로서 장기적으로 연평균 10~15% 내외의 꾸준한 수익을 원한다면 미련 없이 후자의 방식을 따라야 한다. 확률적으로 보면 전자로 성공할 가능성은 1%도 되지 않지만, 후자의 길을 선택한 경우 언젠가는 상위 1%의 투자자가 될 수 있다. 왜냐하면 결국 시간이 지날수록 시장을 이기는 투자자가 줄어들고, 그 결과 자연스럽게 시장 평균수익률만 추구해도 상위 1%의 투자자로 올라서게 되기 때문이다.

에드워드 소프*나 빌 밀러**, 존 네프*** 혹은 랄프 웬저**** 등과 같은 위대한 투자자가 될 것인가? 아니면 윌리엄 샤프***** 나 존 보글의 말처럼 시장 평균수익률을 추구하고 나머지 인생은 즐길 것인가? 이는 결국 각자 선택의 몫이지만, 어느 쪽 길을 갈지 결정하기 전에 먼저 '나는 과연 주식시장에서 무엇을 얻고자 하는 가' 하는 질문에 명쾌한 대답을 찾아야 할 것이다.

---

*에드워드 소프(Edward O. Thorp)
켈리 공식을 이용해서 가장 안정적인 수익률(표준편차 4% 이내)을 달성한 헤지펀드 매니저로 유명. 원래 대학에서 수학을 가르치던 교수였으나 헤지펀드 매니저로 변신해서 1974년부터 1998년까지 연평균 20%의 수익률을 거두었다.

**빌 밀러(Bill Miller)
1991년부터 2005년까지 15년 연속 시장 대비 초과수익을 올린 뉴밀무이한 핀드매니저. 성장주와 가치주를 고르게 보유하는 분산투자와 역발상 투자자로 유명하다.

***존 네프(John Neff)
대표적인 역발상 투자자로서 1964년부터 1995년까지 32년간 연평균 14.3%, 누적수익률 5,600%를 거둔 전설적 인물이다. 펀드매니저들 사이에서도 최고의 펀드매니저로 추앙받고 있다.

****랄프 웬저(Ralph Wanger)
소형주투자의 대가로, 그가 운영한 아콘펀드는 1970년부터 1988년까지 연평균 16.3%의 수익률을 기록, 미국의 소형주 펀드 중 최고의 성과를 냈다.

*****윌리엄 샤프(William Sharpe)
"인덱스에 투자하면 재테크의 고민에서 벗어나 여가생활에 더 많은 시간을 할애할 수 있다"는 주장으로 유명한 노벨경제학상 수상자. 펀드평가지수인 샤프지수를 개발한 장본인이기도 하다. 인덱스 투자를 이론적으로 정립한 학자다.

생기초 지식_
주식을 바라보는 4가지 시각

주식으로 수익을 얻는 방법은 매우 다양하다. 접근법이 다양하다는 말은 반대로 어떤 접근법이건 완벽하지 않다는 말이기도 하다. 만약 어떤 하나의 방법론이 완벽하다면 다른 방법론은 존재할 이유도 없을 것이다. 여기서는 이들 중 주식투자자 또는 주식매매자들에게 가장 많이 알려진 대표적인 주식접근법 4가지에 대해서 간략하게 살펴보고자 한다. 중요한 것은, 이 4가지 대표적 접근법들은 기본적으로 주식관이 다르기 때문에 서로 상반된 입장을 갖고 있다는 점이다.

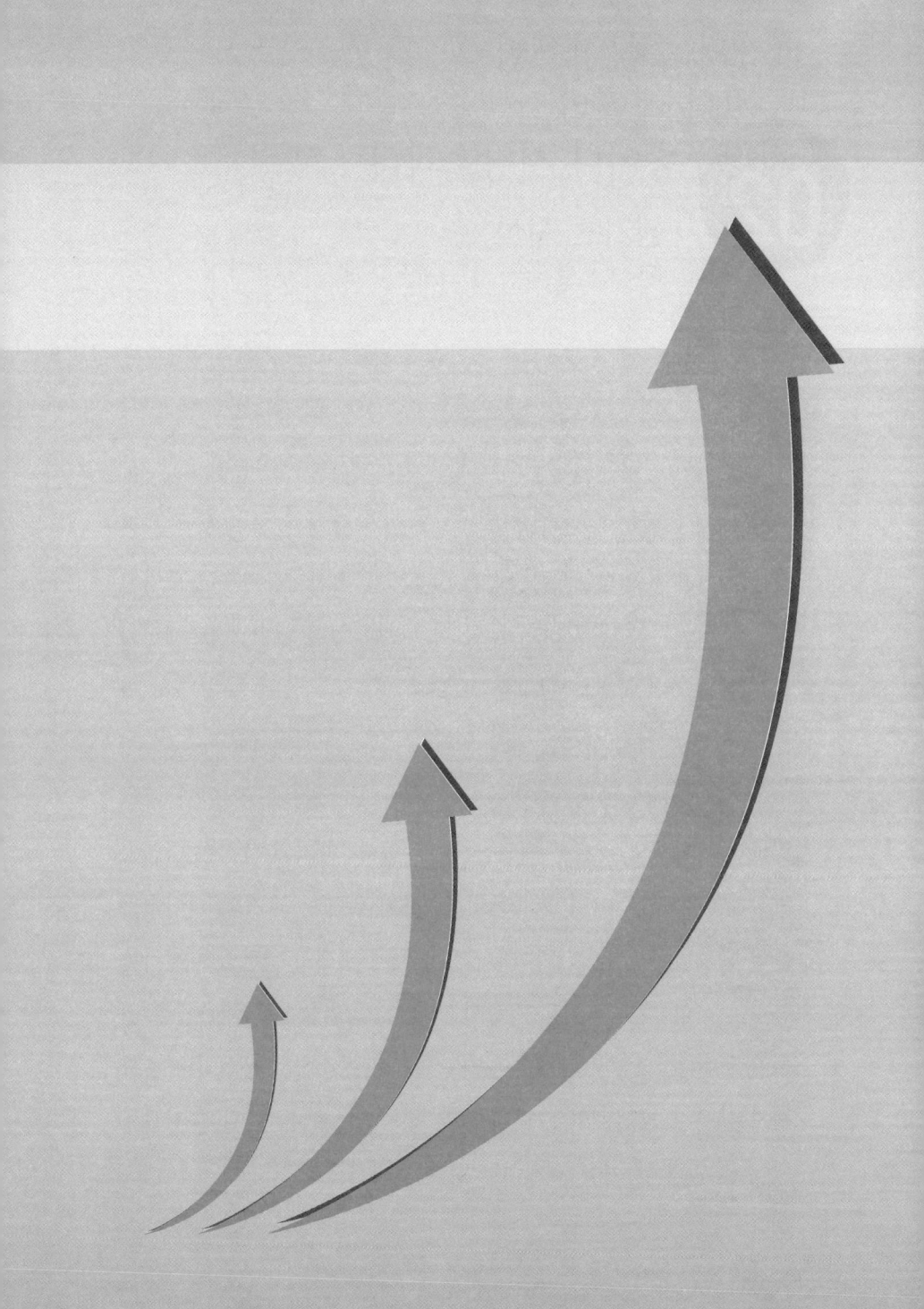

4가지 주식접근법 _
투자냐 매매냐,
시장추종이냐 시장초과냐

전 세계 다양한 국가들의 수십 년간의 자료를 보면 주식으로 가장 확실하게 수익을 얻는 방법은 '전 세계 주식시장에 분산투자를 하는 것'이다. 이렇게 하면 누구나―운이 있건 없건, 펀드매니저건 시골의 촌로이건―연평균 약 11% 정도의 수익률을 꾸준히 얻을 수 있다는 것을 우리는 알고 있다.

물론 향후에도 이런 수익률이 지속적으로 발생할 것인가 하는 질문에는 아무도 확실한 대답을 할 수 없다. 과거의 실적이 미래를 보장해주는 것은 아니기 때문이다. 소위 말해서 과거의 데이터를 분석하는 일, 즉 데이터마이닝Data Mining에 대해서 비판적인 시각을 가지는 사람들은 '과거의 자료가 미래를 반영하지는 않는다'는 점을 강조한다. 그렇지만 과거의 자료들을 객관적으로 분석하고 검증해서 세운 투자전략이 그렇지 않은 투자전략보다 더 나쁜 성과를 낼 수는 없다. 과거에도 제대로 성과를 내지 못했던 전략이 미래에

갑자기 좋은 성과를 낼 리는 더더욱 만무하다.

주식시장이 우리에게 알려주는 역사적 그리고 객관적인 사실은 '주식시장에 꾸준히 참여'하는 것만으로도 확실히 수익을 얻는다는 것이다. 그러나 이렇게 단지 주식시장에 참여하는 것만으로도 다른 투자대상에 비해 장기간 높은 수익을 얻을 수 있다는 것과 시장 평균수익률 이상의 수익을 지속적으로 얻는 투자방법은 매우 극소수라는 것은 최근 들어 밝혀진 사실들이다.

세계적으로 백여 년 이상 주식 데이터가 쌓이고 컴퓨터 등 데이터 분석 기술이 비약적으로 발전함에 따라, 이를 근거로 그동안 신화처럼 전해지던 투자방법이나 매매기법의 장단점이 낱낱이 파헤쳐지고 있다.

주식으로 수익을 얻는 방법은 매우 다양하다. 접근법이 다양하다는 말은 반대로 어떤 접근법이건 완벽하지 않다는 말이기도 하다. 만약 어떤 하나의 방법론이 완벽하다면 다른 방법론은 존재할 이유도 없을 것이다. 여기서는 이들 중 주식투자자 또는 주식매매자들에게 가장 많이 알려진 대표적인 주식접근법 4가지에 대해서 간략하게 살펴보고자 한다. 중요한 것은, 이 4가지 대표적 접근법들은 기본적으로 주식관이 다르기 때문에 서로 상반된 입장을 가지고 있다는 점이다.

전통적으로 주식을 이해하는 입장은 크게 '기업의 본래적 가치 Value'에 초점을 맞추는 펀더멘털 접근법 Fundamental Analysis과 '시장에서 형성된 가격 Price'에 초점을 맞추는 테크니컬 접근법 Technical

표 2-1 펀더멘털 접근법과 테크니컬 접근법의 차이

	펀더멘털 접근법 (기본적 분석)	테크니컬 접근법 (기술적 분석)
주식의 본질	기업의 가치(Value)	시장 가격(Price)
주가의 변화 요인	기업가치, 실적, 성장성	수급, 투자자의 심리
주요 분석 대상	재무제표, 업황, CEO	차트, 거래량
수익창출 방식	저평가 종목 발굴 및 중장기적인 보유	가격이 상승할 종목 발굴 및 단기적인 매매
대표 인물	벤저민 그레이엄 워렌 버핏	제시 리버모어 윌리엄 오닐
주식접근 성향	중장기 투자자	단기적 매매자 (트레이더, 차티스트)

Analysis으로 양분된다. 주식시장을 바라보는 입장이 이렇게 극명하게 갈리는 이유는 주식시장이 어느 한 가지 입장으로만 설명될 수 없다는 특징 때문이다. 즉 펀더멘털 접근만으로 완벽하게 설명되거나 수익을 얻을 수 있다면 굳이 테크니컬 접근 따위는 필요가 없을 것이다. 그러나 단기적으로 시장은 투자자의 심리와 수급에 의해 가격이 변화되는 특징을 가지고 있기에 테크니컬 접근에 투자자들은 귀를 기울이지 않을 수 없다.

기본적 분석에 근거한 펀더멘털 접근법과 기술적 분석에 근거한 테크니컬 접근법은 기본적으로 시장을 바라보고 이해하는 관점이 완전히 반대라는 점에 주목해야 한다. 그러다 보니 가치에 초점을 맞추는 투자자들은 수급을 연구하는 트레이더들의 주장을 완전히 무시하는 편이며, 반대로 트레이더들은 투자자들을 답답하게 바라보는 게 현실이다. 초보 주식투자자들은 각 진영의 입장 차이를 제대로 이해해야 혼란스러운 주장들 사이에서 올바른 판단을 할 수

있다.

그리고 실제 주식시장은 펀더멘털 접근법과 테크니컬 접근법 모두를 알아야만 이해할 수 있는 양면성을 가졌다는 점에 주목해야 한다. 투자자들 중 극단적인 펀더멘털주의자나 극단적 차티스트는 극소수이며 오히려 이 두 진영의 입장을 적절히 포용해서 투자성향과 매매성향을 동시에 가지는 것이 일반적이다.

서로 상반된 두 진영이 하나의 공통점을 가지는데, 그것은 바로 '수익'이라는 것이다. 펀더멘털 접근법과 테크니컬 접근법은 각각 시장을 다르게 바라보지만 공통된 목표는 '주식으로 수익을 얻는 것'이다. 투자를 하건 매매를 하건 결국 목적지는 '수익'이다. 그 목적지에 이르는 방법에서 의견이 다를 수 있지만 어느 진영이건 성공을 해야 '수익'을 얻을 수 있다.

펀더멘털 접근법으로 수익을 내려면 저평가 종목을 제대로 발굴하여 그 기업의 주가가 적정 가치까지 상승하거나, 장기 성장하는 기업을 초기에 발굴해서 그 기업이 꾸준히 성장하고 그에 걸맞은 주가 흐름을 보여야 한다. 만약 기업을 잘못 분석하거나 장기 성장할 줄 알았던 기업이 중도에 무너지면 수익은커녕 오히려 큰 손실을 입게 된다. 테크니컬 접근법도 마찬가지다. 차트와 거래량을 분석해서 오를 것으로 확신한 종목이 오르지 않을 경우 수익 대신 쓰라린 손실만 맛보게 된다.

두 진영 모두 수익을 얻는 방식을 이야기하고 있지만, 그 방식을 따라 한다고 해서 누구나 꼭 수익을 얻는 것은 아니다. 각 진영에

표 2-2 | 펀더멘털과 테크니컬 진영에서 주로 사용되는 주식접근 방법

기업가치 평가모형의 종류	내재가치 평가모형, 배당 평가모형, 이익 평가모형, PER에 의한 평가모형, PBR에 의한 평가모형, PCR에 의한 평가모형 등
기술적 분석의 종류	추세 분석, 패턴 분석, 지표 분석, 심리 분석, 거래량 분석, 목표치 분석 등

서도 그 방식에 성공한 사람만이 큰 수익을 얻는다. 기업분석이나 수급분석 모두 그렇게 간단한 일이 아니며 기업의 가치를 분석하는 일은 일종의 예술에 가깝다. 수급과 거래량으로 주가를 예측하고 대응하는 것도 확률적으로 50% 이내의 적중률을 보인다. 즉 어느 진영에서도 그 진영의 접근법으로 성공하기란 결코 쉬운 일이 아니다.

〈표 2-2〉를 보면 알겠지만 각 진영 내에서도 셀 수 없이 많은 세부적인 방법론들이 존재한다. 이렇게 많은 방법이 존재한다는 것 역시 어느 한 방법으로는 만족스러운 수익을 얻지 못하기 때문이라고 할 수 있다. 이렇게 수많은 접근법이 존재하는 것 자체가 주식으로 수익을 얻는 것이 매우 힘들다는 반증이기도 하다.

어떤 진영을 따라 하건 주식투자로 수익을 얻는 것이 어렵다는 사실이 점차 알려지면서 사람들은 다시 누구나 쉽게 수익을 얻는 방식에 대해서 고민하게 되고, 여기서 적극적 투자전략 대신 정반대의 소극적 투자전략(앞에서 다룬 인덱스 전략)이 나오게 되는 것이다.

기업가치에 초점을 맞추어 저평가된 종목 내지 성장성이 높은 종목을 발굴하는 전략이나 시장의 수급과 심리를 분석해서 더 오를

표 2-3 | 시장추종적 접근법과 시장초과적 접근법의 차이

	시장추종적 접근법	시장초과적 접근법
목표수익률	시장 평균수익률	시장 평균을 초과하는 수익률
수익 추구 방식	인덱스 펀드 등에 가입 시장 전체를 매수	특정 종목 집중투자 마켓타이밍 이용한 매매
지지자	존 보글 제레미 시겔	피터 린치 마이클 스테인하트

수 있는 종목을 찾는 전략과 같이 적극적인 주식접근법은 '성공할 때만 수익을 얻는 구조'이다. 그러나 이들은 성공보다는 실패가 더 많을 수밖에 없는 접근법이다.

반면 시장 전체에 투자하고 시장을 그대로 추종해서 '시장 평균수익률'을 얻는 방식이 장기적으로 볼 때 오히려 수익률이 높다는 데이터가 계속 쏟아지면서 새로운 주식접근법으로 각광을 받고 있다. 그러나 이렇게 시장 평균수익률에만 만족한다면, 아무도 보수를 주고 펀드에 가입하거나 수수료를 내가며 적극적인 매매를 하지 않을 것이다. 인간의 욕심은 시장 평균수익률에만 그치지 않는 것이 당연하다. 특히 보수를 받는 펀드매니저나 수수료 수입에 의존하는 증권브로커 등은 자신이 받는 보수나 수수료 수입 이상의 수익을 내줘야만 존재가치가 있다. 이에 따라 시장 평균수익률을 추종하는 시장추종적 접근법과 시장 초과수익률을 추구하는 시장초과적 접근법이 또 하나의 주식시장 접근법으로 등장하게 되었다.

이렇게 4가지 주식 접근법 — 펀더멘털 접근법, 테크니컬 접근법, 시장추종적 접근법, 시장초과적 접근법 — 이 현재 주식시장에서 가장 큰 호응을 얻고 있는 주식방법론이다.

주식시장에서는 이렇게 늘 서로 상반되는 주장들이 난무할 수밖에 없다. 그 이유는 주식을 바라보는 관점이 다르기 때문이다. 그렇다 보니 같은 종목이라도 어떤 입장을 지지하느냐에 따라 사라는 쪽과 팔라는 쪽이 대립된다. 주식시장에 처음 발을 디딘 초보투자자들은 이런 치열한 경쟁과 대립관계에서 굉장히 혼란스러울 것이다. 과연 어느 쪽이 옳은지, 어느 쪽이 정답인지 가늠하기 힘들 수밖에 없다. 그러나 어느 쪽도 완벽한 정답은 아니라는 점을 반드시 기억해야 한다.

여기서 중요한 것은 나는 과연 어떤 입장에서 주식에 접근하고 있는가 하는 것이다. 분명히 각각의 입장마다 장단점이 있고, 어떤 접근법이건 수익을 낼 수도 있고 반대로 수익을 내지 못할 수도 있다. 어쩌면 각 접근법들은 산의 정상을 오르는 각각의 등산로일지도 모른다. 어떤 등산로이건 목적지에 이를 수는 있다. 결국 핵심은 자신에게 맞는 주식접근법을 찾는 것이다. 가령 평범한 장기투자자라면 시장추종적 접근법이, 위험을 선호하면서 단기적으로 높은 수익을 추구한다면 테크니컬에 근거한 시장초과적 접근법이 더 어울릴 것이다.

투자자 _ 기업의 가치를 찾아라

일반적으로 펀더멘털 접근법(기본적 분석)에 근거해서 주식에 접근하는 사람들을 트레이더(매매자)와 구분해서 투자자라고 부른다. 여기서는 펀더멘털 접근법과 다른 접근법 간의 차이점을 중심으로 트레이더가 아닌 투자자로서 수익을 얻는 방법과 그 한계에 대해서 살펴볼 것이다.

펀더멘털리스트(투자자)는 기본적으로 기업의 가치에 초점을 맞추는 사람들이다. 투자는 기업 지분을 소유해서 배당이나 기업 매각 혹은 기업의 가격 상승 및 주가 상승 등을 통해 투자수익을 얻는 방식을 말한다. 투자나 투기나 도박 모두 자산을 늘리는 방식이지만 투자는 도박이나 투기처럼 불확실한 확률과 행운을 기대하지 않는다. 국공채에 투자하여 매년 꾸준한 수익을 올리는 데는 확률과 행운이 필요치 않듯, 투자란 말 그대로 예기치 않은 행운이나 불확실한 확률에 근거하지 않고 자금을 늘리는 행위다.

주식투자자의 가장 큰 고민은 과연 저 기업이 투자할 만한가 하는 것이다. 내가 A라는 기업에 1,000만 원을 투자하면 1년 이내에 1,200만 원을 회수할 수 있을까? 배당이건 기업 매각이건 주가가 상승해서건 목표한 수익이 달성되지 않을 가능성이 높다면 투자가치가 없다고 봐야 한다.

주식투자자는 다양한 방식으로 투자 성과를 회수하려고 한다. 주가의 등락을 통한 회수는 하나의 방법일 뿐 절대적이지 않다. 만약 주가의 등락만으로 투자 성과를 회수하려고 한다면 주식투자자는 다양한 문제에 부닥치게 될 것이다. 가장 큰 난점은 주가는 결코 기업의 가격에 정확히 대응해서 움직이지 않는다는 것이다. 약세장이 되면 주가는 장기간 본래 기업의 가격과 상당한 괴리를 가지고 움직인다. 또한 기업의 가격 내지 가치라는 것도 파악하기 힘들다. 특히 자신이 판단한 기업의 투자가치와 시장에서의 투자가치는 다를 수 있다. 따라서 같은 주식투자자라도, 자신이 판단한 기업가치를 중요시하는 입장과 시장의 가격 자체가 그 기업의 투자가치라고 생각하여 시장가격을 중요시하는 입장으로 구분된다.

전자는 시장에서 제시하는 주가(주식시장을 흔히 미스터 마켓으로 부른다)는 매수자와 매도자 간 싸움의 결과일 뿐 실제 기업가격과는 무관하다는 입장이다. 반대로 후자는 시장가격이 객관적 기업가격이라는 주장이다. 전자의 주식투자자에게는 기업분석이 필요하지만 후자의 주식투자자에게는 오로지 매매테크닉만 필요하다. 주가가 오르면 기업가치가 오르는 것이고, 주가가 내리면 기업가치가 내리는 것이기에 주가가 오르는 기업에만 관심을 가져야 하기 때문이다. 사실상 매매자로서 수익을 얻고자 하는 입장과 다를 게 없다.

일반적으로 주식투자라고 하면 전자의 입장을 말한다. 즉 기업의 가치와 시장의 가격은 다르다는 입장이다. 기본적으로 주식투자자에게 중요한 개념은 바로 가치Value이다. 여기서 가치란 개인적 효용이다. 반면 가격이란 객관화된 것으로 시장에서 거래되고 누구나 알 수 있는 것이다.

투자자는 크게 성장주Growth Stock 투자자와 가치주Value Stock 투자자로 구분된다. 일반적으로 성장주와 가치주는 〈표 2-4〉처럼 분류된다. 장기적으로 이익이 증가하는 종목은 성장주, 내재가치에 비해 저평가된 종목은 가치주로 본다.

성장주와 가치주의 성과에 대해서는 뒤에서 보다 세밀하게 다루기로 하고 여기서는 몇 가지만 이야기하겠다. 성장주 투자자로 성공한 대표적인 사람은 필립 피셔와 워렌 버핏이다. 필립 피셔는 1955년 매수한 모토로라 주식을 2004년 그가 죽을 때까지 팔지 않은 것으로 유명한 투자자로서 성장주 투자의 아버지라고 불릴 정도다. 또한 워렌 버핏은 이런 필립 피셔의 영향을 받아 장기 성장주 투자로 세계에서 두 번째 부자가 된 대표적인 펀더멘털리스트이다.

그러나 성장주 투자는 성공했을 때 높은 성과를 얻기는 하지만 실패했을 경우 손실도 만만치 않아서 일반적인 투자자들이 따라 하기는 쉽지 않은 투자법이다. 특히 성장주 투자를 하기 위해서는 계량

표 2-4 | 성장주와 가치주의 구분

	성장주	가치주
개념	• 시장보다 빠른 속도로 이익이 성장하는 주식 • 미래에 기업의 수익성이 크게 성장할 만한 신기술과 성장 기회를 가지고 있는 종목	• 내재가치에 비해 저평가된 주식 • 기업의 이익에 비해 주가가 저평가된 종목으로 장기적으로 높은 주가 상승을 기대함
주요 지표	• 고PER, 고PBR, 저배당 • EPS 증가율, ROE, PEG(PER/EPS 증가율), 영업이익 증가율, 매출 성장률 등 제반 수익 및 성장 관련 지표 분석	• 저PER, 저PBR, 고배당 • 저PSR, 저PCR, 저EV/EBITA 등 주가분석지표 분석 • 대체원가, 현금흐름, 주당순운전자본 등 재무제표 분석
특징	• 경기상승기에 큰 수익을 거둘 수 있음 • 미래 수익 성장에 대한 기대로 주가 수준이 높음 • 배당보다는 연구개발에 재투자함으로써 추가성장 추구 • 내재가치 분석과 질적 분석의 결합으로 미래성장성 예측 • 질적 분석에 따른 성장성 검토가 핵심 • 종목 교체에 따라 회전율 및 비용이 높음	• 경기 조정, 침체시 저가매수의 기회 확대 • 저가매수 후 장기보유로 수익을 높임 • 재투자보다는 배당을 높임으로써 추가수익 추구 • 현재와 과거의 재무 상태 분석, 미래 실적을 추정하여 기업가치 판단 • 내재가치 분석을 통한 저평가 종목 발굴이 핵심 • 장기보유에 따라 회전율 및 비용이 낮음
리스크 요인	• 상승세 둔화시 주가 하락 속도가 빠름	• 적정 가격 도달시까지 보유기간이 장기화될 수 있음

출처: 굿모닝신한증권

적인 분석이 아니라 CEO의 재능이라든가 산업의 미래 등 정성적으로 판단할 부분이 너무 많다. 또한 성장주 투자의 가장 큰 난점은 기업의 미래를 3년 이상 예측하기는 어렵다는 점이다.

반면 가치주 투자로 성공한 대표적인 투자자는 벤저민 그레이엄이다. 그는 실제 투자자일 뿐만 아니라 워렌 버핏이나 월터 슐로스 Walter Schloss 등 위대한 투자자들을 배출한 스승이기도 하다. 벤저민 그레이엄은 1949년 『현명한 투자자 The Intelligent Investor』라는 책을

표 2-5 | 펀더멘털 접근법의 장단점

장점	단점
기업가치와 주가는 장기적으로 높은 상관관계를 가진다.	시장에서의 주가는 수급이나 투자심리에 의해 움직인다.
가치주 투자자의 경우 저평가된 종목이 적정 가치로 오르면 수익을 얻는다.	저평가 여부나 기업가치는 분석하기 어렵고, 장기간 적정 가치를 찾지 못하고 싼 주식으로 남아 있는 경우도 많다.
성장주 투자자의 경우 장기적으로 성장하는 종목을 발굴하여 보유하면 큰 수익을 얻는다.	장기적으로 성장하는 기업은 드물기에 실패할 확률이 매우 높다.

통해서 안전마진과 장부가치Book Value를 기준으로 한 계량적 가치투자 개념을 주식투자의 방법론으로 제시했다. 이런 계량적 가치투자방식은 현대에 와서 제임스 오쇼너시James O' Shaughnessy의 다우의 개* 전략 내지 가치주 포트폴리오 전략** 등에서도 활용되고 있다.

가치주 투자에는 반드시 주의해야 할 점이 있는데, 가치주 포트폴리오가 장기적으로 높은 수익을 올리지만 단기적으로는 성장주 포트폴리오가 높은 수익을 내는 구간이 있다는 것이다. 이 수익률 비교는 전체 종목을 가치주와 성장주로 구분해서 포트폴리오 개념에서 비교한 것이지 몇 개의 특정 종목만 비교한 것은 아니다. 따라서 가치주 투자의 성과를 두고 그 우월성을 주장할 수는 있지만, 여

---

*다우의 개(Dogs of the Dow)
제임스 오쇼너시는 매년 다우존스 30개 종목 중에서 인기는 없지만 배당수익률이 가장 높은 10개 종목을 매수하는 역발상 전략으로도 시장보다 높은 수익률을 거둘 수 있음을 실증했다. 보통 배당수익률은 높지만 성장성이 떨어지는 종목은 기관투자자들에게 관심을 끌지 못하는 비인기 종목이라는 뜻으로 이런 이름이 붙었다.

**가치주 포트폴리오
가치주 포트폴리오에 관한 파마/프렌치(Fama/French) 교수의 연구논문을 보면, 장부가치 대비 저평가된 종목으로만 구성된 가치주 포트폴리오가 장기간 시장보다 높은 수익률을 가져다주는 것으로 입증됐다. 1972년부터 2002년까지 30년간 전 세계 13개국(미국, 일본, 영국, 프랑스, 독일, 이탈리아, 네덜란드, 벨기에, 스위스, 스웨덴, 오스트레일리아, 홍콩, 싱가포르)을 조사해본 결과 이탈리아만 제외하고 가치주 포트폴리오가 시장보다 높은 성과를 나타냈다.

기서의 성과는 '가치주 종목군'이지 그 종목군에 속한 몇 개의 종목을 말하는 것이 아니라는 점이다. 즉 가치주 몇 종목을 집중투자하는 방식의 접근법에 대해서는 아직 어떠한 성과도 제대로 검증된 것이 없다는 것을 유의해야 한다.

가치주 투자건 성장주 투자건 기본적으로 펀더멘털 접근방식을 취하는 경우 〈표 2-5〉와 같은 장단점을 가진다.

매매자 _ 주가의 움직임을 좇아라

만약 펀더멘털 접근법이 성공적이었다면 굳이 트레이딩이나 테크니컬 접근법 따위는 존재하지도 않았을 것이다. 그러나 주가는 투자가치와 무관하게 수급으로 움직이거나 다양한 원인과 변수로 등락한다. 또한 주식투자자 역시 다양한 문제를 안고 있다. 이 문제들을 성공적으로 해결했을 때만 수익을 얻을 수 있는 것이 '주식투자자의 운명'이다. 워렌 버핏과 같은 아무리 뛰어난 주식투자자라도 장기간 약세장을 만난다며 손실은 불가피하다.

그러나 이런 투자자의 고민을 매매자(트레이더)는 하지 않는다. 매매는 주가 그 자체에 초점을 맞춘다. 매매란 가치의 변화가 아닌 가격의 변화를 이용해서 수익을 내는 방식이다. 공매도자라면 높은 가격에 매도해서 낮은 가격에 매수함으로써, 매수자라면 낮은 가격에 매수해서 높은 가격에 매도함으로써 수익을 얻을 수 있다.

장기적으로 주가는 기업가치, 실적과 비례해서 움직이지만 단기적인 주가는 수급과 심리, 그리고 재료와 이벤트에 의해 좌우된다. 때문에 매매자는 기업의 실적이나 성장성보다는 수급에 더 관심을 가지며, 수급을 일으키는 다양한 요인을 연구하거나 수급의 변화를 알 수 있는 것들을 파헤치면서 매매기법이나 매매방법을 발전시켜 왔다.

그러나 같은 트레이더라고 하더라도 어떤 것에 초점을 맞추고 어떻게 시장을 이해하느냐에 따라 천차만별의 모습을 보인다.

수급을 일으키는 원인이나 이유에 초점을 맞추는 트레이더와 수급의 변화 그 자체에만 관심을 두는 트레이더는 서로 다른 트레이딩 기법을 사용한다. 전자는 기업가치나 자금의 이동, 정치 상황, 유행과 테마, 기업의 숨겨진 재료, 이벤트 등 '가격이 변하는 원인이나 이유'가 될 만한 것들을 참고해서 매매를 한다. 반면 후자는 거래량의 변화나 봉 모양의 변화, 패턴의 변화 등 '가격 그 자체의 변화'를 보고 매매를 한다. 또한 시장을 예측하고 매매하는 예측론자와 예측은 전혀 무용하다고 주장하며 오로지 지표에 따라 매매하는 대응론자로 전혀 상반된 입장에서 매매를 하기도 한다.

주식접근법으로서 매매의 가장 큰 매력은 단기간에 높은 수익을 올릴 수 있다는 점과 하락장에 유연하게 대처할 수 있다는 점이다. 국내에도 1년에 수 차례에 걸쳐 실전투자대회가 열리는데, 이런 대회에서 몇 개월 사이에 몇백 퍼센트에서 심지어는 몇천 퍼센트까지 엄청난 수익률을 보여주는 트레이더들이 꾸준히 배출된다. 또한 국내외 유명 트레이더들을 보더라도 단기간에 높은 성과를 보여준 실

표 2-6 | 국내 데이트레이딩의 성과 분석

이 표는 2000년 1월부터 2005년 2월까지 투자주체별 데이트레이딩의 수익률을 계산하고 있다. 전체적으로 평균수익률은 유의적인 음의 값을 가지고 있다. 특히 개인과 기관이 유의적인 음의 값을 보여주고 있다.

A. 전체						
	투자자 수	평균수익률	중앙값	최소값	최대값	t-값
	77,426	−0.0038	−0.0025	−0.2471	0.2369	−81.25
B. 투자주체별						
구분	투자자 수	평균수익률	중앙값	최소값	최대값	t-값
개인	77,022	−0.0038	−0.0026	−0.2232	0.2011	−82.15
외국인	57	0.0021	0.0035	−0.0827	0.0345	0.65
기관	347	−0.004	−0.0007	−0.2471	0.2369	−2.31

출처: 서충원, 신연수, 「전문 데이트레이더의 투자 성과, 지속성」, 2007

증적 사례는 셀 수 없이 많다.

그럼에도 불구하고 매매자로서 장기적으로 성공하는 경우는 극히 드물다. 이미 1부에서도 다룬 내용이지만 시장을 제대로 예측할 확률은 장기적으로 50%도 안 된다. 또한 시장에 대응한다고 하더라도 지속적으로 대응비용이 발생하며, 완벽하게 대응하는 기법도 존재하지 않는다. 단기간에 높은 수익을 추구하려면 변동성이 큰 종목들을 집중매매하게 되는데 오히려 이 변동성으로 인해 큰 손실을 입게 되는 경우가 다반사다. 주식시장에 승률과 수익률이 높은 특정한 매매규칙이 존재할 수 있다는 것 자체까지 부정할 수는 없다. 하지만 일반적으로 매매자가 다른 접근법보다 월등히 우월한 수익을 거둔다는 실증적 데이터나 연구결과는 거의 없으며, 오히려 반대의 결과를 쉽게 찾아볼 수 있다.

트레이더의 전형인 데이트레이더들의 성과를 연구한 자료들을

표 2-7 | 테크니컬 접근법의 장단점

장점	단점
기업분석 등에서 자유롭다.	기업분석을 무시함에 따라 부실기업을 보유하다 손실을 입는 경우가 많다.
변동성이 큰 종목에 집중투자함으로써 단기간에 높은 수익을 올릴 수 있다.	변동성이 높은 종목의 집중투자는 위험을 제어하지 못하면 오히려 큰 손실로 이어진다. 또한 변동성이 작아지면 오히려 매매비용만 늘어나서 손실이 발생한다.
높은 수익을 내는 매매규칙을 시스템 트레이딩을 통해서 구현할 수 있다.	시스템 트레이딩이 돈을 버는 기계인지는 아직 확실치 않으며, 매매규칙은 과거의 통계일 뿐이다.
하락장 등을 피할 수 있다.	시장예측이나 대응을 잘못하면 오히려 큰 수익의 기회를 날릴 수 있다.

살펴보면 트레이더로서의 주식접근법도 만만치 않다는 것을 알 수 있다. 캘리포니아 대학의 테리 오딘 교수의 연구결과(Barber, Lee, Liu, and Odean 2004년 논문)를 보면, 데이트레이더의 82%는 손실을 입는다. 이 논문은 1995년부터 1999년까지 대만 주식시장에서 활동한 92만 5,000명의 거래내역을 분석한 결과를 보여주고 있는데, 결론은 한마디로 대부분의 트레이더들이 결국 돈을 잃기에 데이트레이딩은 지는 게임이라는 것이다. 1990년대 메릴린치의 고객 6,400명을 대상으로 한 연구결과도 이와 비슷한 내용으로, '매매를 자주 할수록 돈을 잃는다'는 것이었다. 국내에서도 트레이딩의 성과에 대한 연구논문이 발표되었는데 이 논문(서충원, 신연수, 「전문 데이트레이더의 투자 성과, 지속성」, 2007)을 보면 국내의 경우에도 단기매매의 성과는 결코 좋지 않다는 것을 알 수 있다.

비록 성공한 트레이더라 하더라도 여전히 시장에 따른 확률과 통계의 변화에 치명적이며, 그 다음으로 개별 기업의 파산 위험(단지 수급 면으로만 접근하기에), 매매규칙을 지키지 못하는 위험(매수·매도·손절의 원칙 위배) 등에 늘 노출되어 있다. 물론 성공적인 트레이더는 이런 위험을 회피하기 위해 어느 정도 기업분석을 통해 매매할 대상을 선별하고, 시장에 따른 매매 방식의 변화를 연구하며, 기계적 시스템 트레이딩을 통해 매매규칙을 지키지 못하는 위험을 해소하려고 노력한다.

일반적으로 트레이더는 주식시장보다는 선물이나 상품 등 원자재시장에서 주로 활동하며, 절대수익률을 추구하는 헤지펀드 등에서 매매는 중요한 운용전략으로 활용된다. 전 세계 헤지펀드 매니저 중 연봉 1위(2006년 연봉이 17억 달러로, 환율 1,000원으로 계산해도 연봉 1조 7,000억 원)를 달리고 있는 르네상스 테크놀로지스의 제임스 사이먼스James Simons의 경우 금융기법을 활용한 차익거래라는 일종의 트레이딩 전략으로 유명하다.

성공적인 트레이더는 어느 시대 어느 나라에나 존재해왔다. 쌀거래의 신 혼마 무네히사本間宗久는 일본 에도시대에 활약하던 트레이너였다. 추세매매의 아버지 제시 리버모어는 20세기 미국 주식시장에 전설을 남겼다. 또 최고의 전문가들이 모여 만든 헤지펀드 LTCM도 한때 엄청난 성과를 보여줬다.

하지만 오늘 우리나라의 주식시장에서 그와 같은 전설의 탄생이 가능할지는 심사숙고해봐야 할 문제다.

시장추종자 _
수익은 시장에 맡겨라

투자나 매매는 성공했을 때에만 수익을 얻는데 실패할 가능성이 높다는 점에서 실제로 대다수 투자자들에게 만족스러운 주식접근법이 되지는 못한다. 주식시장에 크게 신경 쓰지 않으면서도 확실하게 수익을 얻는 방식은 시장을 추종하는 전략뿐이다.

시장추종적 접근방식은 기본적으로 시장 평균수익률을 추종하는 방식이다. 투자자나 트레이더는 기대수익률 내지 요구수익률을 가지고 이를 목표로 한다. 그러나 시장추종자들은 시장의 평균적인 수익률을 추구한다. 시장수익률은 때로는 투자자나 트레이더의 요구수익률보다 높기도 하고 낮기도 하지만 시장추종자들은 그러한 시장의 결과에 순응한다.

시장추종자가 되는 과정은 간단하다. 투자나 매매를 통해 수익을 얻는 경우보다 손실을 입는 경우가 잦아지면서 새로운 주식접근법을 공부하게 된다. 그리고 노벨경제학상을 받은 유명한 주식

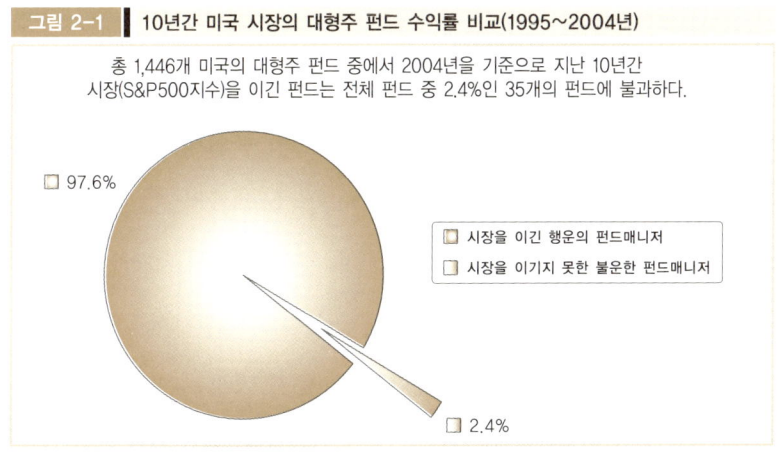

그림 2-1 | 10년간 미국 시장의 대형주 펀드 수익률 비교(1995~2004년)

출처: twincitiest.com

이론가들의 주장과 실제 다양한 연구성과를 통해 투자와 매매를 포함해서 대부분의 주식접근법이 장기적으로 시장 평균수익률을 달성하지 못한다는 것을 알게 된다. 여기에 자신은 평범한 주식투자자라는 것을 인정하게 되면 누구나 자연스럽게 시장추종자가 되게 마련이다.

시장추종적 입장은 먼저 주식시장은 미래에도 꾸준히 상승한다고 믿는다. 그래야 시장을 추종할 때 수익이 날 수 있다. 자본주의 사회에서 계속 발전하고 성장하는 기업은 시장에 남고 그렇지 못한 기업은 시장에서 퇴출되면서 시장에는 언제나 건강한 기업만이 존재하게 된다. 따라서 수급만 받쳐준다면 주식시장의 전체 주가는 꾸준히 상승할 것이다. 또한 시장이 효율적이라고 확신하므로 매매전략을 짜는 것보다 불필요한 매매비용을 줄이는 것이 가장 효율적인 투자라고 생각한다.

시장추종자들은 '10년간 1,446개의 대형주 펀드 중 시장 평균수익률을 초과한 펀드는 단지 2.4%인 35개에 불과하다'는 실증적인 데이터를 통해서 시장추종적 전략의 우수성을 인식한다. 시장추종자들은 결국 수익은 시장이 가져다준다는 아주 기초적인 사실에서 출발하며, 특정 개별 종목이 단기간 시장수익률을 초과할 수는 있지만 장기간 시장수익률을 초과하는 종목을 지속적으로 보유하는 건 '2.4%의 행운'일 뿐이라고 말한다. 또한 반복적인 매매를 하는 트레이더 역시 비용이 증가하기에 장기적으로 시장추종자를 이기지 못한다고 말한다.

시장추종 전략의 장점은 분명하다. 시장의 효율성이나 주가의 랜덤워크 이론을 굳이 설명하지 않더라도, 〈그림 2-1〉에서도 보듯이 대다수의 펀드들이 장기적으로 시장 평균수익률을 초과하지 못한다는 점이다. 하락장에서건 상승장에서건 시장보다 초과수익을 내려면 항상 시장보다 수익률이 높은 주도주를 공략해야 하는데 그건 확률적으로 불가능하다. 혹시 한두 번은 가능할지 모르지만 지속적으로 시장수익률을 이기기는 매우 힘든 일이다. 따라서 평범한 투자자에게 가장 효율적인 주식접근법은 시장추종 전략이라고 할 수 있다.

한편 자신의 직업과 삶에 열중하느라 주식투자에는 많은 시간을 할애할 수 없는 투자자들에게는 이런 전략이야말로 안성맞춤일지 모르지만, 대부분의 시간을 주식시장과 함께하는 전업 투자자나 트레이더는 시장 평균수익률 정도에 만족할 수는 없다. 그들에게는

표 2-8 | 시장추종적 접근법에 대한 견해

지지	반대
효율적 시장 가설과 랜덤워크 이론 등 강력한 이론적 근거를 가지고 있는 주식접근법이다.	효율적 시장 가설 등은 사실상 폐기된 가설이다. 현재는 이론적으로도 시장을 이기는 방법을 설명할 수 있다.
펀드의 경우 각종 보수를 줄일 수 있고, 직접투자의 경우 수수료 등을 줄임으로써 경비를 최소화할 수 있다.	검증된 마켓타이밍 전략이나 종목선택 전략을 사용함으로써 비용 이상의 성과를 얻을 수 있다.
삶의 여유를 만끽하면서도 매년 꾸준히 11%대의 수익률을 얻을 수 있다.	주식시장이 우상향할 때만 안정적인 수익을 얻을 수 있다. 하락장에서는 손실만 누적된다.
기업을 분석하거나 시장을 예측하는 따위에 시간을 뺏기지 않는다.	기업을 분석하고 시장을 예측하는 적극적 전략으로 시장을 이길 수 있다.

시장 평균수익 이상의 '알파'가 필요하다. 그래야만 하루 종일 주식만 연구하는 것에 대한 보상이 될 수 있으며, 그 초과수익을 보고 사람들이 그에게 돈을 맡길 것이기 때문이다. 그러나 문제는 개인의 재능이나 운에 의해 시장을 이기는 사람들은 아주 극소수이고 거의 절대 다수가 실패를 한다는 것이다.

그렇다면 개인적 능력과 상관없이 시장을 이기는 방식은 없는 것일까? 최근에 일부 시장추종자들은 단순히 시장수익률에만 만족하지 않고 평범한 투자자도 시장을 이길 수 있는 전략을 구체적으로 제시하려고 노력하고 있다. 대표적으로 '소형 가치주 포트폴리오 투자전략'이 그 예다. 이 투자전략은 기본적으로 시장추종적 입장이면서도 시장보다 높은 수익을 추구한다. 즉 과거의 역사적 자료를 근거로 시장을 이기는 종목들을 계량적으로 분류해서 포트폴리오로 묶어 투자하는 방식인데, 이렇게 시장추종적이면서도 전체 종목 중 일부 종목만을 보유함으로써 보다 높은 수익을 추구하는 전략을 '강화된 인덱스$^{Enhenced\ Index}$ 전략'이라고 한다.

  이 강화된 인덱스 전략은 시장의 비효율성을 공략해서 시장 대비 초과수익을 얻는다는 측면에서 보면, 앞에서 살펴본 투자자나 트레이더들과 같은 목표를 가진다. 그러나 개인의 능력이나 운이 아닌 객관적이고 실증적인 방식으로 접근한다는 측면에서 근본적으로 차이가 있다. 평범한 투자자도 이제는 실패하지 않고 시장보다 높은 수익을 얻을 수 있는 방법이 생긴 것이다.

시장초과자 _ 시장을 이겨라

시장초과자란 시장의 평균적인 수익률 이상을 추구하는 사람을 말한다. 즉 시장을 이기려는 사람들이다. 그러나 시장초과자가 되는 길은 만만치 않다. 앞에서 우리는 여러 가지 사례를 통해서 장기적으로, 지속적으로 시장을 이기는 것이 얼마나 힘든지 잘 알게 되었다. 오죽하면 대표적인 시장초과자로 추앙받는 워렌 버핏조차 버크셔 해서웨이 연차보고서를 통해서 다음과 같이 말하고 있겠는가.

- "개인투자자건 기관투자자건 주식투자의 가장 좋은 방식은 비용이 저렴한 인덱스 펀드에 가입하는 것이다."(1996년 연차보고서)
- "모든 사람이 시장 평균수익률 이상을 기대하고 그럴 수 있다고 믿지만, 결과적으로 모두 시장 평균 이하의 수익을 얻게 된다."(2008년 연차보고서)

시장초과자가 되는 것은 낙타가 바늘구멍 통과하기만큼 어려운 일이다. 그러나 대다수의 투자자들은 절대로 시장 평균수익을 얻는 데만 만족하지 못한다. 시장초과자의 영원한 우상인 워렌 버핏이 시장을 이기려 하지 말고 순응하라고 아무리 설교해도 주식시장은 자신의 능력과 행운을 테스트해볼 수 있는 최적의 무대로 여겨지고 있다. 또한 그들 곁에는 피터 린치나 조지 소로스, 데이비드 라이언, 제시 리버모어와 같은 위대한 시장초과자들이 하나의 모델로 자리잡고 있다. 주변을 둘러봐도 증권방송에서는 매일같이 누구나 시장을 이기는 투자자 내지 트레이더가 될 수 있다고 꼬드기고 있고, 투자강연회에서는 시장수익률과는 비교도 안 되는 엄청난 수익을 제시하며 초보자들을 현혹하고 있다. 당연히 시장을 이기고 싶은 야망을 억누를 수 없게 되는 것이다.

여기에 시장추종자의 결정적인 약점이 더해진다. 시장추종자는 바로 약세장이나 하락장이 오면 쏟아지는 비를 그대로 맞을 수밖에 없다는 것이다. 이런 장마나 폭우가 몇 달이 아니라 몇 년에 걸쳐서 진행된다면 어떤 투자자도 버티기 힘들 것이다. 만약 일본의 어느 불운한 시장추종자가 1990년 시장이 가장 고점일 때 인덱스 투자를 했다면 20년이 지난 2009년 그의 계좌 수익률은 −80%라는 참혹한 결과를 얻게 됐을 것이다. 이 투자자에게 장기적으로 시장을 추종하면 매년 11%의 수익률을 꾸준히 얻을 수 있다는 따위의 통계치는 엉터리인 셈이다.

분명한 것은, 주식시장에 뛰어든 사람들은 한가하게 시장수익률 정도를 얻고자 그렇게 불철주야 종목을 분석하고 차트를 연구하는 것은 아니라는 사실이다. 이들의 기대와 노력에도 불구하고 이들 중 성공하는 시장초과자가 되는 경우는 아주 극소수다. 그러나 이렇게 극소수만이 시장보다 높은 성과를 얻을 수 있기에 시장을 이기려는 욕구가 더욱 강렬할지도 모른다. 물론 모든 투자자나 트레이더가 시장초과자는 아니다. 투자자나 트레이더의 근본 목표는 주식으로 수익을 얻는 것이지, 시장을 이기는 것은 다음 문제다. 그러나 만약 투자자나 트레이더가 시장보다 낮은 수익률을 거둔다면 굳이 기업분석이나 시장예측에 시간과 비용을 낭비할 이유가 없다. 그렇기 때문에 처음부터 '목표수익률 내지 절대수익률'을 정해놓고 투자를 하거나 매매를 하는 것이 아니라면 운명적으로 모든 투자자들과 트레이더들은 시장초과자가 될 수밖에 없다.

시장초과자들의 기본 목표는 수익의 극대화다. 최대한의 수익을 얻는 것이 목표다. 그러기 위해서는 가능한 모든 투자전략과 매매기법을 동원한다. 일반적으로 가장 많이 활용되는 것이 이미 시장초과사로 인징되는 사람들의 투자전략이나 매매기법을 따라 하는 것이다. 그러나 여기에 큰 함정이 있다.

워렌 버핏의 예를 들어보자. 워렌 버핏은 집중투자를 강조한다. 그는 분산투자는 무지의 소산이라고까지 비하한다. 그러나 그가 강조한 집중투자는 일반적으로 투자자들에게 매우 위험한 투자전략이다. 성공할 경우 당연히 시장초과수익을 올리지만, 성공보다는 실패할 가능성이 월등히 높은 전략이다. 또한 그가 말하는 집중투자란 우리가 생각하는 것처럼 서너 종목이 절대 아니다. 2006년 3월 31일자 버크셔 해서웨이가 공개한 문서(13-F)를 보면, 버크셔 해서웨이는 미국 주식 36종목과 해외 주식 2종목을 보유하고 있다. 즉 워렌 버핏의 집중투자는 38개 종목을 말하는 것이다. 개인투자자 입장에서 볼 때 38개는 엄청나게 많은 분산투자다.

그리고 설령 위대한 투자자들의 투자방법을 따라 한다고 해도 그들처럼 놀라운 성과를 얻는 경우는 거의 없다. 국제적 헤지펀드의 대부 조지 소로스를 한번 따라해본다고 가정하자. 조지 소로스가 운영한 퀀텀펀드는 19년간 연평균 34.5%의 수익률을 달성했다. 이런 수익률은 전 세계 어떤 주식시장보다 높은 수익률이다. 2년간은 거의 100%에 가까운 수익률을 거두었다. 특히 1992년 9월에는 영국 파운드화를 공매도하여 단 하루 만에 10억 달러를 벌어들이기도 했다. 이 때문에 국제적인 악명을 떨치기도 했지만 세계를 깜짝 놀라게 한 초유의 투자실적임은 분명하다. 그런데 조지 소로스처럼 수익을 얻기 위해서는 당시와 같은 시장 상황이 반복되어야 한다. 그의 투자기법을 복제한다고 해서 단 하루 만에 10억 달러의 이익을 주는 그런 시장이 또다시 등장하리라는 보장은 없다. 더욱이 그의 투자방법은 사실상 직감과 경험에 근거한 투기적 성질이 강하기에 그대로 따라 할 수도 없다.

투자자들에게 많이 알려진 윌리엄 오닐William J. O'Neil을 보자. 윌리엄 오닐은 기본적으로 트레이딩을 강조한다. 그나마 윌리엄 오닐은 조지 소로스나 다른 트레이더들과 달리 'CAN SLIM' 법칙을 통해서 보다 객관적인 매매기법을 소개하려고 노력했다. '가장 성공한 주식투자자들의 모델 연구Model Study of the Greatest Stock Market Winners'를 통해 이 법칙을 만들었기에 어느 정도 검증된 투자전략이라고 할 수도 있다. 윌리엄 오닐의 매매기법은 한마디로 '성장주를 강할 때 사서 약세로 전환될 때 매도하라'는 것이다. 그러나 실제로 이 기법을 그대로 따라 해서 성공한 케이스는 윌리엄 오닐에 의해 소개된 몇 사람 외에는 존재하지 않는다. 윌리엄 오닐 스스로는 CAN SLIM 투자방식으로 1962년부터 1964년 초까지 약 26개월간 2,000%의 투자수익률을 올렸다고 주장하지만 누구도 확인할 길은 없다. 만약 이 기법이 지속적으로 시장을 이기는 매매기법이었다면 그가 운영한 뮤추얼펀드인 USA펀드를 3년 만에 접지는 않았을 것이다. 이 펀드는 운용기간 중에는 주식형 펀드 가운데 상위 15~20% 안에 드는 성적을 거두었다.

이런 사례는 수없이 찾아볼 수 있다. 오죽하면 미국에서 워렌 버핏을 따라 해서 그와 같은 수익률을 얻을 가능성은 3억 분의 1이라고 하는 농담까지 생겨났을까(미국 인구가 3억 명이라는 데서, 결국 워렌 버핏과 같은 성과를 낸 사람은 워렌 버핏 자신밖에 없다는 뜻). 국내에서도 실전투자대회 등을 통해 화려하게 등장한 트레이더들이 몇 년도 되지 않아 깡통에 이르는 경우도 허다하며, 잘나가는 펀드가 한순간에 꼴찌 수익률을 기록하는 경우도 흔하다. 시장 초과자가 되기 위해 위대한 투자자나 트레이더들을 모델로 삼아 그들의 방법론을 연구하고 본받는 것은 매우 합리적인 자세다. 하지

표 2-9 | 시장초과적 접근법에 대한 견해

지지	반대
시장의 비효율성을 공략함으로써 시장 평균수익 이상의 높은 수익을 얻을 수 있다.	시장은 상당 부분 효율적이며, 비록 비효율적인 부분이 있다고 하더라도 현실에서 장기적으로 시장 평균수익률을 초과하기가 어렵다.
종목선택 전략이나 마켓타이밍 전략 등을 통해서 시장 평균수익을 초과할 수 있다.	검증되지 않은 종목선택이나 마켓타이밍은 오히려 손실로 이어지며, 잦은 종목 교체와 매매는 비용만 증가될 뿐이다.
가치주 포트폴리오처럼 객관적으로 입증된 시장 초과 전략이 존재한다.	과거의 성과가 반드시 미래에도 그대로 적용되리라는 보장은 없다.

만 단지 과거에 성공했다고 해서 그것을 비판 없이 수용하는 것만으로는 부족하며, 때로는 위험하기까지 하다는 점을 잊지 말아야 한다.

시장초과자의 최대 약점은 결국 객관적이고 보편적인 투자방식이란 존재하지 않는다는 것에 있다. 동일한 투자전략을 사용해도 투자자의 능력과 운에 따라 수익률이 천차만별이고 시장을 이기는 방식도 제각각이다 보니, 경우에 따라서는 서로 완전히 상반된 투자전략(펀더멘털 투자와 마켓타이밍 매매)이 시장을 이기는 전략으로 동시에 받아들여지는 황당한 일이 벌어지기도 한다.

최근까지 무려 15년 연속 S&P500지수보다 초과수익을 달성한 빌 밀러는 대형주, 중형주, 소형주와 가치주, 성장주를 골고루 보유하는 포트폴리오로 이런 놀라운 업적을 이뤄냈다. 이에 반해 줄리안 로버트슨Julian Robertson이 이끈 타이거펀드는 매크로 트레이딩Macro Trading이라는 독특한 헤지펀드 운용전략으로 1980년대와 90년대 최고의 인기를 누렸다. 반면 랄프 웬저의 아콘펀드는 오로지 소형주에만 투자하여 1977년부터 2003년까지 연평균 16.3%의 수익률을 올렸다. 동 기간 동안 S&P500지수는 연평균 12.1% 상승한 데 불과했다. 따라서 어떤 특정한 투자전략이나 매매기법이 시장을 이기는 데 더 우월하다고 말할 수 없음을 알 수 있다.

시장추종자 입장에서는 시장초과자들이 단지 행운아이거나 주식에 비범한 능력을 타고난 사람 정도로 비칠지 모르겠지만, 여전히 마티 슈발츠*와 고레카와 긴조** 같은 카리스마를 가진 영웅들의 신화가 존재하는 한 시장을 이기려는 노력과 연구는 절대 사라지지 않을 것이다.

---

*마티 슈발츠(Marty Schwatz)
슈발츠는 원래 기본적 분석에 근거한 투자분석가로 직장생활을 시작했다. 그러나 10년간 투자 실패만 거듭하다 1978년 중반 이후 기술적 분석에 눈을 뜨면서 직장을 그만두고 본격적인 트레이딩을 시작했다. 그리고 1979년 한 해에만 10만 달러를 60만 달러로 불리면서 일약 스타로 떠올랐다. 그는 주식을 매수할 때는 항상 손실폭과 목표가격을 정했으며, 최대 손실률을 3%로 하는 손절매 원칙을 준수했다.

**고레카와 긴조(是川銀藏)
일본의 유명한 개인투자자. 거북이 3원칙이라는 매매기법으로 300만 엔을 1,000억 엔으로 불려 세계적으로도 전설적인 인물로 통한다. 주식투자만으로 일본 내에서 소득세 납부 1위에 오르기도 했다.

평범한 개인투자자는
무엇을 해야 하는가?

　이미 앞에서도 다루었지만 평범한 개인투자자가 지향해야 할 목표는 단기간의 고수익도, 장기적으로 시장을 이기는 것도 아닌 시장 평균수익률 수준을 꾸준히 달성하는 것이다. 그래야만 실패하지 않고 원하는 투자 목표를 확실하게 이룰 수 있다. 지금부터는 평범한 개인투자자가 주식투자를 하는 데 반드시 알아두어야 할 내용들에 대해서 살펴보겠다.

　우선 평범한 개인투자자들 입장에서는 성공한 투자자들의 투자방식을 참고하는 게 오히려 역효과가 난다는 점을 설명하고자 한다. 아마도 많은 개인투자자들에게는 이런 주장이 자신의 기존 생각과 너무나 달라서 충격적일 수도 있을 것이다. 존 템플턴이나 조지 소로스, 워렌 버핏, 제시 리버모어, 래리 윌리엄스Larry Williams 같은 성공한 투자자 내지 트레이더들의 투자 또는 매매방법을 따라하는 것이 의미가 없다는 것도 이해가 안 되지만, 이런 성공한 사람들의 투자철학이나 투자방법을 본받지 않는다면 과연 어떤 방식으로 투자를 해야 하는지 당혹감마저 들 것이다. 물론 성공한 투자자들의 투자관이나 매매기법이 무용하다는 것은 아니다. 다만 평범한 개인투자자 입장에서 볼 때는 사실 이런 것들을 바탕으로 자신의 투자전략을 세운다거나 하는 데에 기대한 만큼의 도움을 받을 수 없다는 이야기다.

전 세계 여러 국가들의 주식시장 데이터와 백여 년 이상의 역사를 살펴봤을 때, 주식으로 수익을 내는 가장 손쉽고 확실한 방법은 '주식시장에 있는 모든 종목을 매수해서 그대로 보유'하는 인덱스 투자전략이다. 인덱스 투자전략의 가장 큰 강점은 바로 '주식투자에 특별한 능력이 있건 없건 누구나 따라 할 수 있고, 누구나 동일한 수익률에 도달할 수 있다'는 것이다.

기본적으로 인덱스 투자전략의 아이디어는 노벨경제학상을 받은 윌리엄 샤프 교수가 1961년 발표한 「인덱스 운용의 이론적 구조」라는 논문에서 시작되었다. 샤프 교수는 이 논문에서 '가장 효율적인 투자 방법은 시장 전체의 포트폴리오를 보유하는 것이다'라고 주장하고 있다. 샤프 교수가 이렇게 주장하는 이유는 '시장 평균수익률 이상을 얻으려면 기본적으로 시장보다 높은 위험을 져야만 하는데, 시장 전체의 포트폴리오를 보유함으로써 개별적 위험을 제거할 수

---

*효율적 시장 가설(the Efficient Market Hypothesis, EMH)
1965년 유진 파마 교수가 제시한 주식시장의 가설. 1957년부터 1962년까지의 일별 주가의 상관관계를 연구하면서, 이것들 간에 아무런 상관관계가 없으며 주가는 랜덤워크 모형을 따른다고 주장했다. 이 이론에 근거한다면 가치 투자와 같은 특정한 종목을 선택하는 전략이나 이동평균선 교차 전략(골든크로스에서 매수하고 데드크로스에서 매도하는 전략)과 같은 마켓타이밍 전략 모두 시장에서는 의미 없는 짓이다.

있기 때문'이다. 샤프 교수는 이런 주장을 바탕으로 주식 운용이나 펀드의 성과를 평가하는 지표로 샤프지수라는 것을 만들었고, 샤프지수는 지금도 운용 성과를 분석하는 대표적인 지표로 활용되고 있다.

'시장 전체에 대한 장기보유'가 가장 효율적인 투자방법이라는 샤프 교수의 주장은, 1960년대 시장은 효율적이라는 유진 파마 Eugene F. Fama 교수의 주장인 '효율적 시장 가설'*을 승계한 개념이자, 루이 바슐리에 Louis Bachelier의 '투기 이론 Theorie de la Spéculation'을 부활시킨 폴 새뮤얼슨 Paul Samuelson의 주장인 '투기자의 기대값은 0이다'라는 랜덤워크 주장과도 일맥상통하고 있다. 폴 새뮤얼슨 역시 1970년 주가의 랜덤워크 이론 Random Walk Theory을 통해 노벨경제학상을 받았다. 여기에 1973년 버튼 맬킬 Burton Malkiel은 베스트셀러『월스트리트의 랜덤워크 A Random Walk Down Wall Street』에서 구체적인 데이터를 통해 인덱스 전략의 유용성을 입증했다. 그리고 이런 인덱스 운용전략은 1976년 존 보글의 뱅가드펀드에 의해 구체화되면서 전 세계 주식투자 방법에 획기적인 변화를 불러일으켰다.

지금까지 수많은 펀드매니저들이 워렌 버핏을 닮고자 그의 투자철학을 실천하려고 노력하고 있지만, 현재까지 그와 같은 성과를 얻은 경우는 없었으며 오히려 대부분은 시장 평균수익률조차 달성하지 못했다. 현실이 이러함에도 불구하고 여전히 몇몇 극소수의 성공한 투자자들의 투자철학과 투자방법론만 따라 하면 동일한 성과를 얻는 것처럼 설명하거나 부추기는 것은 투자의 진실을 완벽하

| 그림 2-2 | 미국 다우존스지수 차트(1901~2008년)

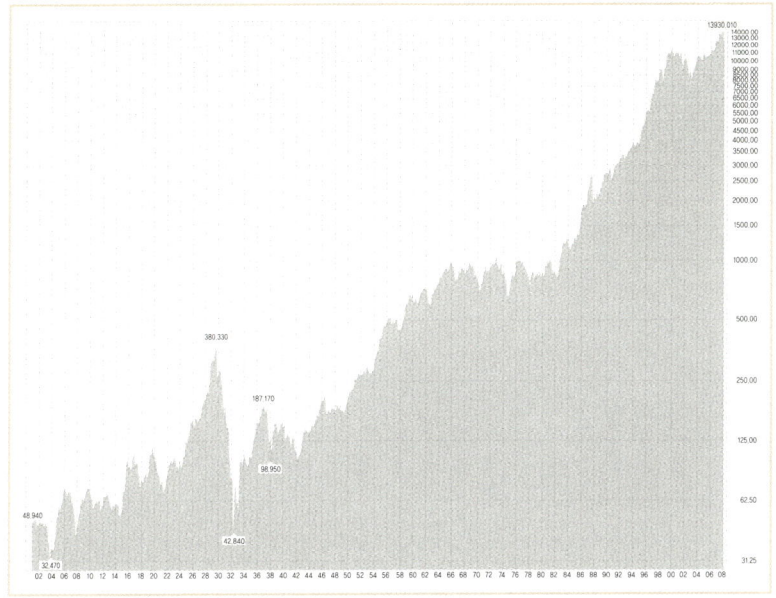

출처: stockcharts.com

게 외면하는 짓이다. 그런데도 여전히 투자의 세계에서는 상업적인 목적 등으로 '몇몇 성공한 투자자'의 투자방법론을 과대포장하거나 마치 비법이 있는 듯이 부풀려서 누구나 그런 성과를 얻을 수 있는 것처럼 선전하고 초보 투자자들을 유혹하고 있다.

참으로 아이러니하게도 주식투자에 관한 지식이 있건 없건, 재산이 많건 적건, 투자의 지혜가 있건 없건, 유치원생이건 주부건, 누구나 성공할 수 있는 투자방법은 그저 '주식시장에 참여해서 하루도 빠짐없이 최대한 오랜 기간 시장의 모든 종목을 보유하고 있는 것'이다. 이것은 너무나 쉽고 누구나 따라 할 수 있으며 이 안에 무슨 신비로운 투자방식 같은 것이 존재할 리도 만무하다. 주식으로

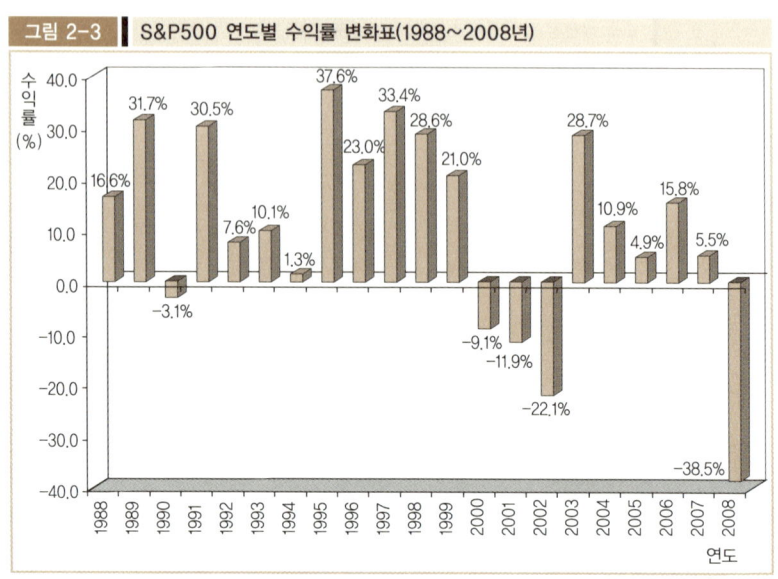

출처: standard & poor's composite index of 500 stocks

확실하게 수익을 내고 싶다면 그 방법은 지극히 단순명료하다.

실제로 주식시장의 역사를 살펴보면 시장을 추종하는 전략만큼 가장 확실하게 수익을 주는 방법은 없다는 것을 금방 이해할 수 있다. 〈그림 2-2〉를 음미해보자.

미국 주식시장의 대표적 지수인 다우존스 차트를 보면 1901년 48.94포인트에서 시작한 주식시장이 2008년 현재 1만 4000포인트까지 오른 것을 알 수 있다. 1948년 140포인트를 기준으로 해도 60년간 무려 100배나 오른 것이다. 미국의 개별 주식 중 이렇게 다우존스와 같은 드라마틱한 수익률을 보여주는 것은 극소수에 불과하다. 즉 수천 개의 종목 중 몇 개만이 장기간에 걸쳐 시장 평균수익보다 좋았고, 이런 종목을 운 좋게 가진 투자자들만이 시장 평균수

그림 2-4 | 국내 거래소시장 주가 차트(1998~2008년)

출처: SK증권 HTS

익보다 조금 더 나은 수익률을 거두었다는 이야기다.

〈그림 2-3〉은 미국의 또 다른 대표적 주가지수인 S&P500의 1988년부터 2008년까지 21년간의 연도별 수익률 현황을 보여주고 있다. 표에서 보듯이 2002년 주식시장은 -22.1%까지 하락했다. 그러나 2003년에는 오히려 28.7%의 수익률을 기록하고 있다. 즉 주식시장을 어떤 특정한 한 해만 놓고 본다면 매우 실망하거나 놀랄 수 있지만, 평균적으로 보면 S&P500지수는 21년 동안 연평균 10.8%의 수익률을 가져다주었다.

한편 우리나라의 주식시장도 꾸준한 상승세를 보이고 있는데, 1998년부터 2008년까지 10년간 7.5배나 상승했다. 물론 이 기간 중 1999년과 2000년 IT 버블과 그 붕괴 등으로 주가의 급등락이 심했지만, 장기적으로 시장 평균수익률은 우상향하는 모습을 보이고

그림 2-5 | 일본 니케이255지수 차트(1970~2009년)

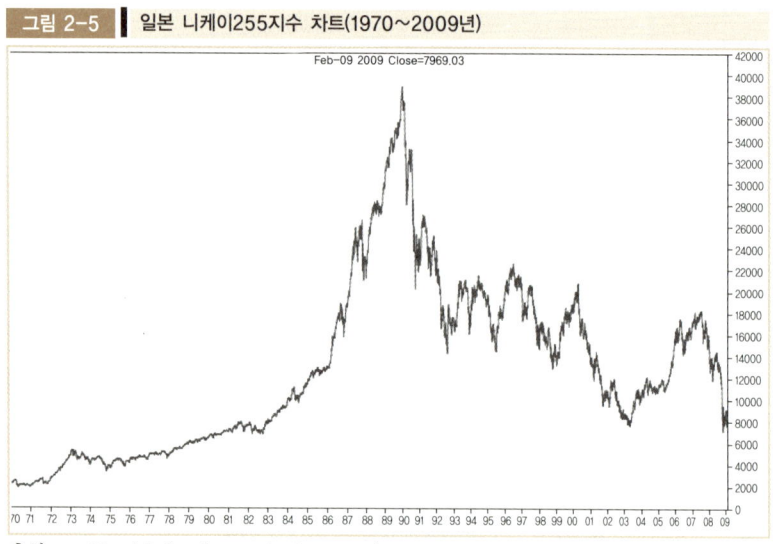

출처: world gold chart(www.sharlynx.com)

있다. 특히 2000년 1000포인트라는 단기고점을 기준으로 해도 2007년에 2000포인트에 도달하며, 7년간 연평균 14.2%의 수익률을 기록하고 있다. 어떠한 주식투자 방법보다 가장 확실하고 객관적으로 그 수익률이 증명된 투자가 바로 시장 평균수익률을 추구하는 것임을 우리나라 시장 역시 증명하고 있는 것이다.

물론 모든 국가에서 그리고 모든 시대에 걸쳐 이렇게 주가가 우상향한 것은 아니다. 분명히 예외도 있다. 일본의 주가 흐름(그림 2-5)과 우리나라 코스닥시장(그림 2-6)이 그 예다.

일본의 경우 1990년부터 2009년 현재까지 무려 20년간 장기하락장이 지속되어 시장 참여자 모두 막대한 손실을 입고 있다. 그러나 일본의 경우와 같은 장기간의 하락장은 전 세계 주식시장 역사에서

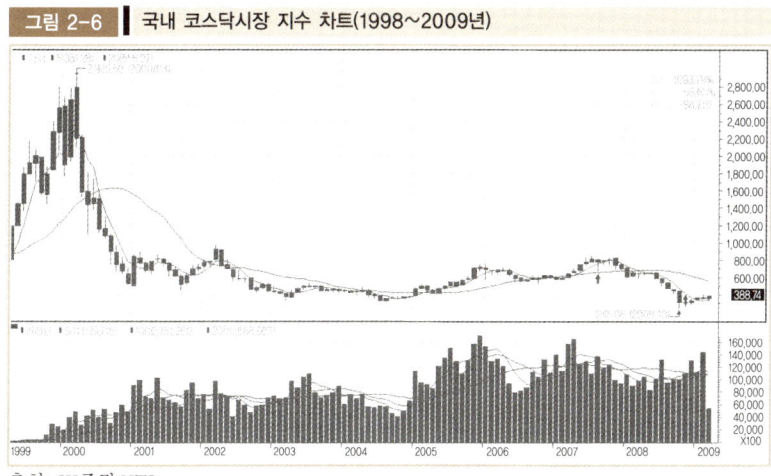

그림 2-6 | 국내 코스닥시장 지수 차트(1998~2009년)

출처: SK증권 HTS

매우 특수한 경우라고 할 수 있다. 일본 역시 1990년까지는 놀라운 활황장세가 이어졌으나 1990년 초 버블 붕괴 이후 전 세계에서 가장 활력이 떨어진 시장이 되어버렸다.

일본의 대표적인 주식시장 지수인 니케이지수를 보면 1970년대 초 2000포인트에서 1990년 초에 3만 8000포인트까지 상승했다. 무려 20여 년간 시장이 약 19배가 성장한 것이다. 그러나 1990년대 초 버블이 붕괴되면서 이후 2003년경 8000포인트까지 추락했다. 최근 지수는 회복세를 보이고 있지만 아직도 전고점 대비 약 50%의 손실을 기록하고 있다.

만약 어떤 투자자가 1990년 초에 일본 니케이시장에 참여했다면 21년 동안 3만 8000포인트에서 8000포인트까지 하락하면서 약 -80%라는 엄청난 손실을 입었을 것이다.

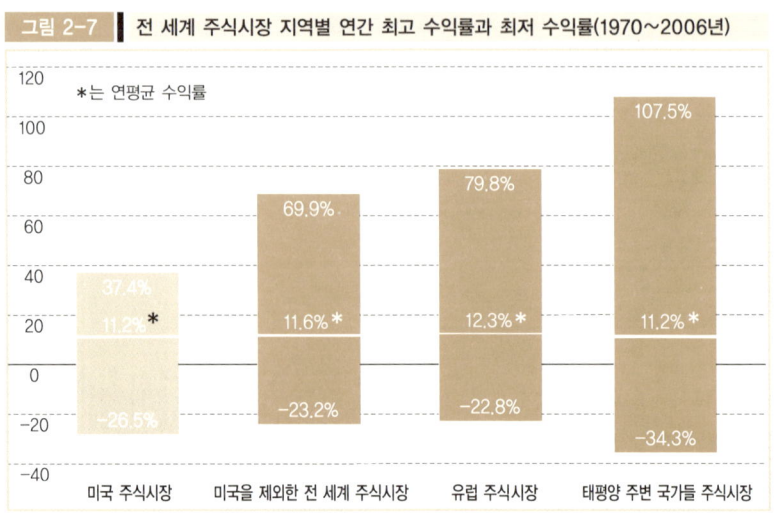

그림 2-7 ▎ 전 세계 주식시장 지역별 연간 최고 수익률과 최저 수익률(1970~2006년)

출처: 펀드평가기관 모닝스타

　우리나라 코스닥시장도 일본과 매우 유사한 모습을 보이고 있다. 코스닥시장은 IT 버블 및 신경제 버블로 인해 2000년 당시 2925포인트까지 급등했으나 이후 버블 붕괴로 지속적으로 하락하여 10년이 되는 2009년 현재에도 500포인트대를 오르내리며 전고점을 회복하지 못하고 있다.

　물론 일본이나 국내 코스닥시장처럼 특정 국가나 특정 종목군의 시장, 또는 시기에 따라 단지 '시장에 참여'하는 것만으로는 수익이 발생하지 않는 경우도 있다. 하지만 전 세계 대다수 국가들과 이들 국가들의 과거 주식시장 역사라는 거시적 관점에서 볼 때 주식시장은 매년 꾸준히 성장해왔다. 〈그림 2-7〉은 미국과 유럽, 아시아 등 전 세계 주식시장이 매년 약 11~12%를 전후로 꾸준히 성장해왔다는 것을 보여주고 있다.

역사적으로 그리고 경험적으로 '누구나 주식시장에서 가장 확실하게 수익을 얻는 방법'은 바로 성공한 극소수의 개인적 투자 경험을 따라 하는 것이 아니라 시장 전체 수익률을 추구하는 것임을 수십 년간의 전 세계 주식시장 데이터가 입증하고 있는 것이다.

결론 _ 수많은 '정보'와 '투자방법'의 바다에서 살아남기

주식을 바라보는 시각은 굉장히 다양하다. 주식시장에는 투자나 매매 또는 투기와는 전혀 다른 방식으로 수익을 얻는 사람들도 의외로 많다. 인위적으로 주가를 끌어올려 작전을 펼치는 불법적인 방법이 동원되기도 하고, 기업 내부 정보를 빼돌려 선행매매를 해서 돈을 버는 악당들도 많다. 주식시장이 돈과 밀접하게 연관되어 있다 보니 각종 내부자거래, 통정(가장)매매 등 각종 불법과 불공정한 거래가 주식시장의 어두운 곳에서 은밀하게 이루어진다.

한편 금융공학과 투자론이 발전하고 새로운 유형의 투자대상들과 매매기법이 등장하면서 주식접근법도 날이 갈수록 새롭고 복잡한 양상을 보이고 있다. 각종 주식 관련 파생상품과 시스템 트레이딩의 확산이 그런 예다. 따라서 앞에서 살펴본 주식접근법은 어쩌면 가장 전통적이면서 기초적인 접근법이라고 할 수 있다.

오늘날 주식시장에는 셀 수 없이 많은 각양각색의 주식접근법이 존재하며, 하루가 멀다 하고 새로운 기법과 전략이 쏟아져 나오고 있다. 이들은 제각각 다른 방식으로 주식을 이해하고 접근하지만 결국 공통의 목표는 바로 '수익' 한 가지뿐이다. 그러나 냉철하게 '수익'이라는 관점에서, 주식시장에 널리 알려져 있는 이런 각종 투자방법과 매매기법 중 진짜 수익을 내주는 것이 무엇인지 검증되어야 한다.

현실적으로 시장을 장기적으로 이기는 주식접근법은 아주 극소수이다. 펀더멘털에 근거한 투자건, 귀신 같은 타이밍을 활용한 매매건, 테마주 공략법이건, 상한가 따라잡기건, 결국 특별한 재능이 있거나 드라마틱한 행운이 있는 사람을 제외하고는 그 누구도 시장 평균수익률을 이기지 못한다. 그렇다면 주식시장에 떠도는 투자에 대한 조언과 주식에 관한 격언 따위의 99%는 엉터리이자 헛소리라고 치부해도 크게 무리가 없다. 이것들 중 실제 데이터가 확인되거나 연구를 통해 검증된 것은 거의 없는 형편이다. 그럼에도 단순한 행운이나 우연한 결과에 의해 높은 수익률을 올리는 투자방법론이 과장되어 투자자를 현혹하는 경우가 아주 흔하다.

따라서 장기적으로 자신이 원하는 투자 목표를 달성하고자 하면 오로지 '객관적으로 검증되고 실증된 투자전략'만을 선택해야 한다는 점을 다시 한 번 강조한다. '객관적으로 검증된, 시장을 이기는 투자전략'이라면 평범한 투자자라도 행운이나 재능과 상관없이 시장을 이길 수 있다는 말이 된다. 그렇다면 도전할 가치는 충분하지 않겠는가. 이제부터 객관적으로 검증된 전략들을 살펴보도록 하자.

본격 지식_
시장을 이기는 전략들의 해부

알파를 얻기 위해서는 분명히 인생의 대부분 시간을 주식과 함께 보내야 한다. 그럼에도 불구하고 알파를 얻을 수 있는 재능과 행운은 선택된 극소수의 사람들에게만 주어진다. 누구도 자신이 위대한 투자자들처럼 시장을 이기는 행운아가 될 것이라고 확신할 수 없다. 결국 알파를 얻으려면 모험과 도박을 해야 하는 셈이다. 물론 이런 승산 없는 게임에 참여하지 않는 것이 현명할 수도 있지만, 알파를 찾아서 머나먼 항해를 떠날 작심을 했다면 적어도 이 항해가 얼마나 힘든 여정이 될 것인지 정도는 사전에 알아두는 것이 유익하다.

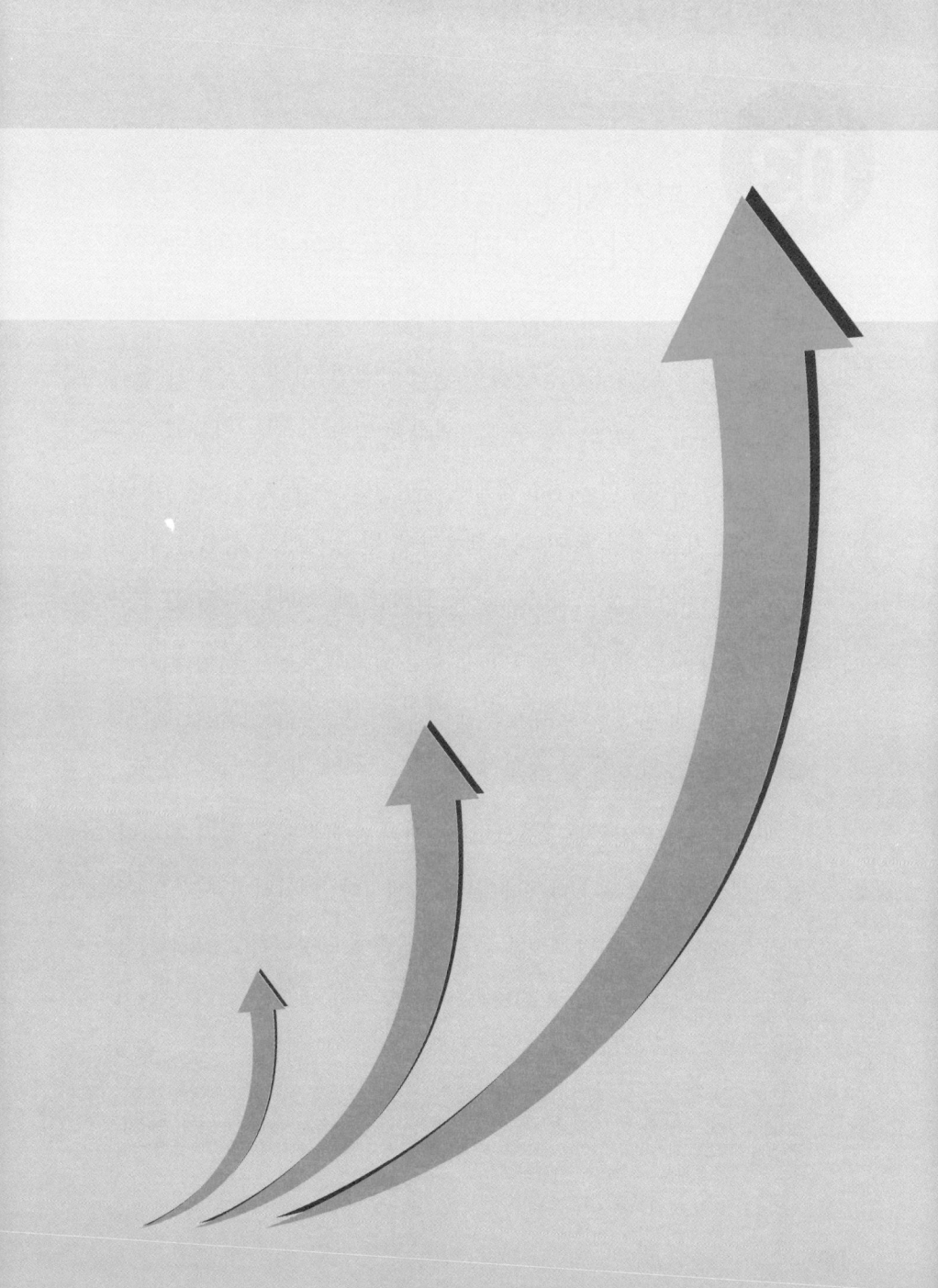

'알파' 란 무엇인가?

주식시장에서 '알파'*란 보통 시장 평균을 상회하는 초과수익 Excess Return을 말한다. 만약 올해 시장 평균수익률이 15%였는데 갑이라는 투자자가 17%의 수익을 올렸다면 그는 2%p만큼의 알파를 얻은 것이다. 주식시장에서는 알파라는 개념이 중요한 의미를 갖는다. 이 책에서 앞으로 풀어갈 주제들에서도 자주 다룰 터이므로 먼저 조목조목 살펴보도록 하자.

개인투자자건 기관투자자건 시장 대비 초과수익을 얻지 못한다면 사실상 주식투자나 매매에 실패한 셈이다. 왜냐하면 시장을 이기기 위해서 많은 시간과 비용을 투자했음에도 불구하고 그저 시장에 몸을 맡기는 시장추종 전략에 비해 우월한 결과를 얻지 못했기

---

*알파란 일반적으로 종목선택 전략을 통해서 시장 대비 초과수익을 얻는 것을 말한다. 그러나 이 책에서는 종목선택 전략뿐만 아니라 마켓타이밍 전략까지 포함한 적극적 투자전략을 사용해서 시장 대비 초과수익을 얻는 것은 모두 알파라고 표현했다는 점을 밝힌다.

때문이다(시장추종 전략이란 이미 앞에서 다룬 바와 같이 일반적으로 패시브 전략Passive Strategy 또는 소극적 전략이라고 불리며, 시장의 모든 종목을 매수 후 보유하는 바이앤홀딩 전략을 말한다).

단순히 행운에 의해 시장 대비 초과수익을 얻는 경우를 제외한다면, 일반적으로 주식시장에서 알파를 얻는 방법은 크게 두 가지다. 하나는 종목선택 전략이며 다른 하나는 마켓타이밍 전략이다. 이 두 가지를 시장을 추종하는 소극적 전략과 비교해서 적극적 전략Active Strategy이라고 부른다.

종목선택 전략Stock Selecting Strategy 또는 Stock Picking Strategy이란 수많은 종목들 중 몇몇 특정 종목을 선택해서 시장 평균수익률보다 높은 수익을 얻는 전략을 말한다. 그리고 마켓타이밍 전략Market Timing Strategy이란 매수와 매도의 타이밍을 예측하거나 또는 대응함으로써 시장 평균수익률보다 높은 성과를 내는 것을 말한다.

이런 알파 개념은 보통 직접투자자보다는 펀드 등에 가입한 간접투자자에게 더 낯익은 용어다. 간접투자자의 경우 신규 펀드를 고를 때 또는 이미 가입한 펀드의 성과를 평가할 때 이 알파 개념을 많이 활용하기 때문이다. 그러나 오히려 직접투자자일수록 이 알파 개념을 더 챙겨야 한다. 왜냐하면 직접투자의 경우에도 자신의 투자 성과를 분석할 때 과연 알파를 얻었는지 따져봐야 하며, 알파를 얻지 못했다면 자신의 투자전략에 대해서 반성하고 수정하는 기회로 삼아야 하기 때문이다. 그리고 설령 알파를 얻었다고 하더라도 그것이 단지 행운에 의한 것인지 아니면 구체적인 전략에 의한 것인지 확인해야 한다. 또한 자신의 전략이 알파를 얻는 데 얼마만큼 기여했는지 등도 검토함으로써 기존의 투자방식이나 매매기법 등을 보완할 수 있다.

좋은 투자전략이란 최소한 시장 평균수익률을 달성하거나, 시장 평균수익+알파를 얻어야 한다. 그리고 이 알파가 종목선택 전략에서 나온 것인지 아니면 타이밍 전략에서 나온 것인지를 등을 분석하여, 장래에도 지속적으로 알파를 낼 수 있는 투자전략인지 판단할 수 있어야 한다. 시장 평균수익률을 목표로 하지 않는 모든 투자자들—펀드매니저를 비롯해서, 증권회사 영업직원, 온라인 상담사, 그리고 수많은 증권사이트의 자칭 주식 전문가—은 궁극적으로 이 알파를 찾기 위해 노력하고 있다.

주식시장에서 늘 벌어지는 싸움들—가치주 대 성장주, 소형주냐 대형주냐, 국내 투자 대 중국 또는 인도 투자, 장기투자와 단기매매 그리고 고점과 저점에 대한 다툼 등—은 결국 어떤 전략이 알파를 얻는 데 더 유리한가 하는 논쟁인 셈이다. 특히 시장 평균수익 이상의 알파를 얻어야만 존재 가치가 있는 사람들—펀드 보수를 받는 펀드매니저, 위탁수수료를 위해 주식을 권유하는 증권회사 영업직원 그리고 각종 투자 정보를 유료로 제공하는 정보제공업자—에게 이 알파는 반드시 얻어야만 하는 것이고, 그것도 펀드 보수나 위탁수수료나 정보료 등 투자자가 지불한 비용 이상의 알파가 나와야만 의미가 있다.

그러나 현실에서는 알파를 지속적으로 얻는 펀드매니저나 증권브로커, 주식 전문가들은 거의 없다. 그러므로 높은 보수의 펀드에 가입하거나 고액의 정보료를 지불하고 전문적 투자상담을 받기보다 차라리 그 돈으로 인덱스 펀드에 가입하여 시장을 추종하는 전략이 더 높은 수익률을 올릴 수 있다. 그러기 위해서는 간접투자자건 직접투자자건 알파를 얻는 전략에 대해서 최소한의 기본지식은 갖추어야만 한다. 그래야만 간접투자자는 어떤 펀드가 알파를 지속적으로 얻을 수 있는지를 판단할 수 있고, 직접투자자는 알파를 얻기 위해 어떤 전략을 사용해야 하는지 스스로 깨달을 수 있다.

1) 알파와 관련된 논쟁

우리는 앞서 2부에서 다양한 주식접근법에 대해 살펴본 바 있다. 주식을 이해하고 설명하는 대표적인 방식으로 투자적 접근방식, 매매적 접근방식, 시장추종적 접근방식, 시장초과적 접근방식 등 4가지를 들었는데, 이런 구분 역시 결국은 알파와 관련된 것이다. 그런데 알파를 포기하는 대신 시장 평균수익률에 만족하는 입장이 시장추종자이고, 다양한 투자전략과 매매기법을 사용해서 알파를 얻으려고 하는 쪽이 시장초과자이다.

이미 전 세계적으로 주식시장의 역사가 100년이 넘어서고, 그동안 쌓인 데이터와 자료만도 대형 도서관을 가득 채울 수 있는 분량이다. 하지만 아직도 주식접근법과 관련해서는 자기 진영이 다른 진영보다 월등히 우월하다는 소모적인 논쟁이 지속되고 있으며, 특

표 3-1 | 시장초과자와 시장추종자 간의 알파 논쟁 비교

구분	시장초과자	시장추종자
투자 목표	시장 평균수익률+알파	시장 평균수익률
주식접근 방식	적극적 투자전략	소극적 투자전략
대표적인 전략	종목선택 전략 마켓타이밍 전략	시장추종 전략
구체적인 전술	특정 종목에 집중투자 주가 예측 및 단기매매	인덱스 추종 시장 전체 매수 후 보유
비용과 시간	매매비용 및 관리를 위한 시간이 지속적으로 소모된다.	최초 매수 때만 비용과 시간이 소모된다.
장단점	소모된 시간과 비용을 알파가 능가해야 의미 있다.	알파를 포기하는 대신 삶에서 투자에 뺏기는 부분이 없다.
10년간의 성과	상위 5% 이내만 알파 달성 대다수는 알파 달성 실패	모든 투자자가 상위 5% 수준의 성과 달성

히 적극적 투자전략을 사용하는 시장초과자와 적극적 투자전략의 무용성을 주장하며 소극적 투자전략을 고집하는 시장추종자 간의 알파를 둘러싼 설전과 데이터 싸움은 여전히 진행 중이다. 〈표 3-1〉은 시장초과자와 시장추종자 간의 알파 논쟁을 보기 편하게 구분해놓은 것이다.

장기적으로 알파를 얻는 투자자 내지 펀드가 사실상 극소수라는 점에서 특별한 재능이 있지 않는 한 일반 투자자들은 알파를 얻으려고 하기보다는 시장 평균수익률에 만족하는 투자를 하는 것이 현재까지는 '정답에 가까운 주식접근법'이다. 그러나 비록 소수이지만 꾸준히 알파를 얻는 펀드매니저와 투자자들이 존재하며, 수십 년간 주식투자를 연구해온 수많은 학자들에 의해서 베일이 벗겨지기 시작하면서 알파를 얻는 다양한 투자전략과 매매기법이 소개되고 있다.

현재까지 알파와 관련해서 가장 큰 논쟁은 과연 알파를 추구하는 것이 현명한 투자방법인가 하는 것이다. 왜냐하면 전 세계적으로 수십 년간의 다양한 역사적 통계자료에 근거했을 때 장기간 알파를 얻는 투자자는 아주 희박하기 때문이다. 그래서 알파의 존재 자체를 부정하고, 알파는 그야말로 상술과 탐욕이 만들어낸 하나의 허상에 불과하다는 주장까지 나오고 있다. 그렇다면 과연 현실의 투자 세계에서 알파는 어떤 모습을 하고 있을까?

전 세계 다양한 주가 자료를 들여다보면 알파를 지지하고 추구하는 시장초과자들의 주장은 설득력이 없어 보인다. 참혹하게도 알파를 추구하는 펀드매니저는 이제 무작위로 종목을 고르는 침팬지와 우열을 가려야 하는 상황에까지 이르렀다. 2부에서 이미 다룬 바와 같이 미국의 경우 1984년부터 1994년까지 10년간 주식형 펀드의 96%가 시장 평균수익률을 넘지 못했다.

국내의 경우도 2008년 기준으로 지난 5년간의 국내 주식형 펀드 수익률을 비교해보면, 총 56개 펀드 중에서 알파(인덱스 펀드 수익률 기준)를 올린 펀드는 6개밖에 없었다. 주시투자와 관련해서 그나마 전문성과 노하우를 인정받는 펀드매니저들조차 알파를 얻는 것이 이렇게 어려운데, 과연 직접투자를 하는 개인투자자들은 어느 정도일까?

금융투자협회(구 한국증권업협회)가 발간한 「2007년 증권투자자 투자 실태에 관한 조사보고서」를 보면 2007년 전체 개인투자자 중 8%만이 시장 대비 초과수익을 올린 것으로 나왔다(그림 3-1). 2007

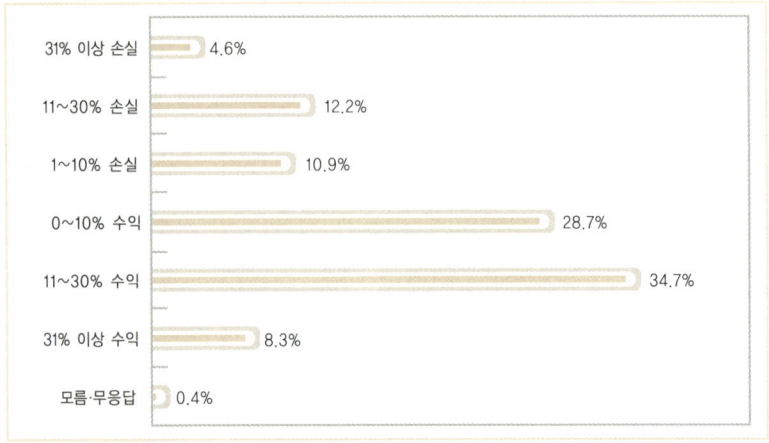

그림 3-1　2007년 증권투자자의 투자 실태 조사 결과(설문 대상: 직접투자자 771명)

- 31% 이상 손실: 4.6%
- 11~30% 손실: 12.2%
- 1~10% 손실: 10.9%
- 0~10% 수익: 28.7%
- 11~30% 수익: 34.7%
- 31% 이상 수익: 8.3%
- 모름·무응답: 0.4%

출처: 금융투자협회(구 한국증권업협회 www.kofia.or.kr)

년 기준으로 직접투자자의 71%가 수익을 내긴 했지만 시장 평균수익률인 31%를 초과해서 알파를 얻은 투자자는 8.3%에 불과했다. 물론 이 결과는 설문조사를 통해서 얻은 것이기에 정확성이 다소 떨어질 수 있지만, 매년 전체 펀드매니저 중 약 30% 정도가 알파를 얻는 데 비해 개인투자자들의 성과는 훨씬 저조하다는 것을 알 수 있다.

또한 개인투자자들이 실력을 겨루는 국내 실전투자대회의 성적을 분석해보더라도 어떤 대회건 어떤 기간(상승장, 하락장)이건 참여자 평균수익률은 항상 시장수익률을 넘지 못한다. 시장수익률을 유지하기만 해도(전혀 매매를 안 하거나 시장수익률 수준의 성과를 달성한 사람) 상위 35% 수준 안에 들 수 있다. 이론적으로는 시장 평균수익률을 기록하면 순위가 전체 참여자 중 50% 수준이어야 하

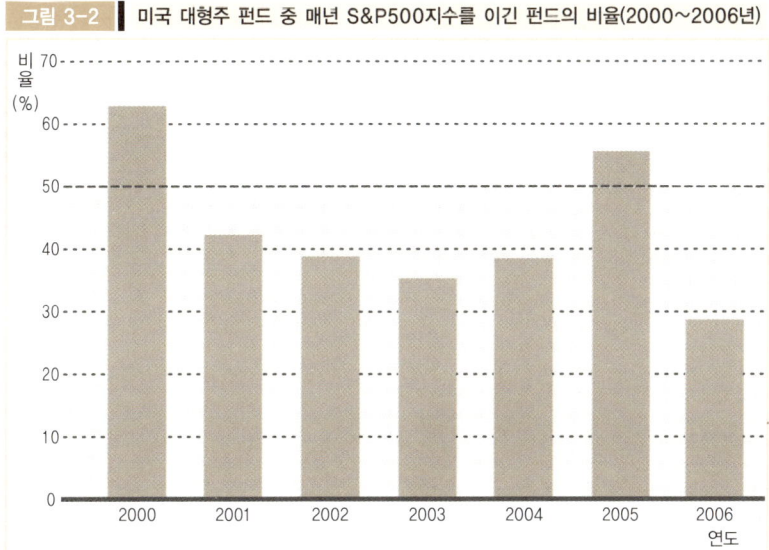

그림 3-2 | 미국 대형주 펀드 중 매년 S&P500지수를 이긴 펀드의 비율(2000~2006년)

출처: S&P 데이터(2006.6.30.)

지만, 실전투자대회 속성상 잦은 매매로 인한 매매수수료와 세금 등 비용이 발생되어 결국 그 비용만큼 수익에서 제외되기 때문에 이러한 결과가 나온다.

〈그림 3-2〉를 보면 2000년부터 2006년까지 미국의 대형주 펀드 중 매년 S&P500지수를 이긴 펀드는 평균 42% 정도였다. 2000년의 대표적인 상승장에서는 시장을 이긴 펀드매니저가 60%가 넘지만 하락장과 횡보장인 2001년부터 2004년까지는 30%대 선에서 시장 대비 초과수익을 올리는 데 그쳤다. 국내의 경우도 펀드매니저에 의해 운영되는 대형주 펀드 중 평균 30% 정도만이 매년 코스피지수보다 높은 수익률을 올린다.

다른 여러 데이터들에서도 직접투자자건 펀드매니저건 전체 투자자를 놓고 보면 평균성적은 늘 시장 평균수익률보다 낮다는 점을 알 수 있다. 더구나 직접투자를 하는 개인투자자는 상대적으로 고수익을 추구하다 보니 위험관리가 제대로 되지 못하는 경우 손실이 커지며, 단기트레이딩 위주로 운용을 하기 때문에 매매비용이 증가하여 펀드매니저들보다 수익률이 훨씬 낮을 수밖에 없다.

평균적으로 펀드매니저가 개인투자자보다 특별히 종목을 잘 고르거나 적절한 타이밍을 잡는 능력이 있는 것은 아니다. 대다수 펀드매니저의 종목 선별 능력이나 시장을 보는 눈은 개인투자자와 크게 다르지 않다. 다만 적정한 목표수익을 추구하면서 개별적인 종목의 위험관리를 체계적으로 하기 때문에 개인투자자보다 다소 우월한 성과를 내는 것이다. 펀드매니저와 침팬지 간에 수익률 게임을 한 자료들을 보면 침팬지가 아무렇게나 찍은 종목들로 구성된 포트폴리오 수익률을 따라잡지 못해 허덕거리는 펀드매니저의 실상을 알게 된다.

침팬지 vs. 펀드매니저의 수익률 게임

미국 《월스트리트 저널》에서 2000년 7월부터 2001년 5월까지 펀드매니저 4명, 개인투자자 4명 그리고 '원숭이'가 참가하는 수익률 게임이 열렸다. 이 게임에서 '원숭이'는 눈을 가린 《월스트리트 저널》 기자가 대신했으며, 그는 주식시세표에 다트를 던져 종목을 찍는 것으로 대신했다. 그런데 결과는 '원숭이'의 완승이었다. 이때가 하락장이었는데 원숭이는 평균 2.7%의 손실을 봤지만, 펀드매니지는 평균 13.4%, 아마추어는 28.6%의 손실을 입었다. 승률은 차이가 더 크다. 원숭이가 고른 종목에서는 4개 중 3개가 상승하고 1개가 폭락했지만 펀드매니저는 4개 중 3개가 하락, 아마추어는 4개 모두 급락했다.

국내에서도 이와 유사한 실험이 있었다. 2002년 해리와 샐리라는 침팬지와 《조선일보》 머니팀(펀드매니저 4명) 간의 수익률 게임이 진행되었는데, 여기서도 침팬지 두 마리가 수익률 1위와 2위를 차지해서 펀드매니저 4명을 이겼다.(자료: 《조선일보》)

전 세계 모든 나라들의 주가 자료를 보더라도 알파를 추구하는 시장초과자의 입장을 지지해주는 것은 없다. 알파를 포기하고 대신 생기는 시간과 돈의 여유로 삶의 다른 가치를 추구하라는 시장추종자의 금과옥조에 점점 더 무게가 실리는 실정이다.

2) 알파와 베타

'베타'란 시장변동성에 대한 민감도를 말하는 것으로, 쉽게 말하면 어떤 하나의 종목이 전체 시장이 상승하거나 하락할 때 시장 평균수익률보다 얼마나 더 상승하고 하락하는지를 뜻하는 것이다. 일반적으로 베타계수로 계량화해서 표시하는데, 어떤 종목의 베타계수가 1이라면 시장이 상승하거나 하락할 때 그 종목의 수익률이 시장 평균수익률과 동일하게 움직인다는 것을 의미한다.

알파를 이야기하다가 왜 갑자기 베타를 설명하는가 하는 의구심을 가질 터인데, 알파를 이해하기 위해서는 베타를 선행적으로 알고 있어야 하기 때문이다.

시장 대비 초과수익을 알파라고 한다. 알파를 얻으려면 전체 투자기간 동안 시장 전체에 투자해서는 절대 안 된다. 전체 투자기간 동안 시장 전체에 투자하면 오로지 시장 평균수익률밖에 얻을 수 없기 때문이다. 따라서 알파를 얻으려면 시장 전체가 아닌 시장의 일부분에 투자하거나 전체 투자기간이 아니라 특정한 시점에 투자를 해야 한다. 이렇게 시장 전체가 아닌 특정 종목이나 섹터(업종), 스타일(대형주, 중형주, 소형주 또는 가치주, 성장주 등으로 구분)에 투자하는 방식을 '종목선택 전략'이라고 부르며, 특정 시점에 매수를 해서 특정 시점에 매도하는 방식을 '마켓타이밍 전략'이라고 한다.

즉 알파를 얻고자 한다면 특정 종목이나 특정 시점을 선택해야 하는데, 여기서 특정 종목이란 결국 베타가 1보다 큰 종목이어야 한다. 시장 평균수익보다 자신의 포트폴리오 수익이 높아야 알파를 얻는 것인데, 그러려면 자신의 포트폴리오 수익은 시장 평균수익률을 의미하는 베타 1보다 커야 한다는 것이다.

또한 베타가 1보다 큰 종목이라고 하더라도 '상승장'이라는 특정 시점을 잘 골라내야 한다. 베타가 1보다 크다는 말은 상승장에서는 시장 평균상승률보다 높은 상승률을 보이기 때문에 알파를 얻을 수 있지만, 반대로 하락장에서는 시장 평균하락률보다 더 하락하기에 오히려 알파는커녕 손실만 더 커진다는 뜻이기 때문이다. 따라서 알파를 얻기 위해서는 '상승장에서는 베타가 1보다 크고, 하락장에서는 베타가 1보다 작은 종목'을 선택해야 한다.

즉 시장과 종목 두 가지 모두를 제대로 맞추었을 때만 우리가 그렇게 갈망하던 알파를 얻을 수 있다. 그런데 앞서 다양한 자료를 통해 확인했듯이, 시간이 흐를수록 알파를 얻는 펀드매니저나 직접투자자의 숫자가 급격히 감소한다는 것은 결국 이 두 가지 요소를 연속적으로 맞추기가 힘들다는 뜻이다. 알파를 얻기 위해서는 비용과 시간을 들여서 특정 종목과 특정 시장 모두를 맞추어야 한다. 그러나 틀릴 경우엔 알파 대신 시장 평균수익률보다 낮은 수익을 얻게 된다. 알파를 얻기 위해서는 이런 도박 내지 게임을 해야 한다.

베타가 작다는 것은 그만큼 위험과 변동성이 적다는 것을 의미하고 베타가 크다는 것은 그만큼 위험이나 변동성이 크다는 것을 뜻한다.

1부에서 이미 다룬 내용이지만 수익이란 위험과 비례한다. 따라서 베타가 작으면 수익률 또한 작게 마련이며 베타가 클수록 수익률은 높아진다. 그러나 수익률이 높아지면 그만큼 위험도 커진다. 따라서 투자자는 위험과 수익 간에 적절한 균형을 맞춰야 한다.

정리하자면 알파는 시장 대비 초과수익을 말한다. 그런데 시장 대비 초과수익을 올리려면 그만큼 위험을 부담해야 한다. 위험을 부담한다는 것은 다른 표현으로 베타가 높다는 것이다. 따라서 주

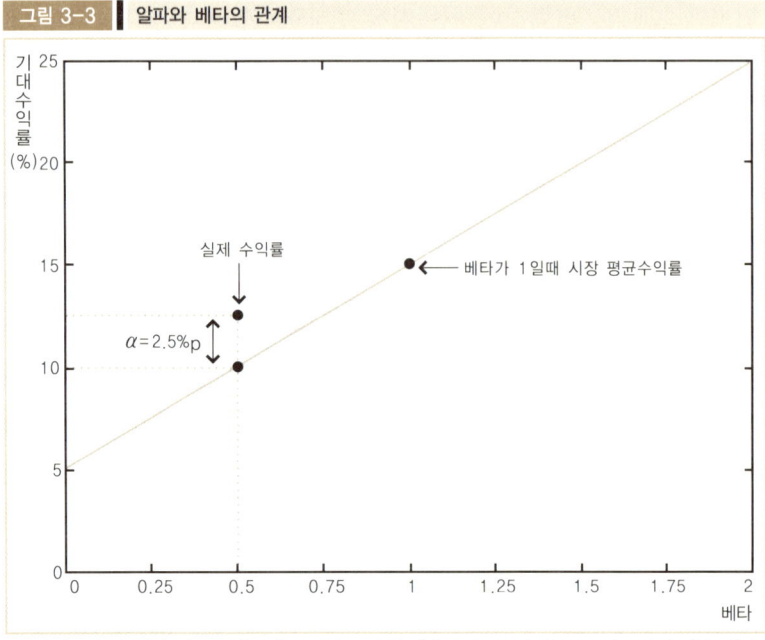

*베타가 1일 때 시장 평균수익률이 15%라고 하면 베타값이 0.5일 땐 10% 정도의 수익을 기대할 수 있다. 그러나 12.5%의 수익률을 얻었다면 2.5%p만큼은 알파를 얻은 셈이다.
출처: CAPM(Capital Asset Pricing Model)

식투자란 결국 투자 목표(기대수익률)를 먼저 세우고, 최소한의 위험(베타)으로 기대수익보다 높은 수익(알파)을 얻는 방법을 찾는 과정이다.

만약 지금까지 번번이 투자 목표 달성에 실패했다면 이번 기회에 자신의 투자전략 내지 매매기법이 어느 정도의 베타값을 가지고 얼마만큼의 알파를 낼 수 있는지 객관적으로 검증해볼 것을 권한다. 아마도 대다수 개인투자자들의 주식접근법에 의하면 베타는 매우 높고, 알파는커녕 시장 대비 손실만 나는 구조일 것이다. 이런 식이라면 앞으로 몇십 년을 주식시장에 참여해도 결코 성공적인 투자자가 될 수 없다.

시장을 이기기 위한
적극적 투자전략

　시장을 이기기 위해서는 종목선택 전략이 되었건 마켓타이밍 전략이 되었건, 적극적 투자전략을 사용해야 한다. 소극적 투자전략으로는 결코 시장을 이길 수 없기 때문이다.

　그러나 적극적 전략을 사용한다고 해서 모두 알파를 얻는 것은 아니다. 오히려 장기적으로 종목선택 전략과 마켓타이밍 전략은 성공보다 실패가 압도적으로 많다. 때문에 투자의 진실을 아는 사람들은 과연 현실적으로 얻기 힘든 알파를 위해서 시간과 비용을 쏟아야 할지 아니면 시장 평균수익에 만족해야 할지 고민할 수밖에 없다.

　알파를 얻기 위해서는 분명히 인생의 대부분 시간을 주식과 함께 보내야 한다. 그럼에도 불구하고 알파를 얻을 수 있는 재능과 행운은 선택된 극소수의 사람들에게만 주어진다. 누구도 자신이 위대한 투자자들처럼 시장을 이기는 행운아가 될 것이라고 확신할 수 없

표 3-2 | 3년간 국내 업종대표주 수익률 비교(2004년 7월~2007년 7월)

(단위: 원, %)

업종대표주	2004년 7월 주가	2007년 7월 주가	수익률
삼성전자	476,000	627,000	31.7
POSCO	149,000	482,500	223.8
현대중공업	27,500	375,000	1263.6
국민은행	36,000	84,600	135.0
한국전력	18,600	40,750	119.1
SK	46,000	134,500	192.4
현대차	44,500	77,000	73.0
SK텔레콤	188,000	200,000	6.4
신세계	277,500	632,000	127.7
대우건설	3,900	29,000	643.6
삼성화재	72,500	187,000	157.9
대우증권	3,400	33,850	895.6
LG화학	39,500	86,500	119.0
한국가스공사	33,500	61,100	82.4
대한항공	14,800	54,400	276.6
평균수익률			289.3

다. 결국 알파를 얻으려면 모험과 도박을 해야 하는 셈이다. 물론 이런 승산 없는 게임에 참여하지 않는 것이 현명할 수도 있지만, 알파를 찾아서 머나먼 항해를 떠날 작심을 했다면 적어도 이 항해가 얼마나 힘든 여정이 될 것인지 정도는 사전에 알아두는 것이 유익하다.

1) 종목선택 전략

시장을 이기기 위해서는 시장 평균보다 높은 수익을 내는 종목을 골라야 한다. 그러나 통계적으로 보면 전체 종목 중 시장 평균수익률보다 높은 수익률을 올리는 종목은 매년 평균 30~40% 정도다.

즉 10종목 중 3~4종목 정도만이 시장 평균수익률보다 높다는 것이다. 따라서 일단 확률적으로 종목선택 전략으로 알파를 얻으려는 접근법은 매우 불리하다. 〈표 3-2〉를 보면 국내 대표적인 종목들의 3년간 수익률과 평균수익률이 정리되어 있다. 총 15개 종목의 평균수익률은 289.3%로 현대중공업, 대우건설, 대우증권 3종목만이 이보다 높았으며, 나머지 12개 종목은 모두 이보다 낮았다. 만약 각 투자자가 한 종목씩 골라서 투자를 했다면 3년 후 알파를 얻는 사람은 단지 3명으로 전체 투자자의 20%에 불과하다는 말이다.

물론 현대중공업이나 대우건설 또는 대우증권처럼 시장 대비 몇 배나 높은 수익을 주는 종목이 분명히 존재하며, 이런 종목들을 계속 발굴하고 보유할 수만 있다면 알파를 얻는 것은 식은 죽 먹기일 것이다. 그러나 확률적으로 이렇게 장기간 시장 대비 알파를 주는 종목을 지속적으로 발굴할 가능성은 희박하다.

또한 단순수익률뿐만 아니라 시가총액 기준으로 수익률을 산정해서 비교했을 때도 같은 결과가 나온다. 대표적인 상승장인 2007년을 기준으로 거래소와 코스닥에서 무작위로 추출한 총 72개 종목의 시가총액 기준 수익률을 산출했더니 〈그림 3-4〉와 같은 분포도를 보였다.

이 분포도를 보면 총 72개 종목의 시가총액 기준 평균수익률은 63.3%이며, 시장 평균수익률을 초과한 수익률을 보인 종목은 17개로 전체 종목 중 24%만이 알파를 얻었다. 즉 우리가 종목선택 전략을 통해서 매년 시장 평균보다 초과수익을 낼 수 있는 종목을 고를

그림 3-4 | 2007년 총 72개 종목의 수익률 분포도

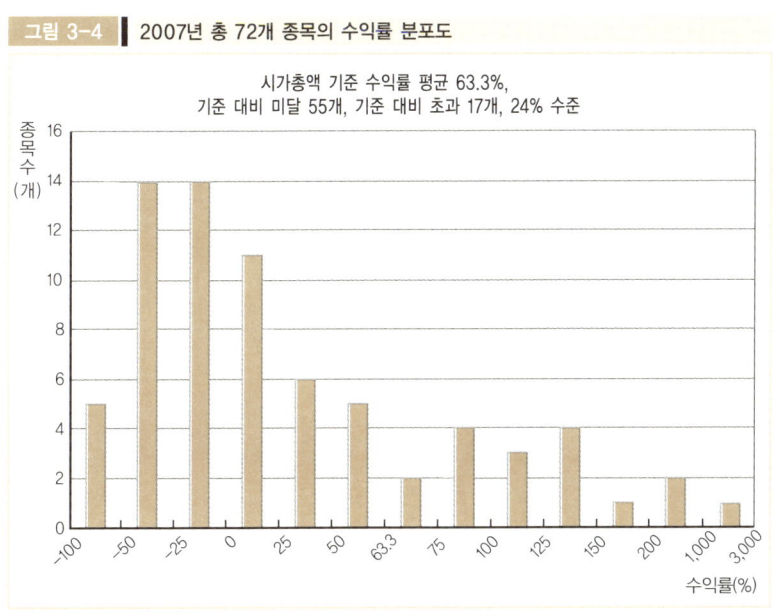

출처: 주식 동호회 '투자의 진실을 찾아서'

확률은 30% 이하라는 것이다. 이 확률은 앞서 살펴본 매년 적극적 투자전략을 구사하는 펀드들 중 시장 평균수익률보다 높을 확률인 30%대와 거의 유사함을 확인할 수 있다.

분명히 알파를 얻기 위해서는 시장 전체에서 알파를 얻을 만한 종목을 선택해서 그 종목들을 보유해야 한다. 그러나 이런 방식의 종목선택 전략의 성공 확률은 매년 30% 이내라는 것 또한 잊어서는 안 된다. 확률적으로만 보면 10명 중 단지 3명만이 그러한 행운을 얻는 것이다. 이 확률만 봐서는 종목선택 전략을 통해서 알파를 얻을 가능성이 상당해 보이지만, 2년 연속 그리고 10년 연속으로 시장을 이기는 경우를 따져본다면 매우 실망할 수밖에 없다. 〈그림

| 그림 3-5 | 첫해 100위권 내 수익률을 달성한 펀드매니저가 이듬해 다시 100위권 내 순위를 유지한 확률(1996~2006년) |

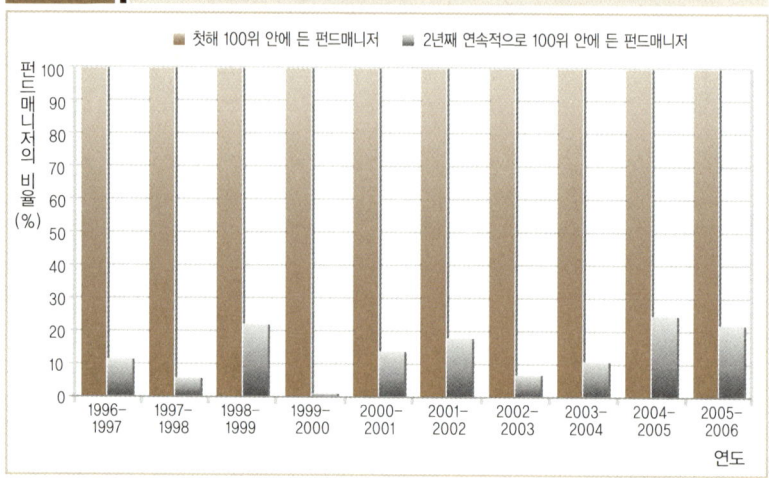

출처: Morningstar(2007)

3-5〉는 미국 펀드매니저들의 수익률을 분석한 자료로, 첫해에 상위 100등 안에 드는 수익률을 기록한 펀드매니저가 그다음 해에 어떤 수익률을 기록했는지를 잘 보여주는 자료다. 1996년부터 2006년까지 11년간 펀드매니저들의 수익률을 보니 첫해에 상위 100등 안에 드는 성과를 기록한 펀드매니저 중 평균적으로 약 14%만이 연속해서 다음 해에도 같은 성과를 기록했다.

대부분의 펀드매니저들은 주로 종목선택 전략을 통해 알파를 추구한다. 그러나 첫해 높은 알파를 기록한 펀드매니저 중 연속적으로 그 성과를 유지하는 비율은 평균 14%에 불과하다. 아마도 3년 연속 상위 100위 안에 드는 펀드매니저는 거의 없을 것이다. 즉 어떤 기준으로 종목을 선택하건 기본적으로 특정한 종목을 선택해서

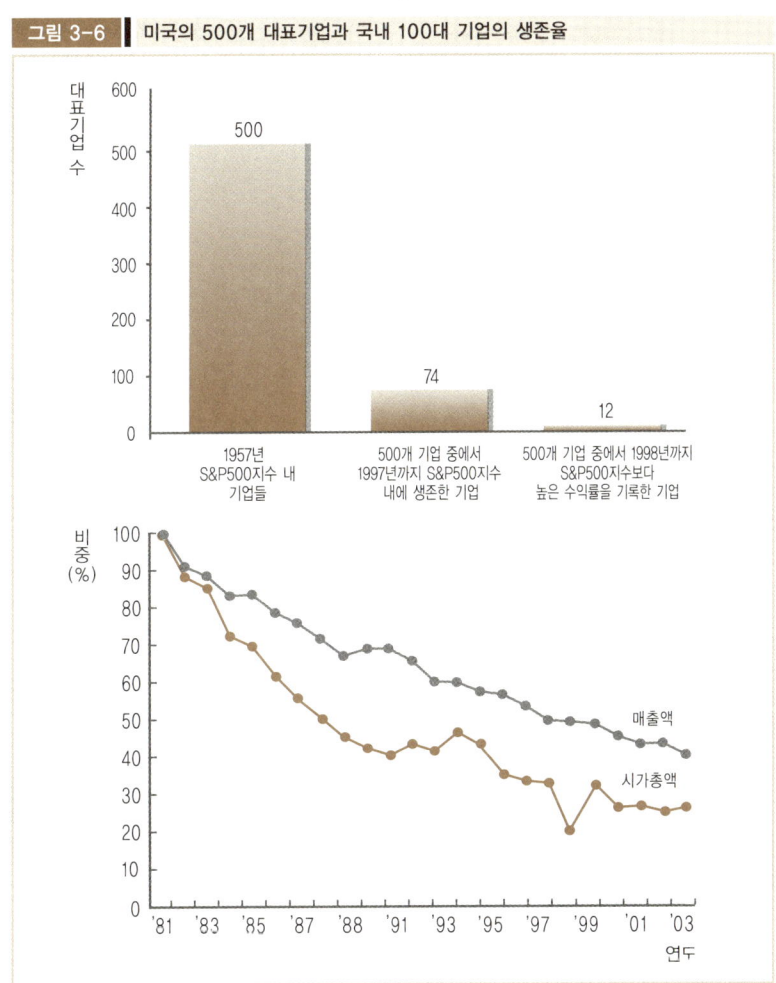

그림 3-6 | 미국의 500개 대표기업과 국내 100대 기업의 생존율

출처: Creative Destruction, Richard Foster & Sarah Kaplan, 삼성경제연구소

알파를 추구하는 전략의 현실은 이렇다.

또한 종목선택 전략은 한 가지 치명적 결함을 가진다. 기업은 성장하고 발전하지만 장기적으로 지속성을 가질지 여부는 불투명하다는 것이다. 시간이 지날수록 주식시장에 남아 있는 기업의 숫자는 점차 줄어든다. 〈그림 3-6〉을 보면, 1957년 S&P500을 구성하던 미국의 500개 대표기업 중 1997년까지 S&P500에 머물러 있는 기업은 고작 74개에 불과하다. 약 15%만이 생존한 것이다. 국내의 경우도 이와 크게 다르지 않다. 1981년 100대 기업이 차지하는 시가총액과 매출액 비중을 100이라고 했을 때 약 20년이 지난 후인 2003년 이들 기업의 매출액 비중과 시가총액 비중은 각 40%와 25% 정도를 차지할 뿐이다. 대다수 기업들이 퇴출되거나 사라졌다는 것이다.

더욱이 미국의 500개 기업 중 살아남은 74개 중에서도 1998년에는 단지 2%인 12개만이 시장 평균수익률을 이겼는데, 이런 확률은 알파를 추구하는 펀드가 장기적으로 시장을 이길 확률과 거의 흡사하다. 다시 말해 로또 1등에 당첨될 행운을 가지지 않고는 평범한 투자자들은 종목선택 전략을 통해 알파를 얻는 것은 거의 불가능에 가깝다는 뜻이다.

2) 마켓타이밍 전략

사실상 종목선택 전략으로 알파를 얻는 것이 무리라면, 마켓타이밍 전략은 어떨까? 종목선택 전략보다 효과적으로 시장을 이기는 전략이 될 수 있을까? 그러나 〈그림 3-7〉을 보면 마켓타이밍 전략은 종목선택 전략보다 알파를 얻기가 더 어렵다는 것을 알 수 있다.

마켓타이밍 전략이 알파를 얻는 데 어느 정도 유용하고 효과적인

그림 3-7 | 전체 수익률에서 종목선택 전략과 마켓타이밍 전략의 영향력

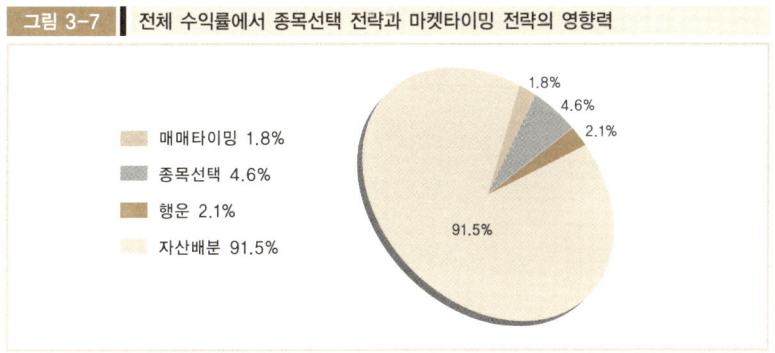

출처: Determinants for Portfolio Performance, Brinson, Hood and Beebower, Financial Analysts Journal, May/June 1991

가에 관해서는 다양한 연구결과들이 있다. 그중에서도 특히 브린슨 Brinson, 후드 Hood, 비바우어 Beebower가 1974년에서 1983년까지 약 10년간에 걸쳐 미국의 91개 대규모 연기금의 성과를 대상으로 분석한 'BHB연구' 결과를 주목할 필요가 있다. 원래 이 연구는 '포트폴리오 수익률에서 자산배분이 거의 절대적으로 영향을 미친다'는 것을 입증한 것으로 투자에 있어서 자산배분 전략의 중요성을 강조할 때 자주 인용되는 자료다. 그러나 여기서 살펴볼 것은 자산배분이 아닌 다른 요소들이다.

브린슨과 후드, 비바우어는 연기금의 총 수익률에 영향을 미치는 요소를 전략적 자산배분, 마켓타이밍 전략, 종목선택 전략, 행운(기타) 이렇게 4가지 요소로 구분하고 각각의 요소가 전체 수익률에 어느 정도 기여하는지를 연구하였다. 그 결과 위의 그림처럼 '전략적 자산배분'이 총 수익률 변동에 91.5% 영향을 미쳤고, 종목선택 전략은 4.6%, 그리고 마켓타이밍 전략은 행운보다 작은 1.8%에 불

그림 3-8　마켓타이밍에 따른 수익률

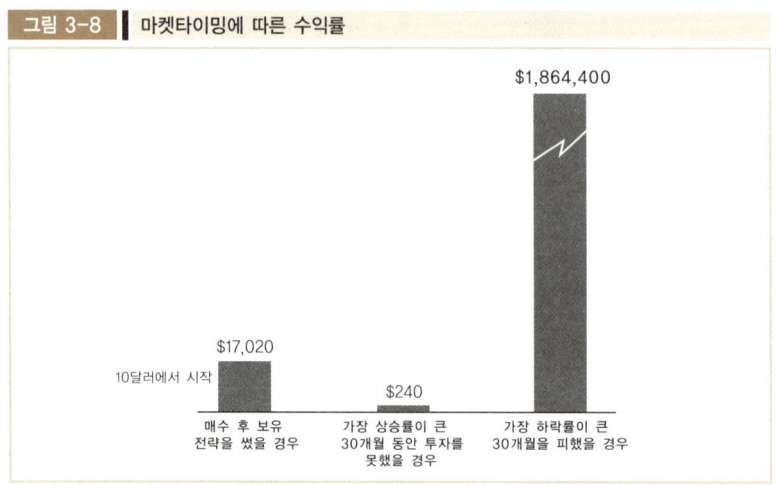

*1928년 10달러를 S&P500에 투자했다고 가정할 경우 2000년까지의 총 누적수익이다.
출처: investech research

과했다. 이 BHB연구는 미국을 비롯한 영국과 한국에서도 국민연금을 대상으로 이루어졌는데, 각 요소가 전체 성과에 미치는 비중은 BHB연구와 비슷하다는 결과를 내고 있다.

BHB연구를 그대로 받아들인다면, 알파를 얻기 위해서는 종목선택 전략이 마켓타이밍 전략보다 2배 이상 효과적이다. 또한 행운으로 알파를 얻을 확률이 마켓타이밍으로 얻을 확률보다 더 높다는 것은 사실상 마켓타이밍 전략으로 알파를 얻는다는 것은 '행운'이나 다름없다는 것이다. 물론 이 연구가 모든 주식시장에 일반화될 수 있는 것은 아니겠지만, 합리적 투자자라면 알파를 얻기 위해 1.8%의 마켓타이밍 전략보다는 4.8%의 종목선택 전략에 초점을 맞추는 것이 당연하다.

물론 마켓타이밍을 잘 선택하고 판단할 수 있다면 엄청난 알파를 얻을 수 있다. 〈그림 3-8〉을 보면 상승장과 하락장에 따라 수익률이 얼마나 달라지는지를 알 수 있다.

1928년 10달러를 미국 S&P500에 투자했다고 가정하면, 시장을 추종하는 전략인 바이앤홀드(매수 후 보유 전략)를 썼을 경우 2000년이 되면 약 1만 7,000달러의 수익을 얻게 된다. 그러나 최고의 마켓타이밍 전략을 사용해서 72년간 가장 수익률이 나쁜 30개월을 피할 수만 있다면 수익률은 자그마치 약 186만 4,400달러가 된다. 그러나 반대로 마켓타이밍 전략에 실패해서 가장 수익률이 좋은 30개월 동안 주식을 보유하지 못했을 경우 수익률은 240달러에 불과하다. 이렇게 마켓타이밍 전략에 따라서 엄청난 수익률 격차가 발생하고, 좋은 시점을 잘 선택하면 시장추종 전략보다 몇십 배나 높은 알파를 얻을 수 있기에 마켓타이밍 전략에 관심이 많을 수밖에 없다. 그러나 종목선택 전략에서도 확인했듯이 시장을 초과해서 알파를 내는 종목, 이른바 '시장주도주'를 늘 보유할 수 없는 것과 마찬가지로, 늘 상승장에만 주식을 보유할 수 없다 보니 현실적으로는 마켓타이밍 전략으로 성공하는 경우가 흔치 않다.

마켓타이밍에 관한 학문적이고 실증적인 연구결과들을 보면 마켓타이밍으로 알파를 내는 경우는 극소수로, 사실상 무시해도 될 정도다. 트레이노^{Treynor}와 마주이^{Mazuy}는 1966년에 펀드매니저가 시장초과수익(알파)이 증가할수록 베타를 증가시킬 수 있는지를 검증하는 모형을 사용해서 57개의 뮤추얼펀드를 분석하였는데, 단 1개의 펀드만이 95% 신뢰수준에서 마켓타이밍 능력이 인정되었다.

헨릭슨Henriksson 역시 1984년에 시장 포트폴리오의 초과수익률이 -일 때보다 +일 때 베타를 높게 유지하는가를 검증하였는데, 총 116개의 펀드 중 단지 3개의 펀드만이 마켓타이밍으로 알파를 얻었다는 결론에 이르렀다. 분명히 상승장에서만 투자를 하고 하락장을 피할 수만 있다면 알파를 얻는 것은 너무나 쉬운 일이다. 그러나 현실세계에서 상승장과 하락장을 구별해서 시장을 이긴 경우는 거의 전무하다는 것이 마켓타이밍 전략의 최대 난점이다.

종목선택 전략 _
어떤 종목을 선택할 것인가?

　투자자나 매매자는 절대수익률을 목표로 하는데 절대수익률은 근본적으로 '시장수익률+알파'를 의미한다. 만약 절대수익률이 시장수익률보다 낮다면 굳이 투자나 매매를 할 이유가 없다. 애초부터 알파를 포기한 시장추종자를 제외하면 주식시장에 참여하는 모든 사람들은 다른 방식으로 수익을 추구하지만 목적지는 '알파'라고 할 수 있다.

　그런데 이 알파를 얻는 전략은 굉장히 다양하다. 장기간 시장을 이긴 위대한 투자자들을 보더라도 제각각 다른 전략을 사용했으며, 심지어는 서로 완전히 상반된 투자원칙을 고수하기도 한다. 시장을 이긴 모델을 모아놓고 보면 공통점을 찾기가 힘들 정도다. 그러나 명칭과 공식은 달라도, 결국 시장을 이긴 전략들은 두 가지 핵심요소를 공통적으로 갖추고 있다. 그것은 바로 '어떤 종목을 선택하느냐'하는 종목선택 기준과 '어떤 시점에 매수하고 매도하느냐'하

표 3-3 | 주식시장 참여자의 분류

구 분	추구하는 목표수익률	구체적 방법론
투자자	절대수익률 추구	가치주 또는 성장주 등 기업가치에 초점
매매자	절대수익률 추구	시장을 예측하거나 대응, 기술적 분석 활용
시장추종자	시장수익률 추구	시장 전체를 매수 후 보유하는 전략
시장초과자	시장수익률 + 알파 추구	다양한 투자전략을 활용

는 타이밍에 관한 원칙이다.

종목선택 전략은 기본적으로 전체 종목들 중에서 시장수익률보다 더 높은 수익을 얻게 해주는 종목이 따로 있고, 이런 종목을 발굴하고 보유함으로써 시장을 이길 수 있다는 생각에서 출발한다. 그러나 구체적으로 어떤 종목으로 시장을 이길 수 있는지에 관해서는 의견이 분분하다. 종목선택의 방식은 크게 정량적 분석Quantitative Analysis과 정성적 분석Qualitative Analysis으로 구분된다.

정량적 접근방식과 정성적 접근방식은 각각 장단점을 가지고 있다. 마이크로소프트 사와 같이 18년간 무려 3,500%의 수익률을 기록한 '위대한 기업'을 발굴하고 싶다면 어느 한쪽의 접근방법으로는 분명 불가능할 것이다. 그러나 정량적 분석에 의해 종목을 선택하는 경우 '누구나' 같은 결과를 얻을 수 있고, 그 방식에 대해서 객관적인 피드백이 가능하다. 물론 이 방법으로는 필립 피셔의 모토로라나 워렌 버핏의 코카콜라와 같은 종목들은 발굴할 수 없겠지만 적어도 종목선택의 기준은 명확하다.

표 3-4 | 정량적 분석과 정성적 분석

	정량적 분석	정성적 분석
분석 대상	누구나 알 수 있는 객관적 자료(발표된 재무제표 등)	미래가치에 영향을 줄 수 있는 변수들 (CEO의 능력 등)
분석 방법	과거의 자료를 통계적 수식을 이용해서 수치적으로 접근	오랜 투자 경험에서 오는 직관과 통찰, 탁월한 재능
장점	누구나 쉽게 따라 할 수 있고, 주관적 판단에서 오는 잘못된 종목선택을 피할 수 있다.	장기적으로 성장하고 발전하는 종목을 발굴할 수 있다.
단점	기업가치는 재무적 요소만으로 파악할 수 없으며, 이익의 질과 사업전망 등이 중요한 변수다.	개개인의 투자 경험과 능력 등에 따라서 주관적 판단이 될 가능성이 높다.
대표적 인물	벤저민 그레이엄, 파마/프렌치	워렌 버핏, 피터 린치

정성적 접근방식은 그 실제적 유용성과 필요성에도 불구하고 투자자 개인의 오랜 투자 경험과 능력에 전적으로 의존할 수밖에 없다는 한계가 있다. 만약 누군가 정성적 분석으로 7년간 1,600%의 수익률을 가져다준 현대중공업이라는 종목을 발굴했다면, 그것이 행운인지 실력인지 분간하기는 쉽지 않다. 또한 정성적 접근방식은 주관적 판단이 개입되기에 종목선택에 실패할 확률이 훨씬 높다. 사정이 이렇다 보니 '누구에게나 보편적으로 적용될 수 있는 종목선정의 원칙'이라는 관점에서 보면 정성적 분석방식은 적절한 종목선택 전략이 될 수는 없다.

극소수의 위대한 투자자들은 정량적 분석보다는 오히려 정성적 분석으로 시장을 장기간 이겼다. 그러나 대부분의 평범한 투자자들은 위대한 투자자들이 가지고 있는 종목에 대한 날카로운 통찰력이나 기업 미래에 대한 예지력과 같은 특별한 재능을 가지고 있지 못하다. 뛰어난 영감이나 탁월한 종목선택 능력이 없는 평범한 투자

표 3-5 　 종목선택 전략에서 정량적 분석의 대표적인 예

스타일 기준	분류 방식
가치(Value)	성장주, 가치주
시가총액(Size)	대형주, 중형주, 소형주

자들에게는 위대한 투자자들의 정성적 접근방식은 따라 할 수도 없고 분석해본들 크게 의미를 찾기 힘든 결과를 얻을 뿐이다.

수치화되고 계량화된, 객관적이고 보편적인 종목선택 전략이 의미가 있는 것은 '누구나' 따라 할 수 있고, '누구나' 같은 결과를 얻을 수 있기 때문이다. 우리가 종목선택 전략을 연구하고 분석하는 의의는 검증된 전략을 발굴해서 그것을 실제 투자의 세계에 적용해 시장을 이기기 위함이다. 따라서 개인적인 능력에 의해서 시장을 이기는 '주관적 접근방식'은 배제될 수밖에 없다. 주관적 접근방식을 배제하면 결국 남는 것은 정량적 분석이다. 정량석 분석은 'Quantitative'의 앞글자를 따서 일명 '퀀트^{Quant}분석'이라고 한다. 정량적 분석은 다시 〈표 3-5〉처럼 종목의 스타일별로 분류해볼 수 있다.

여기서 스타일이란 종목들을 하나의 집단으로 묶을 수 있는 동일한 특징을 말한다. 종목을 어떻게 묶느냐에 따라 〈표 3-5〉에서 제시된 것 이상의 다양한 집단 내지 스타일이 나올 수 있다. 그러나 정량석 분석 중에서도 가치와 크기 두 가지 스타일에 대한 연구가 가장 뚜렷한 성과를 보여주고 있기에, 이 두 가지 종목선택 전략에 대해서 집중적으로 살펴보고자 한다.

1) 성장주 vs. 가치주

성장주Growth와 가치주Value는 PBR(주가자산비율) 또는 PER(주가수익비율)와 같은 양적 지표를 통한 분류 외에도 성장성이나 수익성, 배당성향 등과 같은 질적 요소가 포함되므로, 현실에서 개별 종목을 놓고 성장주와 가치주로 명확하게 구분한다는 것은 무척 어려운 작업이다. 따라서 스타일로 구분할 때는 객관적으로 판단할 수 있는 PER나 PBR 같은 지표를 통해서 분류한다.

성장주건 가치주건 각각의 알파를 얻는 논리가 있고 실제로 한쪽 스타일만을 집중투자해서 알파를 얻은 투자자들이 실존한다. 성장주 투자의 아버지라고 불리는 필립 피셔가 모토로라 주식을 통해 얻은 수익은 거의 환상적이다. 피셔가 1957년에 투자자들과 함께 모토로라 주식에 투자한 1만 달러는 1996년 199만 3,846달러가 되었다. 모토로라 주식은 매년 약 16%씩 주가가 상승했고 동 기간 동안 주식시장은 약 11% 정도가 성장했다. 복리로 치자면 모토로라 주식은 시장보다 6배나 상승한 셈이다. 성장주 투자의 진수를 보여주는 대목이다. 피셔의 성장주 투자철학이 그대로 담긴 『위대한 기업에 투자하라Common Stocks and Uncommon Profits』(1958)라는 책은 워렌 버핏 등 수많은 성장주 투자자들의 교본이 되고 있다.

그러나 한편에서는 전혀 다른 스타일의 주식만으로 시장을 이긴 투자자들이 있다. 바로 슐로스 부자다. 월터 슐로스와 그의 아들 에드윈 슐로스Edwin Schloss는 오로지 자산가치 대비 저평가된 자산주

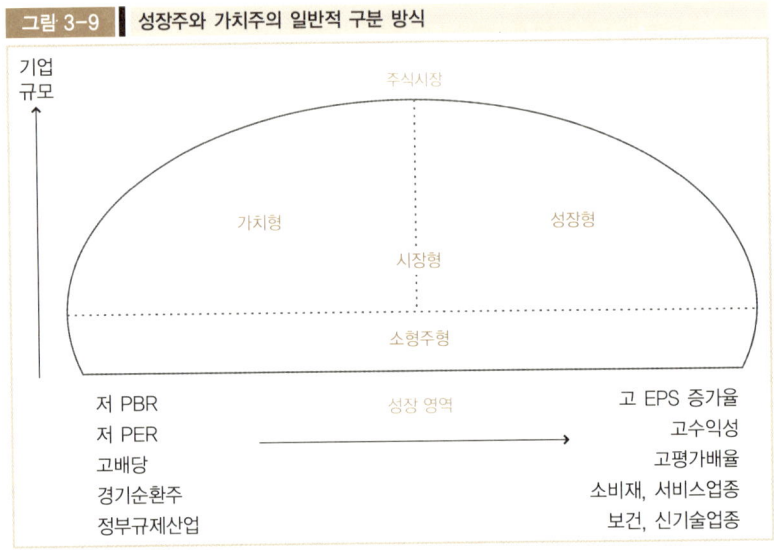

에만 투자해서 1956년부터 2000년까지 45년 동안 투자자들에게 연평균 15.3%의 수익률을 안겨주었다. 이 기간 동안 S&P500 산업지수는 연평균 11.5% 상승하는 데 그쳤다. 슐로스 부자는 벤저민 그레이엄 방식의 전통적인 가치주 투자방식을 계승해서 '자산가치 대비 염가주'만을 집중 공략하는 방식을 사용했다.

필립 피셔나 슐로스 부자는 전혀 다른 스타일의 주식으로 시장 대비 초과수익을 올린 대표적인 투자자들이다. 성장주 내지 가치주를 통해 시장을 이긴 투자자들의 성과만을 본다면 어느 한쪽이 알파를 얻는 데 더 유리하다고 말할 수 없다. 분명한 것은 성장주건 가치주건 시장을 이긴 종목은 장기적으로 소수라는 것이다. 만약 누군가 알파를 얻기 위해 필립 피셔의 성장주 방식과 슐로스의 가치주 전략 사이에서 고민한다면 최소한 성장주와 가치주의 진실에

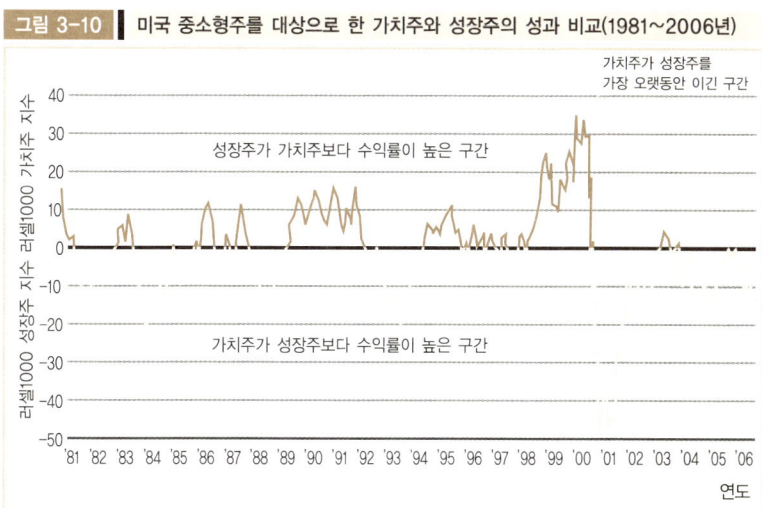

그림 3-10 | 미국 중소형주를 대상으로 한 가치주와 성장주의 성과 비교(1981~2006년)

출처: FMRCo 2006

관한 데이터만큼은 꼭 살펴보고 결정해야 한다.

학계와 많은 투자자들은 성장주와 가치주 중 어느 것이 더 알파를 획득하는 데 우월한 전략인지를 밝히기 위해 다양한 주가 자료를 분석했다. 물론 성장주와 가치주는 그 분류 기준과 방법에 따라 조금씩 다르게 규정될 수 있고, 성장성과 수익성 등 기업의 질적 부분에 대한 주관적 판단에 따라 서로 정반대의 견해가 나올 수 있다. 따라서 이러한 주관적 요소를 최대한 배제하고 성장주와 가치주의 특징을 가장 잘 살릴 수 있도록 '기업의 실적과 자산가치'를 객관적으로 표시한 PER나 PBR 같은 계량적 지표를 가지고 성장주와 가치주를 구분한다. 대체적으로 저PER, 저PBR 종목은 가치주 군에 속하며 고PER, 고PBR은 성장주 군에 속한다. 시장의 전체 종목을 '가치주와 성장주'로 구분할 때도 주로 이 방식을 활용한다. 그렇다면 이렇게 분류된 성장주와 가치주는 어떤 특징을 보일까?

시장을 특정 시기로 잘라서 놓고 보면, 가치주가 성장주를 수익률 면에서 압도한 시기가 있는 반면, 성장주가 가치주를 이긴 적도 있다. 〈그림 3-10〉은 미국의 러셀1000지수에 속하는 중소형주를 가치주와 성장주로 구분해서 1981년부터 2006년까지 수익률을 비교한 것으로, 어느 한쪽 스타일이 다른 스타일을 절대적으로 이기지 못했다는 것을 알 수 있다. 특히 2000년을 전후로 비교해보자. IT 버블이 생긴 1999년에는 성장주가 압도적으로 수익률이 높은 반면, 2001년 IT 버블이 꺼진 후에는 가치주의 수익률이 몇 년간 성장주 수익률을 이겼다.

시장 흐름에 따라 어떤 특정 스타일이 몇 년간 우위를 보일 수는 있지만 시장 전체적으로 가치주나 성장주 중 어느 한쪽이 일방적으로 높은 성과를 보이지는 않는다는 것을 확인할 수 있다. 즉 이렇게 어느 한쪽 손만 들어주지 않는 시장 흐름이기에 필립 피셔의 성장주 방식이나 슐로스 부자의 가치주 방식 모두가 시장을 이길 수 있었던 것이다.

물론 필립 피셔가 추구했던 성장주와 슐로스 부자가 발굴했던 가치주는 〈그림 3-10〉에서처럼 PER나 PBR 같은 지표를 기준으로 전체 종목을 기계적으로 분류한 방식의 '성장주·가치주'와 완전히 부합되는 개념은 아니다. 피셔는 '장기적으로 성장하는 훌륭한 기업'을 성장주라고 정의했지, PER가 높은 종목을 성장주라고 하지는 않았다. 그렇지만 현실적으로 성장주와 가치주를 완벽하게 구분

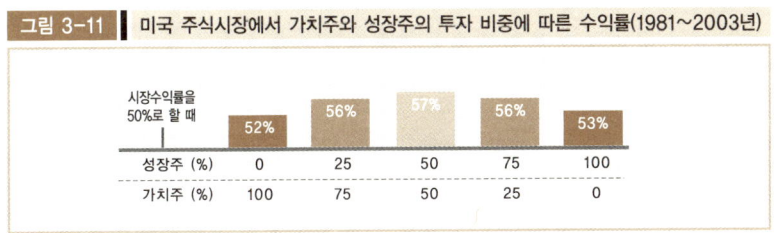

출처: Mercer Investment Consulting, Standard & Poor's and Berntstein

할 방법은 없다. 설령 피셔의 성장주가 기계적 분류에서 가치주에 포함되고 역으로 슐로스의 가치주가 성장주에 속한다 치더라도, 중요한 점은 전체 종목을 성격이 다른 두 스타일로 구분했을 때 어떤 쪽도 절대적인 우위에 있지 않다는 것이다.

최근까지 15년 연속으로 S&P500지수를 뛰어넘는 수익률을 달성한 빌 밀러는 바로 이런 시장의 흐름을 제대로 간파한 투자자 중 한 사람이다. 빌 밀러는 특정 스타일의 종목에만 치우치는 전략이 아닌 성장주와 가치주 모두를 보유하는 전략을 통해 1991년부터 2006년까지 무려 15년 연속으로 S&P500지수를 능가하는 전무후무한 수익률을 기록했다. 실제로 미국의 경우 1981년부터 2003년까지 성장주와 가치주를 절반씩 혼합해서 구성한 포트폴리오의 수익률이 성장주 또는 가치주 하나의 스타일보다 3~4%p 정도 높은 성과를 보였다. 〈그림 3-11〉을 보면 가치주만으로 포트폴리오를 구성했을 경우 23년간 52%의 수익률을 기록해서 시장 대비 2%p의 초과성과를 거둔 반면, 성장주와 가치주를 혼합할수록 시장 대비 초과수익은 점차 증가한 것으로 나온다. 물론 이 통계치는 시장의 기간이나 다른 국가의 시장에서는 다소 상이한 결과가 나올 수도 있다. 하지만 핵심은 시장은 결코 특정 스타일의 종목을 선호하지 않는다는 것이다.

물론 단기적으로 보면 가치주를 선택하느냐 또는 성장주를 선택하느냐에 따라 수익률에 큰 차이를 보인다. 〈그림 3-10〉을 다시 보면 전체적으로는 특별한 우위를 점하는 주식이 없지만, 3~4년 단위로 볼 때 분명 가치주가 우세한 시기가 있고 성장주가 우세한 시기가 있다. 또 한 예로 IT 버블 시기엔 성장주를 보유하지 않은 투자자들은 상대적인 박탈감에 시달렸다.

그러므로 만약 짧은 기간에 시장 대비 초과수익을 얻고자 한다면, 시장에 맞는 스타일을 선택하는 것이 수익률에 결정적인 영향을 미치게 된다. 그러나 특정 스타일의 종목이 강세를 보인 구간은 길어봐야 3년 정도였으며, 10년 이상 시장을 길게 보면 〈그림 3-10〉과 같이 가치주와 성장주는 번갈아가며 우위를 나타내고 있음을 알 수 있다. 따라서 안정적인 투자를 하고자 한다면 특정 스타일의 종목에 집중하기보다는 가치주와 성장주를 적절하게 혼합하는 종목선택 전략을 사용해야 한다.

한편 아주 멀리 내다보고 20년 이상 장기적으로 투자를 할 경우에는 가치주를 선택하는 전략이 성장주를 선택하는 전략보다 시장을 이길 가능성이 훨씬 높은 것으로 나타나고 있다. 가치주 전략이 성장주 전략보다 우월하다는 것을 입증한 대표적인 학자는 시카고 대학의 파마E. F. Fama 교수와 프렌치K. R. French 교수이다. 파마/프렌

그림 3-12 | 파마/프렌치 분류 방식(F/F)으로 본 가치주와 성장주의 80년간 수익률 비교 (1927~2006년)

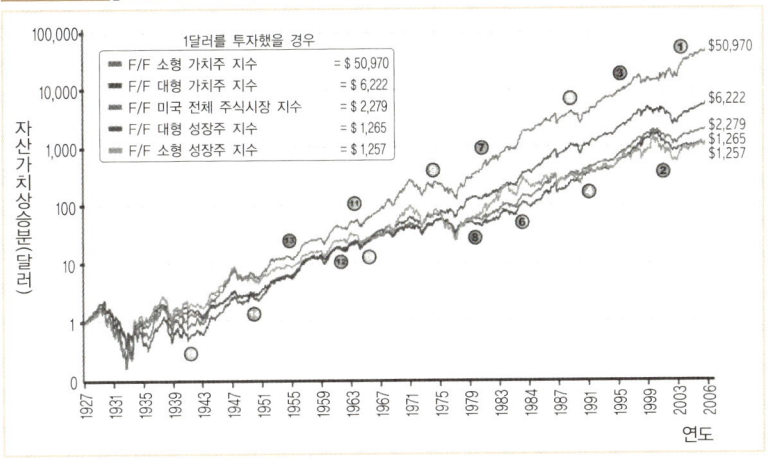

출처: CRSP, Fama/French and Yahoo Finance

치 교수는 공동으로 1927년부터 2006년까지 미국 시장을 대상으로 가치주와 성장주의 수익률을 연구했다. 두 사람은 시장 전체 종목을 장부가 기준으로 가치주와 성장주로 나누고 각 포트폴리오의 수익률을 매년 계산했다. 그 결과 〈그림 3-12〉와 같이 가치주(소형 가치주와 대형 가치주) 포트폴리오가 80년 동안 시장 평균수익률보다 최대 22배 이상 놀라운 수익률을 기록한 것을 발견했다. 이에 반해 성장주(대형 성장주와 소형 성장주)는 오히려 시장 평균수익률보다 낮은 수익을 기록했다. 만약 1927년 1달러를 가치주 포트폴리오에 투자했다면 2006년 1달러는 최대 5만 970달러(소형 가치주에 투자했을 경우)에서 최소 6,222달러(대형 가치주에 투자했을 경우)로 불어났을 것이다. 그러나 동 기간 시장을 추종한 경우는 단지

2,279달러밖에 챙기지 못했을 것이다.

파마/프렌치 교수의 소형 가치주 포트폴리오 전략

시장이 효율적이라는 효율적 시장 가설은 주식시장의 가장 기본이 되는 투자 이론으로 인정받고 있다. 하지만 역발상 효과 Contrarian Effect처럼 주가가 약세일 때 매수하면 시장보다 초과수익을 얻는다든가 특정한 달의 수익률이 높다든가 하는 효율적 시장 가설에 배치되는 연구결과들이 발표되면서 이것을 하나의 예외적인 현상으로 볼 것이냐 아니면 효율적 시장 가설이 틀렸다는 근거로 인정할 것이냐 하는 논쟁이 생기기 시작했다. 결정적으로 '시장은 결코 효율적이지 않다'는 것을 학문적으로 입증한 사람들은 파마 교수와 프렌치 교수다. 이들은 1992년 발표한 논문을 통해서 전체 주식을 규모 Size와 가치 Value 등의 요인으로 분류한 후 '소형주이면서 가치주로 구성된 포트폴리오'가 장기적으로 시장 평균보다 높은 성과를 낸다는 사실을 밝혀냈다.

이런 연구결과를 토대로 결론을 내리자면, 단기적으로 알파를 얻는 데는 가치주와 성장주의 구분이 의미가 있다. 그러나 현재와 미래 시장이 어느 쪽에 더 유리할지 알지 못하기에 오히려 가치주와 성장주 중 택일하는 전략은 성공보다 실패할 가능성이 더 높게 마련이다. 결국 기간을 길게 보고 가치주와 성장주를 적절하게 혼합하거나 또는 가치주 위주로 종목을 선택하는 게 유리하다는 것이

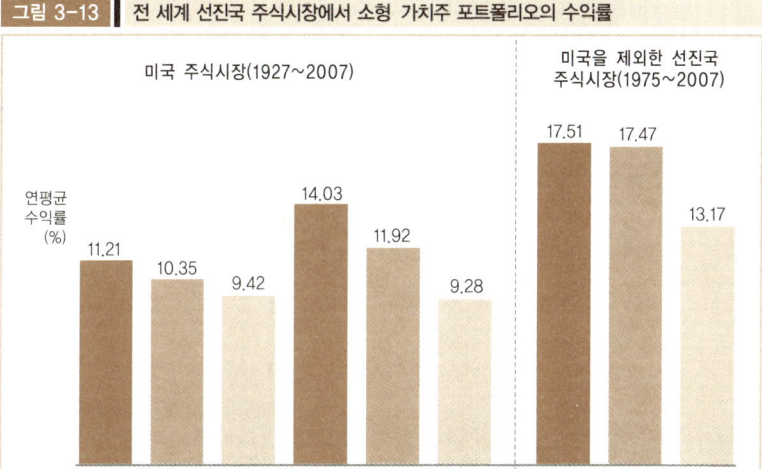

그림 3-13 전 세계 선진국 주식시장에서 소형 가치주 포트폴리오의 수익률

출처: 시카고 대학 증권 연구소, standard & poor's index services group, dimensional stylerearch securities data

'성장주와 가치주 논쟁'의 결론이다.

그렇다면 왜 이런 결론이 나올까? 보통 사람들은 성장성이 높은 종목이 주가도 많이 오른다는 상식을 가지고 성장주 발굴에 힘쓴다. 그러나 과거의 주가 데이터는 오히려 반대의 결과를 말해준다. 이처럼 상식과 다른 결론이 나오는 이유는 주로 '성장의 함정'에서 찾아볼 수 있다.

성장의 함정이란 수많은 성장주들 중에서 실제로 장기적으로 지속적인 성장을 하는 기업이 거의 없고 대부분 중간에 시장에서 탈락하는 사례를 일컫는 용어이다. 실상이 이러하므로 '성장주 포트폴리오'는 시장 평균수익을 얻는 데도 실패하는 경우가 많다. 실제

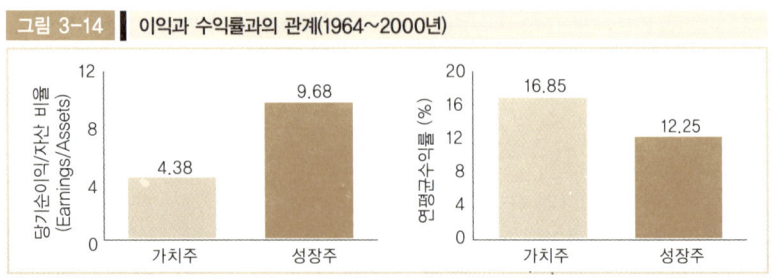

그림 3-14 │ 이익과 수익률과의 관계(1964~2000년)

출처: Fama/French

로 파마/프렌치 교수가 이익과 수익률을 비교한 자료를 보면 더 쉽게 이해가 될 것이다. 〈그림 3-14〉를 보면 1964년부터 2000년까지 가치주는 성장주보다 이익 면에서 떨어진다. 그러나 수익률을 보면 가치주는 16.85%를 얻은 반면, 성장주는 12.25%에 그쳤다. 즉 기업이익과 주가는 오히려 반대로 움직인다는 실증적 사례를 보여준다. 이 점 때문에 가치주 전략이 성장주 전략보다 우월할 수 있는 것이다.

물론 이런 결과(가치주>성장주)는 각각 가치주와 성장주에 속하는 몇 종목의 수익률을 비교해서 얻은 결과가 아니라 전체 종목을 가치주 군과 성장주 군으로 나누어 비교한 것이기에 투자현실과는 다소 괴리가 있을 수 있다. '가치주>성장주'라는 결론은 계량적 지표로 구분한 전체 포트폴리오의 수익률 간 비교다. 따라서 성장성이 높은 종목 몇 개에 집중투자해서 시장을 이길 수 있는 경우까지 부정하는 것은 아니다. 다만 가치주 중심으로 종목을 선정했을 때 시장을 이길 확률이 더 높다는 의미다.

또한 위의 결론 그대로의 수익률을 얻고자 한다면 가치주 중 몇 종목을 골라서 보유하는 것이 아니라 시장 전체 종목 중 가치주로 구분된 절반을 보유해야 한다. 그러려면 최소 몇백 개 종목의 포트폴리오를 관리해야 하는데, 이런 방식은 소액의 개인투자자에게는 무리다. 따라서 평범한 투자자가 가치주 전략을 통해서 시장을 이기고자 한다면 '가치주 인덱스 펀드'나 '가치주 ETF'를 통하는 것이 가장 현명한 방식이다.

2) 소형주 vs. 대형주

PBR이나 PER 등의 지표를 통해 가치주와 성장주로 분류했을 때, 가치주가 성장주보다 상대적으로 더 높은 수익을 얻는 현상을 이른바 가치주 효과$^{\text{Value Effect}}$라고 한다. 이렇게 종목의 특성^{Style}에 따라 수익률에 변화가 있는 현상을 주식시장에서는 무슨무슨 효과^{Effect}라고 하는데, 이런 효과는 기본적으로 주식시장의 효율성이나 주가가 랜덤워크로 움직인다는 일반적 시장 흐름에 위배되기 때문에 많은 논란을 불러일으키고 있다. 만약 가치주 효과를 인정한다면 효율적 시장 가설은 상당히 퇴색할 수밖에 없다. 그렇다고 미국뿐 아니라 영국, 이탈리아, 일본, 홍콩 등 전 세계 13개국 이상의 각기 다른 시장에서도 수십 년간의 주가 자료를 통해 객관적으로 입증된 가치주 효과를 부정하는 것도 우스운 일이다. 대표적으로 가치주 효과와 소형주 효과$^{\text{Small Stock Effect}}$(통상 Size Effect라고 한다) 등이 그런 예로서 둘 다 강력한 이론적, 경험적 근거를 가지고 전 세계적

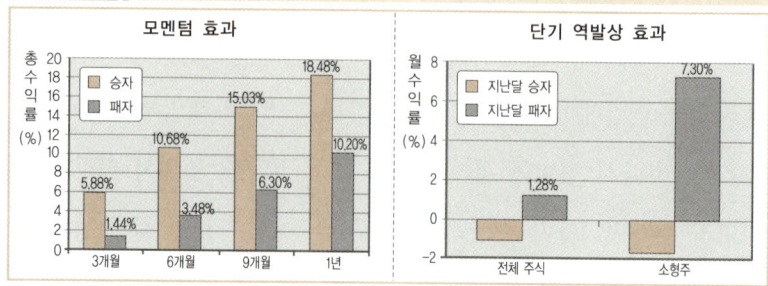

그림 3-15 | 모멘텀 효과-승자가 승리한다 / 역발상 효과-패자가 승리한다

출처: Professor Jegadeesh of UCLA and Professor Titman of Hong Kong University of Science and Technology, 1993

출처: Profeesor Assoe and Sy

으로 입증되고 있다.

그러나 모든 효과가 다 객관성과 보편성을 갖는 것은 아니다. 역발상 효과와 모멘텀 효과는 둘 다 동시에 인정한다면 모순이 발생한다. 모멘텀 효과란 강한 종목이 시간이 지날수록 더 강해진다는 것으로, 시장보다 상대적으로 약한 종목이 시간이 지나면 시장보다 강해진다는 역발상 효과와 배치되는 개념이다. 〈그림 3-15〉는 모멘텀 효과에서는 승자가 시간이 지날수록 승자가 되며, 역발상 효과에서는 과거의 패자가 시간이 지난 뒤 승자가 된다는 것을 각각 보여준다.

두 효과 모두 최소 20년 이상의 주가 데이터를 객관적으로 분석해서 도출한 결과라는 점에서 어느 한쪽 손을 들어주기가 애매하다. 이렇게 상반된 결론을 보이는 효과도 있지만, 일반적으로 1월 효과January Barometer Effect나 가치주가 성장주보다 위험이 적다는 가치주 프리미엄 유지 효과Persistency of Value Premium, 그리고 소형주 효

표 3-6 | 미국 주식시장에서 소형주와 대형주의 수익률 비교(1926~2006년)

수익률	기하학적 수익률(%)	산술적 수익률(%)	표준편차(%)
대형주	10.4	12.3	20.1
소형주	12.7	17.4	32.7
장기 국공채	5.4	5.8	5.7
인플레이션	3.0	3.1	4.3

출처: Morningstar

과 등은 널리 인정되는 것들이다. 이 효과를 잘 활용하면 시장을 이기는 전략을 세우는 데 많은 도움이 된다.

가치주 효과나 소형주 효과가 효율적 시장 가설에 대한 강력한 반증인지 아니면 1월 효과처럼 단순한 예외적 사례로 인정될지는 학계에서 연구해야 할 몫이지만, 중요한 것은 이런 효과를 이용하면 시장 대비 알파를 얻을 수 있다는 것이다.

소형주 효과란 시가총액 등 기업의 크기에 따라 수익률이 달라지는 것으로, 파마/프렌치 교수의 연구에 따르면 소형주가 대형주보다 수익률이 높은 것으로 나타나고 있다. 보통 주식은 시가총액이나 매출액, 기타 외형과 크기에 따라 대형주·중형주·소형주 또는 대형주·소형주로 구분한다. 미국 주식시장을 예로 들자면, 기업의 크기에 따라 소형주와 대형주로 나누어 각 종목군의 수익률을 비교해보면 역사적으로 소형주가 대형주보다 위험이 큰 반면 수익률이 높은 것으로 밝혀졌다. 따라서 장기투자자라면 시장을 이기는 방법의 하나로 소형주 투자전략을 적극 고려해봐야 한다.

가치주와 성장주에서도 통상 이익이 많이 나는 성장주의 수익률

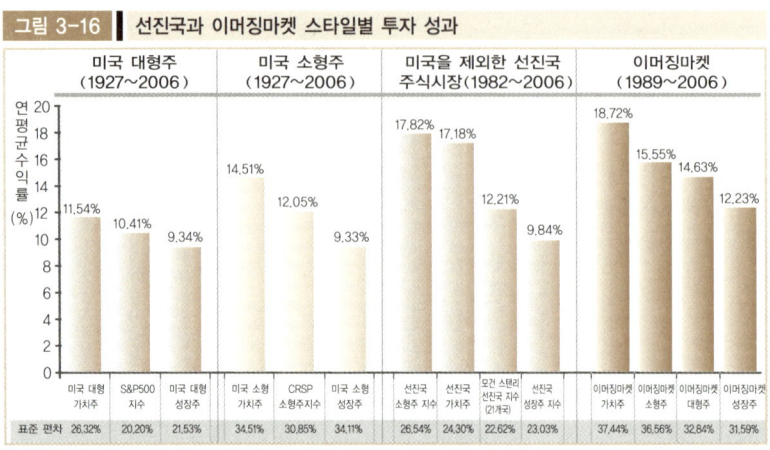

출처: CRSP(The Center For Research in Security Prices & Fama/Frech)

이 더 높을 것으로 생각되지만, 실제 투자의 세계에서는 오히려 수익이 적은 가치주가 더 수익률이 높은 것을 확인한 바 있다. 마찬가지로 대형주와 소형주에서도 일반적인 예상과는 달리 소형주가 대형주보다 수익률이 높은데, 이유로 '소외주 현상'을 들기도 한다. 대형주와 달리 소형주는 기관투자자들의 관심에서 벗어나 있기에 저평가된 종목이 많고, 대형주는 성숙된 산업에 속한 경우가 많아서 더 성장하기에 무리가 있지만 소형주는 장차 대형주로 클 가능성이 훨씬 높기 때문이다. 〈그림 3-16〉에서 보듯이 전 세계 주식시장에서 비중이 10%도 안 되는 이머징마켓 수익률이 전 세계 주식시장에서 50% 이상을 차지하는 선진국 주식시장보다 높은 것은 '소형주 효과의 하나'라고 할 수 있다. 〈그림 3-16〉을 본다면 이머징마켓 소형 가치주야말로 장기적으로 시장 대비 가장 높은 수익률을 올려줄 수 있는 종목선택 전략임을 알 수 있다.

3) 마법공식

주식시장에는 소위 '마법공식Magic Formula'이라고 불리는 종목선택 전략이 존재한다. 이런 마법공식의 특징은 크게 두 가지인데, 하나는 대부분의 공식이 PBR이나 PER, ROE자기자본이익률, Return On Equity 등 아주 간단한 계량적 지표로 만들어졌기 때문에 초보자를 포함해서 누구나 쉽게 접근할 수 있다는 것이며, 다른 하나는 공식에 의해 자동적으로 종목이 산출되기에 종목 선택에 대한 고민이 불필요하다는 것이다.

보통 기관투자자들이나 펀드매니저들은 현금흐름할인법DCF과 같이 복잡한 수학적 계산식을 동원해서 기업의 미래가치를 파악하고, 이것도 모자라 CEO의 기업 경영 능력이라든가 경제와 업황에 대한 방대한 자료를 참고해서 종목을 선정한다. 그러나 이렇게 해도 시장을 이기는 경우는 한 해에 평균 30% 이하이며 10년 이상으로 보면 5% 이하로 뚝 떨어진다. 그런데 누구나 알고 있는 재무 정보만으로, 그것도 곱셈 나눗셈 정도의 산술 지시만 있으면 누구나 시장을 이기는 종목을 발굴할 수 있다고 하니 '마법'이라는 수식어가 붙을 만하다. 그러나 주의할 것은 주식시장에 떠도는 이런 마법공식들 중에서 실제로 검증되고 유용한 전략은 많지 않다는 것이다.

『시장을 이기는 작은 책The Little Book That Beats the Market』을 통해 투자자들에게 널리 알려진 조엘 그린블라트Joel Greenblatt는 PER와 ROA라는 두 가지 지표만으로 종목을 선정해서 17년 동안 S&P500

표 3-7 | 조엘 그린블라트의 마법공식 투자 성과

연도	마법공식에 의한 수익률(%)	S&P500지수 수익률(%)
1988	27.1	16.6
1989	44.6	31.7
1990	1.7	-3.1
1991	70.6	30.5
1992	32.4	7.6
1993	17.2	10.1
1994	22.0	1.3
1995	34.0	37.6
1996	17.3	23.0
1997	40.4	33.4
1998	25.5	28.6
1999	53.0	21.0
2000	7.9	-9.1
2001	69.6	-11.9
2002	-4.0	-22.1
2003	79.9	28.7
2004	19.3	10.9
연평균 수익률	30.8	12.4

1988년 15,000달러를 마법공식과 S&P500지수에 각각 투자했을 경우
2004년까지 누적수익 비교

기간	그린블라트의 마법공식	S&P500
누적수익	1,440,000달러	116,000달러
연평균 수익률	30.8%	12.4%

출처: 조엘 그린블라트, 『시장을 이기는 작은 책』

대비 18.4%p의 초과수익을 거두었다. 이 공식을 써서 1988년부터 2004년까지 17년간 연평균 30.8%의 수익률을 거둔 것이다. 금액으로 따지면 1만 5,000달러가 17년 후 144만 달러가 될 것이다. 동 기간 시장 평균수익률을 추종했다면 겨우 11만 6,000달러밖에 얻지 못했을 것이다.

그림 3-17 | 조엘 그린블라트 마법공식에 의한 국내 연간 수익률(2001~2007년)

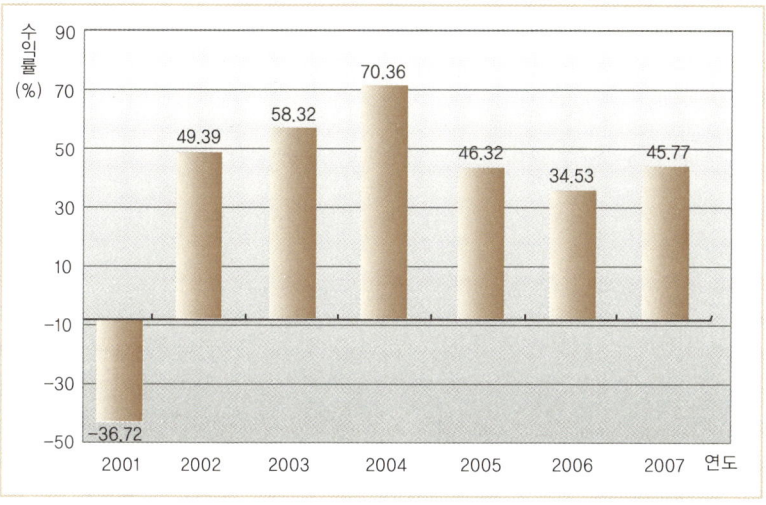

연도	마법공식 수익률(%)	거래소 수익률(%)
2001	-36.7	37.8
2002	49.4	-10.1
2003	58.3	28.1
2004	70.4	9.8
2005	46.3	53.9
2006	34.5	3.7
2007	45.8	31.8
7년간 연평균 수익률	38.2	22.1

* 조엘 그린블라트 수익률은 연간 분할 매입기준
출처: 셀프펀드(http://www.selffund.co.kr)

국내에서도 조엘 그린블라트의 공식은 대중적으로 인기가 높은데, 이 공식으로 포트폴리오를 실제로 운영하는 곳의 자료를 그대로 믿는다면 국내에서도 이 공식은 시장 대비 초과수익을 올리는 전략으로 인정될 수 있다. 이 공식은 국내외에서도 활용되는 종목 선택 전략으로 기본적으로 과거의 방대한 주가 자료를 분석해서 제시한 객관적 종목선택 전략이라는 점에서 일단 검증된 전략임에는 분명하다.

또 다른 '마법공식'은 제임스 오쇼너시의 '다우의 개' 전략이다. 이 전략 역시 다우존스 30개 종목 중 가장 배당률이 높은 10종목을 1년간 보유하는 전략으로, 이 10종목을 '다우의 개'라고 하며, 이 10종목 중에서도 주가가 가장 낮은 5개의 종목은 '다우의 작은 개'라고 부른다. 이 전략은 과거 데이터를 시뮬레이션해본 결과 45년간 매년 17%의 수익률을 얻게 되어 대표적인 마법공식으로 꼽힌다.

제임스 오쇼너시는 1952년부터 45년간 미국 주식시장을 분석해서 일명 '다우의 개'라는 독특한 주식접근법을 제안했다. 그의 주식접근법인 '다우의 개'는 1996년 『월스트리트의 이해What works on Wall Street』란 책을 통해 세상에 알려지게 되었는데, 그의 전략을 검증해봤더니 45년간 연 17%의 수익률을 거둔 것으로 나타났다. 그에 반해 같은 기간 비교대상인 S&P500지수의 평균수익률은 13.8%에 불과했다. 여기에 권위 있는 《워싱턴 포스트》도 '다우의 개' 이론을 따라하면 시장을 이길 수 있다고 발표하면서 이 전략은 월스트리트에서 집중조명을 받기 시작했다(《워싱턴 포스트》는 1998년 이전의 27년간 '다우의 개' 전략대로 10종목 수익률을 검증해본 결과 다우지수 평균보다 높았던 해가 무려 20년이나 됐다는 기사를 실었다).

'다우의 개' 투자전략은 간단히 말하면, 매년 초 다우존스산업지수 종목 중 배당률이 높은 10개 종목을 골라서 연말까지 보유하는

표 3-8 | 다우의 개 전략과 다른 투자전략 간의 15년간 연평균 수익률 비교

(단위: %)

투자전략	2000	2001	2002	2003	2004	2005	2006	15년간
다우의 개	6.4	-4.9	-8.9	28.7	4.4	-5.1	30.3	13.3
다우의 작은 개	12.0	-3.0	-10.7	23.5	12.4	-0.4	42.0	15.9
다우존스	-4.7	-5.4	-15.0	28.3	5.3	1.7	19.1	13.0
S&P500	-9.2	-11.9	-22.1	28.7	10.9	4.9	15.8	12.0
마젤란펀드 (Fidelity Magellan)	-9.3	-11.7	-23.7	24.8	7.5	6.4	7.2	10.9
인덱스 펀드 (Vanguard Index 500)	-9.1	-12.0	-22.1	28.5	10.7	4.8	15.6	11.9

출처: http://www.dogsofthedow.com/dogyrs.htm

전략이다. 제임스 오쇼너시는 과거 데이터를 분석해본 결과 단순히 이런 전략만 사용해도 다우존스산업지수 평균보다 높은 수익을 얻을 수 있다고 그의 책에서 밝혔다. 그리고 1973년부터 1999년 사이 다우존스산업지수가 연평균 14.27%로 상승했을 때, 이 '다우의 개' 전략을 사용할 경우 연평균 20.50%의 수익을 올림으로써 시장 대비 5%p 이상 웃도는 초과수익을 얻는다는 것도 또한 입증되었다. 〈표 3-8〉을 보면 알겠지만, 2006년 최근까지 '다우의 개' 전략은 연평균 13.3%의 수익률로 다른 투자전략이나 시장 평균을 다소 앞서고 있다. 그러나 최근 15년간 연평균 수익률인 13.3%는 매매 비용을 고려하면 다우존스 연평균 상승률인 13%와 거의 차이가 없으므로 이 투자전략의 효과에 대해서 다소 논란이 있다.

이 밖에도 필립 피셔의 아들 켄 피셔의 PSR주가매출액비율 모델이나 제임스 슬레이터James D. Slater의 PEG 공식(PER와 주당성장률을 비교한 방식)도 일종의 '마법공식'으로 분류할 수 있다.

그러나 마법공식을 시장을 이기는 전략으로 단정짓기엔 부담이 따른다. 마법공식이라고 해서 매년 시장을 이기는 것은 아니며, 설령 시장을 이긴다고 해서 정말 마법공식 자체의 마법 때문인지 아니면 다른 숨겨진 요인(가치주 효과나 소형주 효과 등)에 의한 것인지 아직은 확인할 길이 없다. 다우의 개 전략을 보면 마법공식의 장단점을 확실히 이해할 수 있다. 이 전략은 먼저 《워싱턴 포스트》 등 언론에서 소개되었고, 이후 모건 스탠리나 메릴린치 등의 기관투자자들이 벤치마킹할 정도로 시장에 엄청난 영향력을 끼쳤다.

그러나 정작 당사자인 제임스 오쇼너시는 특별한 성과를 얻지 못한 채 자신이 운영하던 펀드조차 매각하고 2000년 이후 공개석상에서 모습을 감추었다. 물론 이 시기가 IT 버블 시기로 상대적으로 다우의 개 전략으로 시장을 이기기는 힘든 상황이기는 했지만, 45년 이상의 데이터베이스를 분석해서 만들어진 전략일지라도 그 전략을 사용하는 사람이 많아지거나 시장 상황이 변화함에 따라 평범한 전략이 될 수도 있다는 것을 알 수 있다. 물론 다우의 개 전략은 적어도 객관적이고 과학적으로 주식투자를 해야 한다는 입장에서 보면 가장 이상적인 방식으로 만들어진 모델이다. 그리고 여전히 그 유효성은 충분히 인정되고 있다. 국내에 다우의 개 전략을 적용해보면, 단기간이기는 하지만 2004년과 2006년에 시장을 이긴 것으로 나온다.

그런데 마법공식이 앞의 가치주 전략이나 소형주 전략보다 신뢰성이 떨어지는 것은 우선 학문적 검증이 이루어지지 않았다는 데

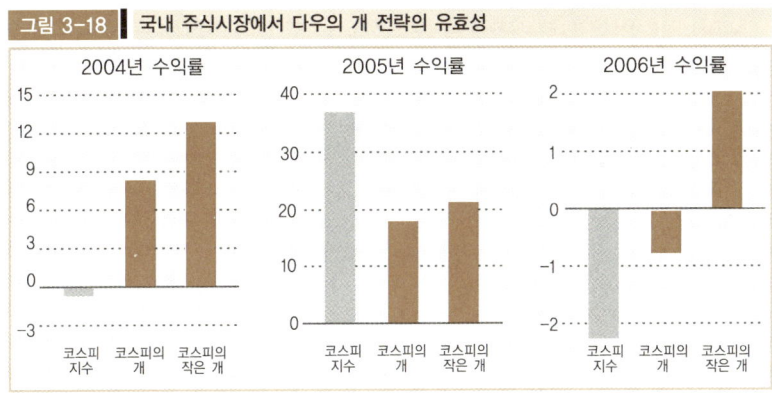

출처: 《조선일보》

있다. 마법공식 역시 과거의 성과를 통해 알파를 얻는 전략으로 입증된 전략들이지만 특정한 시기에 한정된 시장에서만 얻은 결과들이기에 보편성과 일반성을 인정하기엔 무리가 있다. 그럼에도 마법공식이 하나의 대안으로 제시될 수 있는 것은, 상대적으로 시장과 종목에 대한 정보와 분석 능력이 떨어지는 개인투자자들에게 적합한 모델이라는 점과 과거 자료에 비추어볼 때 전략의 객관적 성과가 어느 정도는 입증되었다는 점 때문이다.

또한 마법공식의 대다수가 '소외된 가치주'에 투자하는 전략이니만큼 이미 학계에서 인정된 가치주 효과나 소형주 효과와 이론적인 근거를 같이 하고 있다는 점에서 하나의 효과 수준은 충분히 넘는 전략으로 볼 수 있다.

출처: SK증권 HTS

4) 급등주와 우량주

지금까지 장기적으로 시장을 이기는 종목선택 전략에 대해서 주로 다루었다면 여기서는 단기적으로 시장을 이기는 종목선택 방식에 대해서 간략하게 살펴보겠다.

시장을 이기기 위해 고안되고 제안된 종목선택 전략은 헤아릴 수 없이 많다. 특히 개인투자자들은 장기보다는 단기적으로 시장 대비 높은 초과수익을 얻고자 하는 욕심이 크므로, 정성적 분석이건 정량적 분석이건 개의치 않는다. 시장을 이길 수만 있다고만 한다면 일단 시도해보자는 투자자가 대부분일 것이다.

단기간에 시장을 이기기 위해서는 일단 변동성이 크고 심리와 수급이 일시에 몰리는 주식을 찾아야 한다. 대표적으로 테마주와 세력주가 있는데 이런 주식들은 제대로만 잡으면 1년에 몇백 퍼센트

표 3-9 | 급등주의 종말

(단위: 원, %)

구분	최고시점	종목명	최고가	현재가 (2009.3)	손실률
바이오테마	2005년	산성피앤씨	49,500	7,710	84
로봇테마	2005년	유진로봇	11,600	1,635	86
우회상장테마	2005년	팬텀	43,400	560	99
와이브로테마	2006년	기산텔레콤	13,700	1,870	86
윈도우테마	2006년	제이엠아이	7,140	1,655	77
탄소나노테마	2007년	액티투오 (구 액티패스)	35,200	5,800	84
작전주	2007년	루보	51,400	1,410	97

에서 몇천 퍼센트까지 수익을 얻을 수 있다는 매력이 있어서 '테마주 발굴법'이나 '급등주 공략법'과 같은 종목선택 전략이 인기를 끌고 있다. 물론 시중에 나오는 테마주 또는 급등주 전략이 장기적으로 시장을 이길 수 있는지에 대해서는 어떠한 분석자료도 없으므로 확언하기 어렵다. 그러나 적어도 단기적으로 시장을 이기는 전략의 하나라는 것은 의심의 여지가 없다.

그렇지만 누구나 테마주나 급등주를 공략해서 성공하는 것이 아니며 오히려 변동성이 크다 보니 고점에 매수해서 엄청난 손실을 보는 경우가 태반이다. 2005년 바이오 테마주의 대장주였던 산성피앤씨의 주가는 1,000원대에서 6개월 만에 4만 9,500원까지 무려 49배나 상승하는 모습을 보였다. 그러나 테마의 열기가 사라지면서 주가는 다시 8,000원대로 추락하면서 테마주의 씁쓸한 결말을 보여주었다. 대부분의 테마주나 급등주는 이렇게 단기간 급등하다 이후 힘이 소진되면서 급격한 주가 하락을 겪게 된다.

테마주나 급등주의 종목 발굴 방식에는 '시대의 흐름'이나 '투자자의 심리'와 같은 정성적 분석 방식이 많이 활용된다. 그래서 종목실패의 경우가 많을 수밖에 없다. 또한 타이밍이 수익률에 거의 절대적인 영향력을 끼치기 때문에 타이밍 전략까지 같이 고려하지 않으면 성공하기란 불가능한 일이다.

〈표 3-9〉에서 보듯이 테마주와 세력주, 작전주 등 급등주의 종말은 비참하다. 심한 경우 원금 대비 99%의 손실이 발생한 종목까지 있다. 위험관리가 되지 않을 경우 급등주 전략은 이렇듯 치명적이다.

개인투자자들이 테마주와 작전주 등 급등주로 시장을 이기려고 한다면 기관투자자들은 업종 내 주도주 내지 우량주를 통해 알파를 얻으려고 한다. 그러나 향후 유망한 업종이나 주도주를 골라내는 작업이야말로 실수가 많을 수밖에 없다. 또한 지속적으로 우량주를 보유하는 것도 확률이 점차 낮아진다. 주로 업황 전망이나 이익 모멘텀 등을 기준으로 종목을 선정하는 기관투자자들의 종목선택 방식 역시 도박과 크게 다르지 않다는 점을 기억해야 한다. 또한 시장의 수급 환경의 변화에 따라 종목을 선택하는 전략도 매우 주의를 요한다.

개인투자자가 감소하고 주식형 펀드 등에 자금이 물밀듯이 들어오면 본격적으로 기관화 장세가 시작된다. 이때는 기관에서 선호하는 종목들의 주가상승률이 뚜렷해진다. 일반적으로 기관투자자들은 거래량이 풍부하면서도 시가총액이 큰 대형 우량주들을 보유하

그림 3-20 | 기관화 장세 '니프티-피프피' 종목들의 주가 차트

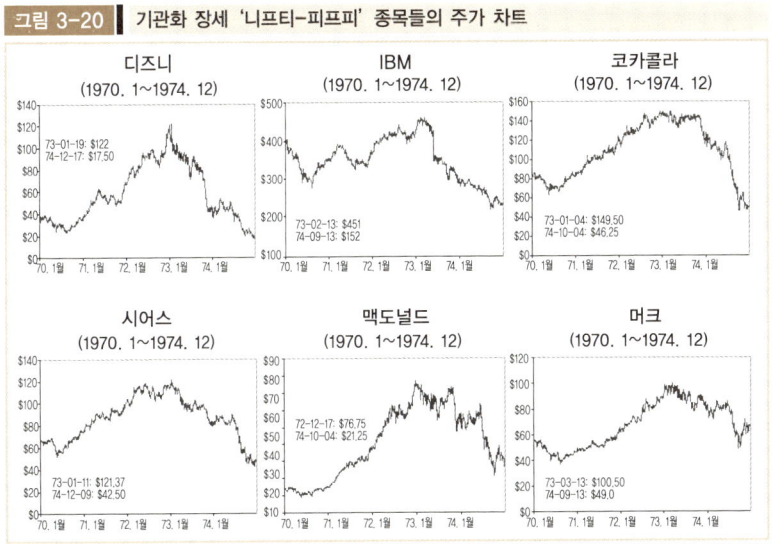

출처: MarketThoughts.com

며, 이런 기관화 장세에서는 기관이나 외인들이 보유 비중을 늘리는 종목을 따라 하는 방식이 유행하게 된다. 그러나 외인이라 해도 순수한 뮤추얼펀드부터 금융공학을 활용한 헤지펀드까지 다양한 투자 스타일이 존재하기에 '외인 포지션 무조건 따라 하기' 등은 위험한 발상이 아닐 수 없다. 기관화 장세의 타이밍을 제대로 맞추지 못할 경우 기관화 장세의 끝물에는 엄청난 손실을 볼 수가 있다.

미국에서도 1969년부터 1973년까지 약 50개의 우량주만이 주가가 상승하고 나머지 종목은 철저히 소외되는 차별화 장세를 보인 적이 있다. 여기서 기관의 사랑을 받은 50개의 종목을 일컬어 '멋있는 50종목'이라는 뜻으로 '니프티-피프티Nifty-Fifty'라고 불렀고, 이후 이와 같은 장세를 '니프티-피프티 장세'라고도 한다. 기관화 장세에서는 블루칩이나 대형주, 우량주 등으로 매수세가 몰리면서 이들 종목만 지속 상승을 했는데, 기관화 장세가 끝나자 이 종목들이 대폭락을 하였다. 이때 가장 피해를 입은 것은 기관 매매 행태를 무조건 뒤쫓던 개인투자자들이었다. 〈그림 3-20〉에서 대표적인 '니프티-피프티 종목'들의 주가 차트를 확인할 수 있는데, 시장의 수급 형태에 따라 종목선택 전략을 바꾸는 것이 얼마나 비참한 결과를 가져다주는지 실감하게 된다.

마지막으로 시장을 이기는 전략 중에서 최근 많이 연구되고 있는 전략 한 가지를 소개하겠다. 이른바 '업종대표주 전략'으로 불리는 이 종목선택 전략은 업종 내에서도 점유율이나 매출액, 시가총액 등에서 1등을 하는 기업만을 보유함으로써 알파를 얻는 독특한 접근법이다.

업종대표주 전략이 시장 대비 초과수익을 얻는 논리는 다음과 같다. 업종을 대표하는 기업은 점유율 등에서 앞서기에 가격경쟁력을 가지고 있으며 이익을 독·과점한다. 특히 불황기일수록 경쟁력이 약한 기업 위주로 퇴출되므로 장기적으로 업종대표기업은 시장보다 초과이윤을 얻게 되고 그 이윤이 결국 주가에 반영되어 시장 평균보다 주가가 더 올라간다는 것이다.

업종대표주 전략의 강점은 장세에 크게 영향받지 않고 꾸준히 매수세가 유입된다는 것이다. 이에 반해 우량주나 블루칩 등 대형주들은 기관화 장세에서 주로 수혜를 입긴 하지만 장세에 따라 등락이 크다는 단점이 있다. 국내 업종대표주들의 수익률을 보면 본격

표 3-10 | 국내 업종대표주 수익률과 시장수익률 비교

업종대표주	2000년 7월 주가(원)	2007년 7월 주가(원)	수익률(%)
삼성전자	372,000	627,000	68.5
POSCO	94,600	482,500	410.0
현대중공업	21,000	375,000	1685.7
국민은행	46,000	84,600	83.9
한국전력	35,500	40,750	14.8
SK	20,450	134,500	557.7
현대차	14,550	77,000	429.2
SK텔레콤	363,000	200,000	-44.9
신세계	46,600	632,000	1256.2
대우건설	3,500	29,000	728.6
삼성화재	31,000	187,000	503.2
대우증권	6,400	33,850	428.9
LG화학	12,500	86,500	592.0
한국가스공사	24,000	61,100	154.6
대한항공	8,400	54,400	547.6
평균 수익률			494.4

* 거래소지수 2000년 7월 820포인트 → 2007년 7월 1860포인트, 수익률 126.8%
** 코스닥지수 2000년 7월 1511포인트 → 2000년 7월 811포인트, 수익률 -46.3%

적인 기관화 장세가 시작되던 2005년 이전인 2000년을 기준으로 해도 시장보다 3배 이상 높은 성과를 얻었다.

〈표 3-10〉을 보면, 2000년 이후 업종대표주 포트폴리오의 수익률은 평균 494%로 시장 평균수익률인 126%보다 3배가량 높았으며, 동기간 코스닥지수는 오히려 반토막이 났다. 포트폴리오가 아닌 개별 종목의 수익률로만 따져도 거래소지수를 밑도는 종목은 15종목 중 4종목에 불과하다. 물론 이 표에서 업종대표주는 2007년을 기준으로 설정된 것이라 2000년 당시 업종대표주와는 약간의 차이가 있다. 그런 점을 고려하더라도 업종대표주의 위력은 실로 어마어마하다고 하겠다.

그러나 현재 업종대표주가 영원히 업종대표주로 남아 있을 확률이 그렇게 많지 않다는 것이 이 전략의 맹점이다. 우리나라의 예를 보면 1965년 100대 기업 중 1997년 말까지 생존한 기업은 13개에 불과할 정도로 생존률이 아주 낮다. 기업의 생존과 변화는 누구도 예측할 수 없는 문제다. 더욱이 포트폴리오를 어떻게 구성하고 운영하느냐에 따라 수익률의 편차가 발생할 수 있다는 점도 있기 때문에 이 전략이 객관성을 가지기엔 다소 부족한 면이 있다.

마켓타이밍 전략 _
최고의 타이밍은
어떻게 맞출 수 있을까?

이기다Beat, 능가하다Outperform, 상회하다Exceed, 초과수익Exess Retrun이라는 단어에는 모든 주식투자자들의 꿈과 희망이 담겨 있다. 그러나 실제로 이 꿈을 현실세계에서 이룬 투자자는 거의 찾아보기 힘들다. 시장을 이기기Beat 또는 Outperform 위해서는 시장 평균수익률을 상회Exceed하는 투자대상을 고르거나(종목선택 전략), 시장의 고점과 저점을 잘 파악해서 시장을 이기는 전략(마켓타이밍 전략)을 구사해야 한다. 그러니 앞서 보았듯이 매년 전체 종목 중 시장 초과수익을 내는 종목을 맞출 확률은 30~40% 정도다. 종목선택 전략이 성공보다 실패가 많은 이유는 어떠한 기준으로 종목을 선별하건 시장보다 앞설 수 있는 종목을 매번 발굴하기는 어렵기 때문이다.

그렇다면 과연 마켓타이밍 전략은 어떨까? 종목선택 전략을 사용하는 것보다 시장을 이길 가능성이 좀 더 높을까? 기본적으로 시장의 고점과 저점을 잡아내는 비법이란 정말 존재하는 것일까?

1) 마켓타이밍이 수익률에 미치는 영향

〈표 3-11〉은 1990년부터 2006년까지 전 세계 15개국의 마켓타이밍에 따른 수익률 차이를 나타낸 것이다. 모든 나라에서 공통된 사항은 분명히 마켓타이밍에 따라 수익률에 큰 변화를 보였다는 것이다. 가장 상승률이 높은 며칠 동안 주식을 보유하지 못할 경우 모든 나라에서 수익률은 연평균 시장수익률보다 떨어진다. 한편 가장 하락률이 큰 날짜를 피할 수만 있다면 수익률은 시장 평균보다 월등히 높다. 〈표 3-11〉을 통해 우리는 어느 나라 주식시장이건 마켓타이밍이 수익률에 막대한 영향을 끼친다는 것을 알 수 있다.

만약 홍콩 주식시장에 참여하는 어떤 투자자가 인덱스 투자를 했다면 그는 1990년부터 2006년까지 연평균 12.2%의 수익률을 거둘 수 있었다. 물론 이 정도도 꽤 좋은 성과다. 그러나 보유기간 동안 불행히도 최고의 상승률을 보인 10일 동안 주식을 보유하지 못했다면 그의 연평균 수익률은 6.5%로 뚝 떨어진다. 반면 운 좋게 시장 하락을 번번이 맞출 수 있었다면 수익률은 최고 48.4%까지 늘어나게 된다. 재미있는 것은 시장이 상승하는 날을 맞추는 것보다 하락하는 날을 피하는 것이 수익률에 기여하는 정도가 훨씬 크다는 점이다.

또한 시장이 최고로 상승하거나 하락하는 10일은 전체 주식시장에서 0.03%에 불과하다는 점이다. 결국 전체 투자기간 중 0.03%의 기간이 전체 수익률의 절반 이상을 좌우한다는 점을 고려한다면 마

표 3-11 | 마켓타이밍에 따른 연평균 수익률 차이(1990~2006년)

(단위: %)

시장	시장 평균수익률	상승률이 가장 높은			하락률이 가장 큰		
		10일간 보유하지 못함	20일간 보유하지 못함	100일간 보유하지 못함	10일간 피함	20일간 피함	100일간 피함
오스트레일리아	7.5	5.6	4.2	-4.3	10.2	11.8	21.9
캐나다	7.2	4.7	2.8	-6.7	10.5	12.7	25.9
프랑스	6.5	3.2	0.8	-11.7	10.0	12.7	30.1
독일	8.0	3.7	0.5	-14.7	12.5	16.2	39.4
홍콩	12.2	6.5	3.0	-14.3	18.5	22.9	48.4
이탈리아	6.5	3.3	1.0	-12.0	10.5	13.7	32.1
일본	-4.7	-8.6	-11.3	-25.1	-1.2	1.7	20.5
뉴질랜드	3.2	0.5	-1.2	-10.6	6.5	8.5	19.8
싱가포르	4.2	0.4	-2.1	-14.2	8.2	11.2	27.4
스페인	10.2	7.0	4.5	-8.9	14.3	17.4	35.0
스위스	9.4	6.0	3.6	-7.7	13.0	15.9	32.2
타이완	-1.2	-5.1	-8.6	-27.3	3.0	7.1	38.5
타일랜드	-1.5	-6.9	-11.0	-28.7	4.0	8.3	33.4
영국	6.0	3.3	1.3	-9.0	8.8	11.0	24.5
미국	8.5	5.5	3.2	-8.4	11.7	14.0	28.2

출처: Javier Estrada, 『Black Swans and Market Timing : How Not To Generate Alpha』, 2008

켓타이밍이 주식시장에서 얼마나 무섭고 중요한 요소인가를 실감하게 된다.

이처럼 타이밍에 따라 수익률의 편차가 크다 보니 당연히 마켓타이밍 전략을 통해서 시장을 이기려는 방법론과 아이디어가 끊임없이 등장한다. 그러나 그 시도 중에서 제대로 시장을 이긴 경우란 극히 드물다는 것 또한 마켓타이밍 전략의 가장 큰 난점이다.

표 3-12 | 시장추종자와 마켓타이밍 전략을 통한 시장초과자 간의 비교

구분	시장추종자	마켓타이머
투자의 목표	시장 평균수익률 달성	시장 평균수익률+알파 추구
접근방식	매수 후 보유 전략	마켓타이밍
근거	수익의 90%는 전체 기간 중 5%에서 발생하고, 그 기간을 맞출 수 없기에 장기보유만이 대안이다.	시장은 상승과 하락을 반복하기에 타이밍을 활용한 적극적 전략을 사용해야 알파를 얻을 수 있다.
장점	잘못된 마켓타이밍 전략으로 오는 실패를 줄일 수 있다.	시장을 이기는 대표적인 전략
단점	하락종목이나 하락장에서 장기보유는 손실만 가중된다.	현실적으로 검증된 마켓타이밍 전략은 극소수이며, 비용과 시간 등이 투자된다.

2) 단순 보유 전략 vs. 마켓타이밍 전략

마켓타이밍 전략의 중요성에는 동의하면서도 현실적으로 마켓타이밍을 제대로 예측하거나 시장 상황에 정확하게 대응할 수 있는 방법이 없다고 주장하는 그룹도 있다. 어설픈 마켓타이밍 전략으로 인해 오히려 좋은 시점Best Timing을 놓치고 나쁜 시점Worst Timing을 피하지 못해 알파는커녕 시장 평균도 얻지 못하는 경우가 대부분이라는 입장에서는 시장 전체를 매수 후 보유하는 전략만이 유일한 대안이라고 주장한다. 생각해보면 전체 기간 중 0.03%의 기간을 정확히 예측하거나 대응할 수 있는 전략은 현실적으로 존재할 수 없다는 점에서 설득력을 갖는다.

그러나 한편으로 마켓타이밍을 강조하는 진영에서는 오히려 무식한 장기보유 전략이야말로 실패의 근원이라고 반박하고 있다. 어떤 종목이건 주가가 계속 상승하거나 시장에 영원히 존재할 수 없

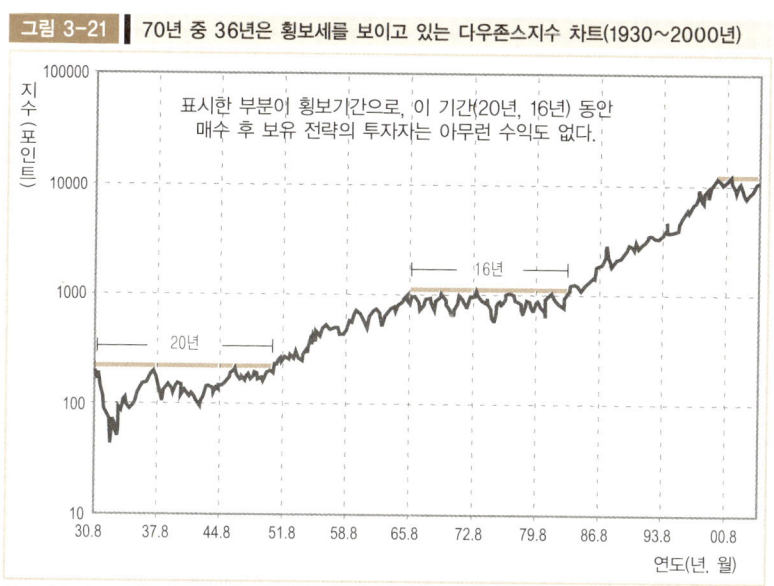

출처: Timing Parterner, LLC(http://www.indexpilot.com)

으며, 고평가 내지 과열 이후엔 주가가 다시 원점으로 회귀하고 더구나 장기간 하락하는 시장이나 종목도 있다는 주장이다. 이를 장기보유한다면 그것이야말로 최악의 전략이라는 것이 마켓타이밍을 지지하는 입장의 논거다.

종목선택 전략으로 시장을 이길 수 있는가 하는 문제와 마찬가지로 마켓타이밍 전략으로 알파를 얻을 수 있는가 하는 논쟁에서도 '현실과 이상' 간의 괴리는 매우 크다.

분명히 장기간 시장을 이긴 종목이 있지만 현실적으로 그런 종목을 선택해서 시장을 이긴 사람은 행운아일 뿐이라는 입장에서 보면, 가능성이 희박한 1%의 성공에 매달리기보다는 99%의 실패를 피하는 안전한 방식을 택하는 것이 정답이다. 이와 같은 논리로 마

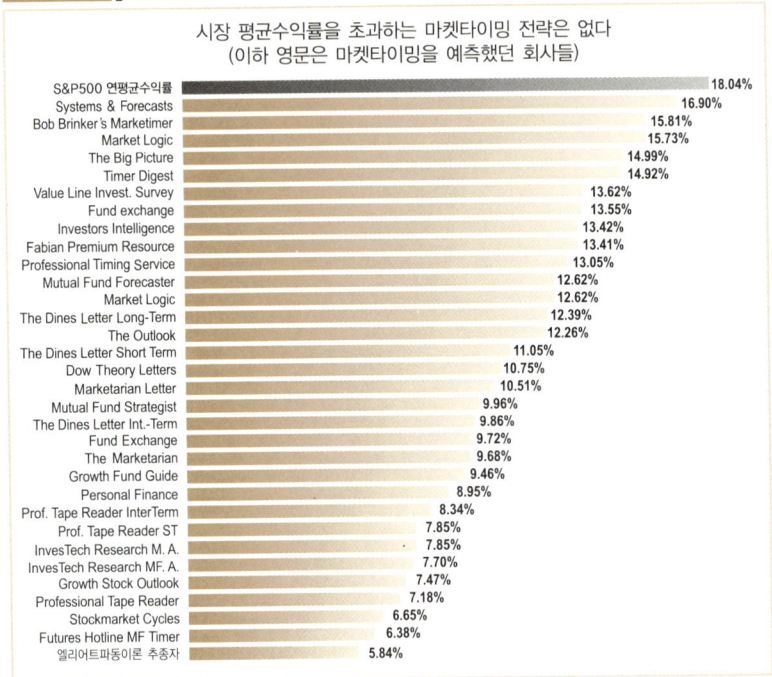

그림 3-22 | 10년간 각종 마켓타이밍 전략의 수익률 비교표(1988~1997년)

출처: Hulbert Financial Digest, Morningstar Inc., 《BusinessWeek》

켓타이밍 전략으로 시장을 이길 수 있다는 건 이상일 뿐 빨리 진실을 깨달으라고 시장추종자들은 한목소리를 낸다. 그러나 마켓타이머는 자신을 결코 이상주의자라고 생각하지 않는다.

〈그림 3-21〉을 보면 마켓타이머들의 주장에 상당한 설득력이 있다는 것을 알 수 있다. 전 세계적으로 가장 지속적인 주가 상승을 보인 미국 시장에서조차 지난 70년 중에서 36년간 시장추종자들은 어떠한 수익도 얻지 못했다. 또한 2000년 이후 IT 버블이 꺼지면서 나스닥과 국내 코스닥 등도 2009년 현재까지 거의 10년간 손실인

상태로 있다. 특히 일본 시장의 경우 1990년대 이후 19년간 계속 하락장이다. 이런 상태에서도 시장추종자들의 주장처럼 매수 후 보유 전략을 고수해야 하는가 의문이 제기된다.

그러나 시장추종자들은 마켓타이밍의 중요성에도 불구하고 시장을 예측하거나 대응하는 마켓타이밍 전략 중 결과적으로 시장을 이긴 것은 거의 없다는 점을 강조한다.

〈그림 3-22〉에서 보듯, 시장을 이기기 위해 셀 수 없이 많은 마켓타이밍 기법이 시도되었지만 각 기법들을 모두 분석한 결과 그중에서 시장을 이긴 마켓타이밍 전략은 단 한 건도 없다는 충격적인 사실이 발표되었다. 〈그림 3-22〉는 1999년 미국 《비즈니스위크》지를 통해 소개된 헐버트Hulbert의 '10년간 마켓타이밍 전략의 성과'라는 자료다. 국내에서도 차트 분석 기법 등으로 많이 활용되는 엘리어트 파동 이론과 기술적 분석의 단골 메뉴인 다우 이론에 근거해서 투자한 결과들 역시 시장보다 수익률이 높지 않다는 사실이 드러난다.

다우 이론이나 엘리어트 파동 이론에 근거한 시장 예측뿐만 아니라 유명 시스템 트레이딩 업체 및 개인투자자들이 많이 참고하는 각종 정보제공업체의 단기 또는 중장기 예언과 대응방식 중 어떠한 것도 10년간 시장 평균수익률인 18.04%를 초과한 것은 없었다는 사실은 마켓타이머들에게는 실로 충격적인 일이다.

물론 헐버트의 연구결과는 미국에서 유례가 없었던 짧은 10년간의 강세장*에서의 분석이라는 점과 시장에 널리 알려진 주요 업체들만을 대상으로 하다 보니 표본추출의 오류가 있을 수 있기에, 이 데이터만 가지고 마켓타이밍 전략을 완전히 부정할 수는 없다. 그러나 이 발표는 대부분의 마켓타이밍 전략이 사실보다 과장되어 있다는 점을 확인하는 계기가 되었고, 현재에도 이와 유사한 취지의 보고서들이 계속 등장하고 있다.

3) 마켓타이밍 전략의 가능성과 한계

헐버트뿐만 아니라 많은 펀드매니저들과 학자들에 의해서 마켓타이밍 전략의 효과가 부정되는 자료들이 매일같이 제기되지만, 여전히 수많은 트레이딩 관련 업체와 마켓타이밍 시그널 업체들은 자신들의 시그널 또는 지표대로 타이밍을 잡으면 시장을 이길 수 있다고 홍보하고 있다. 고점에서 매수한 후 주가가 급락하여 몇 년 만에 반토막이 됐거나 심지어 90% 이상 자산의 손실을 경험한 투자자들은 어떠한 객관적 분석자료를 그 앞에 제시한다고 하더라도 마켓타이밍 전략의 유혹에서 벗어나기는 힘들 것이다.

주식시장에서는 소위 말하는 대폭락^{Crash}이 자주 발생한다. 1929년부터 1932년까지의 미국 대공황기 3년 동안 주가는 최고점 대비 50분의 1까지 하락했으며, 1929년 10월 24일 검은 목요일^{Black}

---

*10년간의 강세장
1988년부터 1997년까지의 10년은 단 한 차례만 3.1%의 하락을 보인 전형적인 상승장이었다. 상승장에서는 구조적으로 단순보유 전략이 마켓타이밍 전략보다 수익률이 높을 가능성이 훨씬 크다. 그러나 다른 기간을 적용해보면 1998년부터 2008년까지 S&P500지수의 연평균 수익률은 10.8%에 불과하다.

그림 3-23 | 1987년 10월 19일 블랙 먼데이의 다우존스지수 차트

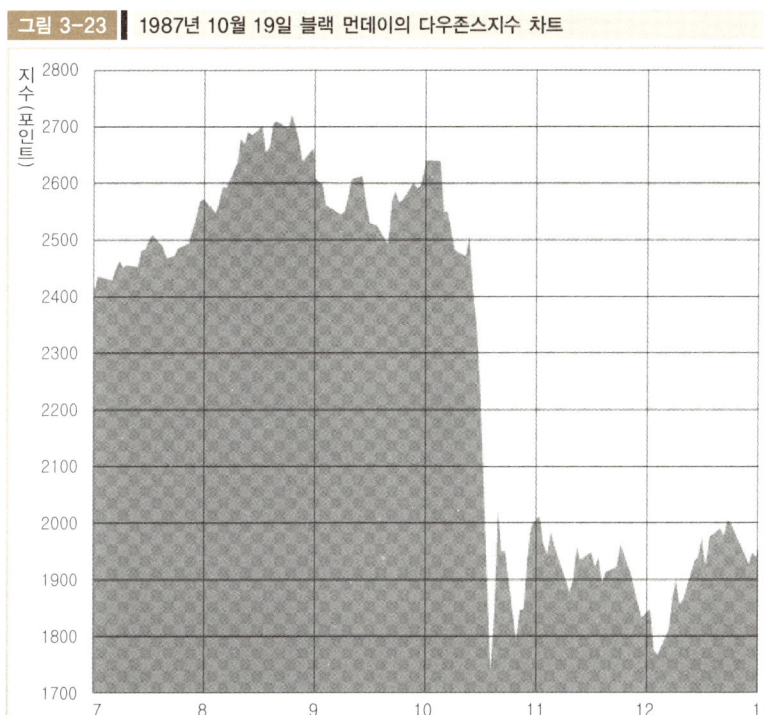

출처: Dow Jones industrial Average

Thursday 하루 동안에만 다우존스 주가는 34% 하락했다. 최근 들어 하루 동안 주가가 가장 큰 폭으로 내린 날은 1987년 10월 19일로, 하루 만에 다우존스가 22% 하락하면서 검은 월요일Black Monday로 회자되었다. 국내에서도 1997년 IMF 위기가 닥치면서 10월 한 달간 27.2%의 폭락세를 보이는 등 전 세계 어느 나라건 주식시장은 크고 작은 이벤트들로 폭등과 폭락을 거듭한다. 그리고 그때마다 마켓타이밍 전략이 득세를 한다.

마켓타이밍 전략은 기본적으로 하락장을 피하고 상승장을 놓치

표 3-13 | 국내 주식시장의 이벤트별 주가하락률

시기	거래소지수 월간 하락률(%)	시기별 특징
1997년 10월	27.2	IMF 구제금융 발표
2000년 10월	16.1	IT 버블 붕괴, 코스닥 붕괴
2008년 1월	14.4	미국 서브프라임 사태
2008년 10월	23.1	리먼 브라더스 파산, 메릴린치 피인수 등 투자은행 파산

출처: 주식 동호회 '투자의 진실을 찾아서'

지 않는다면 과거 경험상 시장 대비 최소 2배 이상의 놀라운 시장 초과수익을 올릴 수 있다. 특히 폭락장을 예견하고 대응할 수만 있다면 큰 손실을 피할 수 있기에 알파를 추구하는 동시에 위험관리를 할 수 있는 일석이조의 효과가 있으므로 더욱 구미가 당기는 전략이다. 이 때문에 시장을 이기는 마켓타이밍 전략은 항상 수요가 넘쳐나고 그 수요를 충족시키기 위한 공급 또한 활발하게 이루어지고 있다. 특히 마켓타이밍 전략이나 기법을 강조하는 측에서는 마켓타이밍이 시장추종보다 월등한 성적을 보인다고 선전한다.

그렇다면 과연 어느 것이 투자의 진실을 말하는 것일까? 분명히 많은 객관적 연구는 현실적으로 거의 모든 마켓타이밍 전략이 시장추종 전략보다 장기적으로 볼 때 수익률이 떨어진다는 것을 입증하고 있다. 미국 샌포드 번스타인&컴퍼니의 연구결과에 의하면, 주식투자를 통해 얻는 수익률의 80~90%는 전체 투자기간의 2~7%라는 짧은 기간에 발생한다. 즉 마켓타이밍으로 성공하려면 이 짧은 기간을 정확하게 맞추어야 하는데 대다수 마켓타이밍 전략은 현실적으로 시장의 상승과 하락을 제대로 예측하거나 대응하지 못한다. 노벨경제학상을 받은 윌리엄 샤프 교수의 연구를 보더라도, 마켓타이밍으로 시장추종 전략을 이기기 위해서는 시장이 부진한 82%의 시기를 정확하게 알아맞혀야만 한다.

하지만 마켓타이밍 전략은 계속 연구되고 있으며 단기간에 큰 성과를 거둔 기법 등도 소개되면서 마켓타이밍 전략의 가능성의 불씨는 여전히 타오르고 있다.

4) 알파를 얻기 위한 다양한 마켓타이밍 전략

알파를 얻기 위한 마켓타이밍 전략 또한 시대가 변하고 시장 상황이 바뀌면서 변천에 변천을 거듭하고 있다. 마켓타이밍 전략은 크게 〈표 3-14〉와 같이 펀더멘털 스타일과 테크니컬 스타일로 구분할 수 있다. 각 스타일은 결국 상승장과 하락장을 어떤 기준으로 보느냐 하는 타이밍의 기준에 관한 입장 차이에서 출발한다. 또 '시장을 예측하는 방식'이냐 '시장에 대응하는 방식'이냐에 따라 구분하기도 한다.

투자자 입장에서는 마켓타이밍 전략에 대해서 정확하게 이해하는 것이 중요하다. 국내의 개인투자자 대부분이 포트폴리오를 통한 투자보다는 소수 종목을 집중매매하는 경향이 있으므로, 종목선택 전략보다는 마켓타이밍 전략을 압도적으로 많이 사용한다. 그런데 주식 관련 언론이나 증권방송 등 주식과 관련된 정보를 얻는 모든

표 3-14 | 마켓타이밍 전략의 구분

구분	펀더멘털 스타일	테크니컬 스타일
지향하는 목표	시장 초과수익	시장 초과수익
사용하는 지표	PBR, PER 등 펀더멘털 지표를 활용	차트, 거래량, 심리 등 테크니컬 지표 활용
특징	주로 시장을 예측하는 용도	주로 시장에 대응하는 용도
대표적인 방식	PER 차트, 금리 스프레드 방식 등	이동평균선 매매전략, 역발상 3점 기법 등

곳에서 기술적 분석에 근거한 차트적 설명을 주로 하고 있으므로 마켓타이밍 전략의 실상을 제대로 알 수 있는 기회가 드물다는 점도 있다. 각 유형별로 자세히 살펴보도록 하자.

가. 펀더멘털 스타일 전략

펀더멘털 지표를 통해 시장의 과열과 침체 내지 상승장과 하락장을 예측하는 기법으로는 PER를 활용한 마켓타이밍 전략이 대표적이다. PER는 주식뿐만 아니라 거의 모든 투자대상에서 현재 가격의 위치를 측정하는 데 중요한 수단으로 활용되고 있는데, 대표적으로 미국 연방준비제도이사회의 '주가평가모형'*이 PER를 근거로 하고 있다.

이렇게 PER가 많은 전문적 투자자들과 애널리스트들에게 인기를 끄는 이유는 바로 통계적으로 매우 높은 적중률을 보이기 때문이다. 〈그림 3-24〉에서 미국 S&P500지수 등락과 PER와의 상관관

---

*주가평가모형
미국 연방준비제도이사회가 10년 만기 연방채권의 수익률과 S&P500지수의 PER를 비교하여 제시하는 모형이다. 연방준비제도이사회는 이를 통해 주식시장이 현재 과대평가되고 있는지 과소평가되고 있는지 판단하여 통화정책에 반영한다.

그림 3-24 │ 미국 S&P500지수와 PER와의 관계(1986~2007년)

출처: Ticker Sence, http://tickersense.typepad.com

계를 보면, PER가 정상적인 수준보다 고평가된 경우엔 어김없이 하락장이 이어졌고, 반대로 PER가 정상 수준보다 저평가된 시점에서는 곧 반등장이 나타났다.

PER나 PBR처럼 재무적 지표를 통해서 시장을 예측하는 방식은 크게 두 가지가 있는데, 하나는 합리적 내지 절대적 기준의 PER나 PBR을 구하고 현재 시장이 이 범위에서 얼마만큼 벗어났는지를 따져서 시장의 흐름을 판단하는 방식이다. 또 하나는 과거 수십 년간의 역사적 평균 PER나 PBR 등을 구한 후 이 기준에 따라 상승, 과열, 버블 등을 구분해서 향후 주가를 예측하는 방식이 있다. 그러나 전자는 계산 방식이나 기준에 따라 서로 다른 수치가 나올 가능성이 높기 때문에 대부분의 투자자들은 역사적 PER를 주로 활용하고

| 그림 3-25 | 국내 주식시장의 역사적 평균 PER

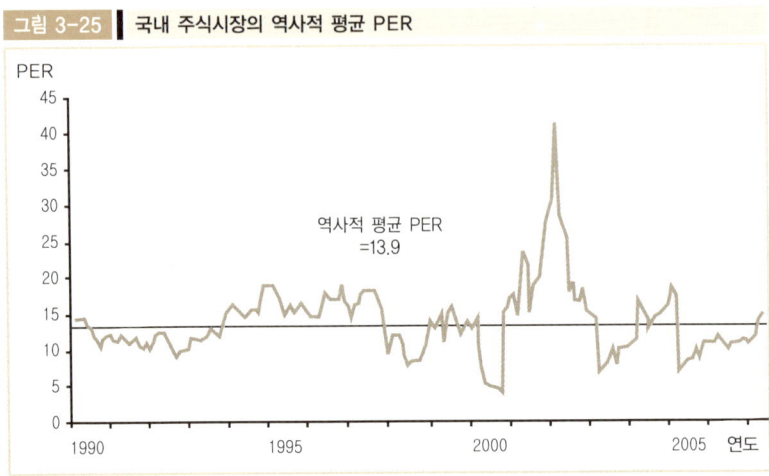

출처: LG경제연구원, 한국은행 경제통계시스템, 증권선물거래소 증권통계연보

있다.

PER 전략은 다우존스나 국내 코스피시장 등 어느 나라의 주식시장에서도 활용될 수 있는데, 시장의 버블이나 침체, 과열 등을 펀더멘털 지표를 통해 예측함으로써 '장기적으로 주가는 기업이익과 실적 등 기업가치에 수렴한다'는 기초 상식을 잘 실현할 수 있다는 장점이 있다. 실제로 〈그림 3-24〉의 차트를 보면 PER가 비정상적으로 낮았을 때는 저점 매수 타이밍이었고, 1999년부터 2000년대 초기처럼 PER가 엄청나게 높았던 때는 버블 시기였다는 것을 알 수 있다. 또한 장기적으로 P/E 차트와 주가가 유사한 움직임을 보이는 점도 P/E 차트의 큰 매력이다. 그러나 P/E 차트를 실제로 활용하는 데는 몇 가지 단점이 있다.

우선 합리적이고 절대적인 PER를 어떻게 구할 것인가 하는 문제

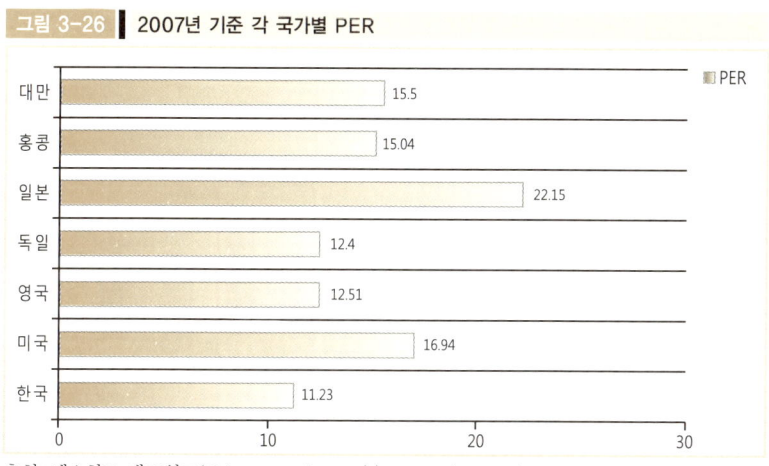

출처: 엑스차트 네트워크(Xchart.net, http://www.xchart.net)

가 있다. 또한 과거 몇 년간을 기준으로 할 것이냐에 따라 역사적 PER가 매번 달라진다. 특히 PER가 과거 평균치보다 높지만 주가는 계속 상승하는 구간이 있는 등 단기적인 주가 흐름을 예측하는 데는 PER가 그다지 유용하지 않다.

결국 각 종목마다 그리고 국가별로 합리적 또는 정상적이라고 할 수 있는 PER가 다르다 보니(그림 3-26 참조) 모든 종목이나 시장에 평균화된 수치를 제시할 수 없다는 점이 발생한다. 이 때문에 PER를 이용한 마켓타이밍 전략은 보편적 타당성을 갖기 어렵다.

또한 PER로 매매시점을 잡는 전략이 시장을 이기는 데 별로 도움이 되지 않는다는 연구결과도 있다. 뱅가드 연구소가 분석한 자료에 따르면 PER에 따른 마켓타이밍 전략이 매수 후 보유하는 시장추종 전략보다 수익률이 훨씬 낮았다. 〈그림 3-27〉은 미국의 S&P500지수를 대상으로 PER 변화에 따른 매매전략과 시장추종 전

그림 3-27 | 시장추종 전략과 PER를 활용한 마켓타이밍 전략 간의 수익률 비교

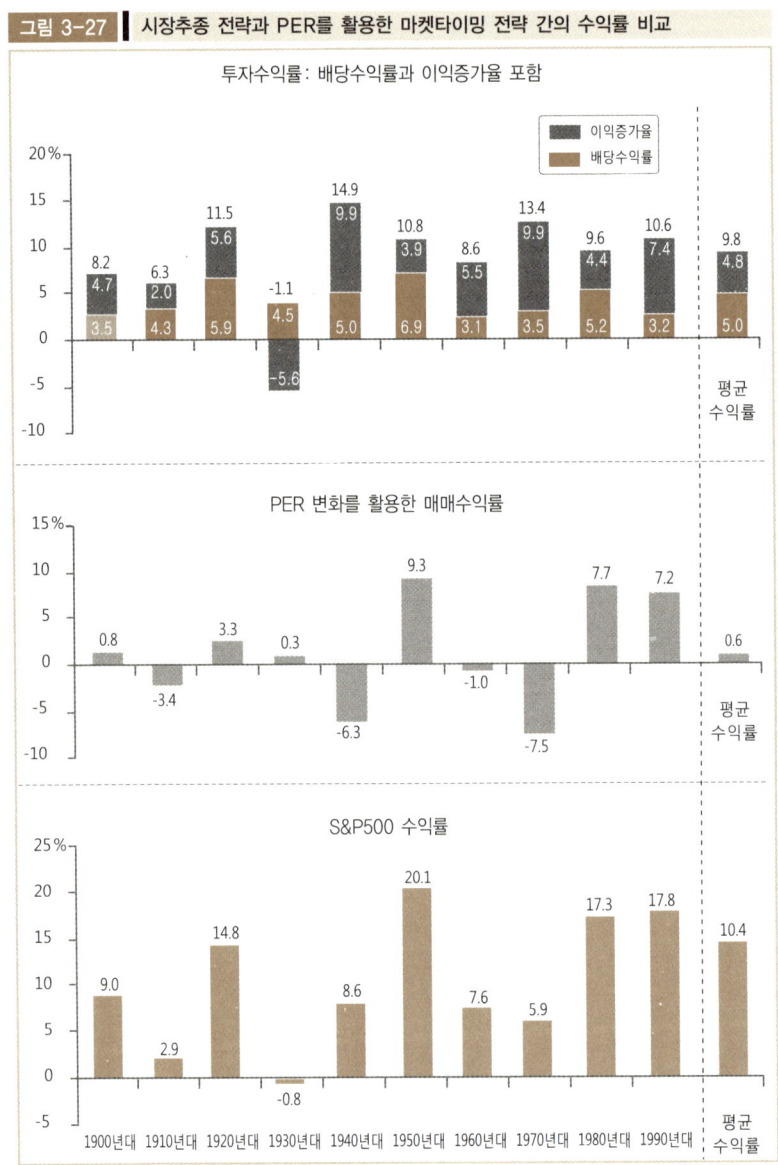

출처: Bogle Financial Markets Research Center

략 간의 수익률 차이를 분석한 것이다. PER에 따른 매매전략의 수익률은 1900년대부터 1990년대까지 연평균 0.6%에 불과한 반면 투자수익과 시장 평균수익은 연평균 각각 9.8%와 10.4%를 기록하고 있다.

그러나 한편으로 주가가 과열이나 버블로 갈 때는 분명히 PER나 PBR 지표가 정상보다 훨씬 높았고, 기업의 본질적 가치보다 주가가 한창 낮을 때는 절호의 매수시점이었다는 점에 주목할 필요가 있다. 따라서 PER나 PBR 등 펀더멘털 지표를 활용한 마켓타이밍 전략이 시장을 이길 가능성은 열어두고 접근해야 한다. 또한 PER나 PBR이 낮다는 것은 저PER주 효과와 연관시켜 생각해볼 수 있다. PER나 PBR이 낮을 때 매수하고 높을 때 매도하는 마켓타이밍 전략은 종목선택 전략에서의 가치주 효과를 우회적으로 실현하는 방법일 수 있기 때문이다.

펀더멘털적으로 타이밍을 예측하거나 대응함으로써 시장을 이길 가능성은 아직 미지수이다. 그러나 마켓타이밍 전략은 꼭 시장을 이기는 전략에서만 의미가 있는 것이 아니다. 오히려 절대수익률을 추구하는 전략에서 매우 유용하게 사용되고 있으며 최근 이 분야의 연구와 실증이 활발하게 진행되고 있다. 특히 과거와 같이 PER나 PER 지표의 역사적 평균치를 활용한 단순한 전략이 아닌, 금리나 상대적 PER 등 다른 지표나 요소들과 접목하여 보다 세련되게 발전시킨 전략들이 많이 시도되고 있다.

『이상과열 Irrational Exuberance』(프린스턴 대학 출판부, 2005, 제2판)

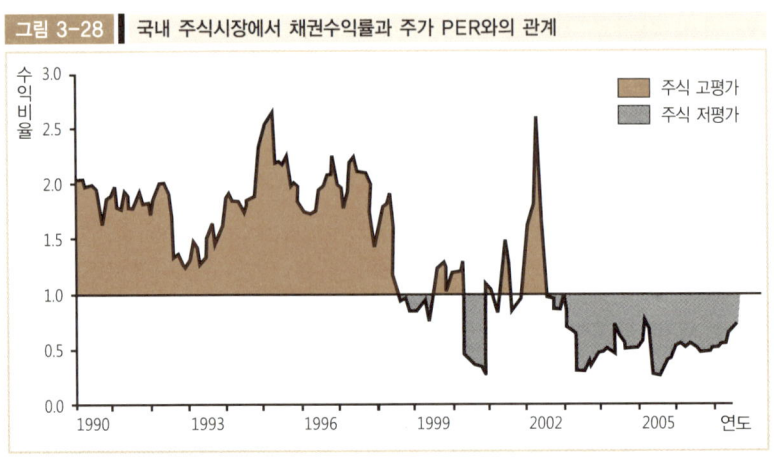

그림 3-28 | 국내 주식시장에서 채권수익률과 주가 PER와의 관계

* 수익비율=국고채수익률÷(1/PER)
출처: 한국은행, 증권선물거래소

의 저자이자 예일대 교수인 로버트 쉴러Robert J. Shiller에 의해 소개되면서 최근 널리 활용되는 기법 중 하나가 '채권금리와 PER의 역관계'를 활용한 시장예측 방식이다. 이 모델은 현재 미국 연준의 주가평가모형과도 유사한데, 채권금리가 높을 때는 주식시장이 약세장이고 채권금리가 낮을 땐 주식시장이 강세장이었다는 것에 착안한 것이다. 국내에서도 〈그림 3-28〉처럼 활용되고 있다.

그리고 〈그림 3-29〉 차트처럼 PER를 차트적으로 재해석해서 주가 흐름을 파악하려는 시도도 새롭게 등장하고 있다.

나. 테크니컬 스타일 전략

이동평균이나 MACD, RSI, VR 등의 기술적 지표를 활용하거나, 투자심리나 수급 등을 통해서 시장의 고점과 저점을 예측하거나 대

그림 3-29 | 추세선을 활용한 PER의 해석

출처: S&P

응하는 방식이 테크니컬 스타일의 마켓타이밍 전략이다. 대부분의 개인투자자들은 일단 자산배분Asset Allocation이나 종목선택에서의 알파와 베타 개념보다는 추세Trend나 봉Candle과 같은 기술적 용어에 더 익숙해 있다. 일단 '주식' 하면 차트부터 떠오르고, 양봉과 음봉이 현란하게 있는 가운데 거래량과 이동평균선 등이 잘 배열되어 있어야 주식을 하는 분위기가 나는 것이다. 테크니컬 스타일의 전략은 어떤 것을 기준으로 삼느냐에 따라 〈표 3-15〉처럼 크게 세 가지로 구분된다.

기술적 지표는 추세추종형 지표Trend-Following Indicators와 역추세형 지표Counter-Trend Indicators로 나뉜다. 추세추종형의 대표적인 기술적

표 3-15 | 테크니컬 스타일의 마켓타이밍 전략 분류

분류 기준	세부 분류	특 징
기술적 지표	추세추종형 지표	이동평균선, MACD, ADX, 파라볼릭 등
	역추세형 지표	스토캐스틱, RSI, 윌리엄R, CCI 등
투자심리	모멘텀 방식	강한 종목이 더 강하다.
	역발상 방식	약한 종목이 더 강하다.
기타	거래량과 수급	(늘 새로운 방식의 테크니컬 스타일이 시장을 이기기 위해 나오고 있다.)
	통계와 시스템	

지표는 이동평균선 또는 MACD$^{Moving\ Average\ Convergence\ \&\ Divergence}$로 기본적으로 이동평균의 원리를 이용하는 지표들이며, 역추세 지표는 주로 횡보하는 시장에서 수익을 내기 위해 만들어진 지표들로 RSI$^{Relative\ Strength\ Index}$를 예로 들 수 있다. 그 밖에 투자심리나 거래량, 통계적 결과치 등을 활용한 전략들까지 포함한다면 테크니컬 접근 방식의 방대함은 이루 말할 수 없다. 그중에서 가장 연구가 많이 되고 있는 분야는 기술적 지표들을 활용한 타이밍 전략이다.

추세추종형 지표는 한마디로 'Trend is your friend(추세는 너의 친구다)'라는 문장으로 압축할 수 있다. 추세추종형 지표를 많이 사용하는 이유는 상승장$^{Best\ Day}$에서는 주식을 보유해서 이익을 크게 늘리고 하락장$^{Worst\ Day}$에서는 현금을 보유함으로써 손실을 제한하기 위해서이다. 반대로 역추세 지표를 선호하는 사람들은 오히려 하락장에서 주식을 신규 매수하고 상승장에서 매도하여 현금을 보유하는 전략을 활용한다. 국내의 경우도 대다수 마켓타이머는 추세추종 전략$^{Trend-Following\ Strategy}$을 따르며, 역추세 전략$^{Counter-Trend\ Strategy}$를 사용하는 마켓타이머는 소수다.

추세추종 지표는 다양하지만 그중에서도 가장 많이 사용되는 지표는 이동평균이다. 이동평균은 각 이동평균을 연결한 이동평균선으로 주로 활용되는데, 5일간의 이동평균을 연결하여 선으로 표시하면 5일 이동평균선이 되며, 20일간의 이동평균을 표시하면 20일 이동평균선이 된다. 이렇게 해서 60일 이동평균선, 120일 이동평균선 등 다양하게 조합할 수 있다.

그런데 중요한 것은 시장과 국가별로 선호하는 이동평균선이 상이하다는 점이다. 미국의 경우 200일선을 중장기 추세선으로 인식하는 반면, 국내에서는 120일선을 장기 추세선으로 놓고 시장을 예측하거나 대응하는 것이 일반적이다. 단기 이동평균선과 관련해서도 일본의 경우는 25일 이동평균선을 중요하게 생각하는 반면 국내의 경우 20일 이동평균선을 주로 사용한다. 이동평균선은 추세를 나타내는 선이며 이 선에서의 주가 위치 또는 단기와 중장기 이동평균선 간의 관계에 따라 주가 움직임을 분석한다.

〈그림 3-30〉을 보면 주가가 이동평균선을 깨고 내려오면 강세장 Bull Market이 마감되고 약세장 Bear Market이 시작되는 것을 알 수 있다. 깨고 내려오는 때가 매도 시점이다. 그런 후 주가가 이동평균선 위에 놓이게 되면 다시 강세장이 시작되므로 매수 기회가 된다. 이렇게 하면 시장의 고점과 저점에 거의 정확하게 대응하게 된다. 이처럼 이동평균선과 주가의 위치에 따라 시장의 강세장과 약세장을 예측하거나 대응해서 시장을 이기는 전략을 '이동평균 교차매매 전략 Moving Average Crossover Strategy'이라고 한다. 그리고 이 전략은 실

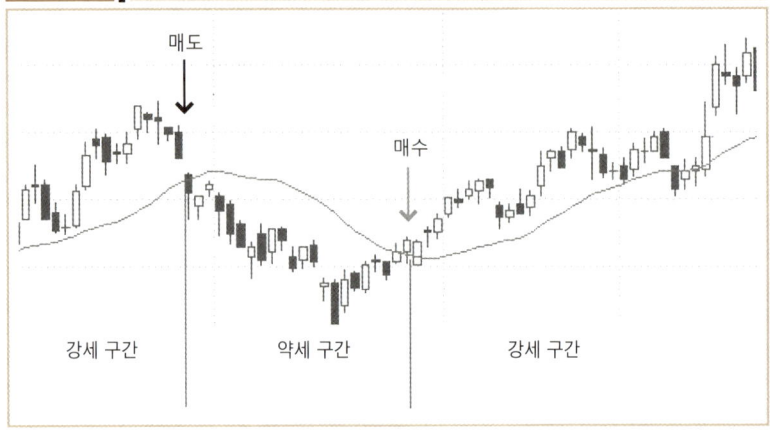

그림 3-30 이동평균선을 활용한 매매전략

출처: 주식 동호회 '투자의 진실을 찾아서'

제로 국내에서 개인투자자들에게 가장 많이 이용되는 마켓타이밍 접근법이기도 하다. 그렇다면 과연 추세 지표를 활용한 마켓타이밍 전략으로 시장을 이길 수 있을까?

미국에서 1950년부터 2004년까지 S&P500지수를 대상으로 '시장추종 전략'과 '50일과 200일 이동평균 교차매매 전략' 그리고 기타 전략으로 구분해서 실제로 검증한 자료를 보면, 이동평균 교차매매 전략이 시장추종 전략(배당 포함)을 이기지 못한 것으로 나타났다. 〈표 3-16〉을 보면 시장추종 전략은 연평균 9.4%의 수익률을 기록한 반면, 이동평균 교차매매 전략은 연평균 7.9%의 수익률을 기록하는 데 그쳤다. 또한 미국 시장에서 12월과 1월에 가장 주가 상승률이 높았다는 점을 이용한 최고 6개월 기간 전략(11월 1일 매수해서 4월 31일 매도하는 전략)과 미 대통령 선거일 전략(미국 대

표 3-16 | S&P500 각 전략별 수익률 비교(1950~2004년)

(단위: %)

전략	연간 수익률	상승기간 비율	표준 편차	최대 수익률	최대 손실률	보유기간 비율
시장추종 전략	9.4	71	16.6	47.3	28.1	100
50일과 200일 이동평균 교차매매 전략	7.9	74	13.0	47.3	18.1	69
최고 6개월 기간 전략	7.3	71	10.85	30.7	18.4	50
미 대통령 선거일 전략	7.0	96	10.1	35.2	11.8	50

출처: Mechanical-Investing.com(http : //www.mechanical-investing.com)

통령 선거가 있는 해를 전후로 2년간만 보유하는 전략) 등 각종 다양한 전략을 실증한 결과 예상한 대로 시장추종 전략보다 수익률이 모두 낮았다. 그러나 50일 단기 이동평균선과 200일 장기 이동평균선 전략이 시장추종 전략보다 변동성을 나타내는 표준편차가 작고 최대손실 또한 작아서 위험을 회피하는 전략으로 충분히 고려될 수 있다는 점은 시사하는 바가 크다.

〈그림 3-31〉을 보면, 추세추종 지표(이동평균선)를 활용했을 경우 1970년과 1974년 전후로 큰 폭의 하락세가 있는 기간(하얀색 구간)을 피할 수 있다는 점을 알 수 있다. 즉 이동평균 전략은 특히 하락장에서 매우 효과적인 전략임에는 분명하다. 그러나 이런 장점에도 불구하고 장기간에 걸쳐서 시장을 이기지 못하는 이유는 일단 배당과 매매비용 때문이다. 물론 마켓타이밍 전략 또한 주식을 보유하지 않는 동안 예금이나 안전한 국공채 등에 투자해서 이자를 얻을 수 있지만 시장추종 전략과 달리 매매비용이 발생하기에 이자

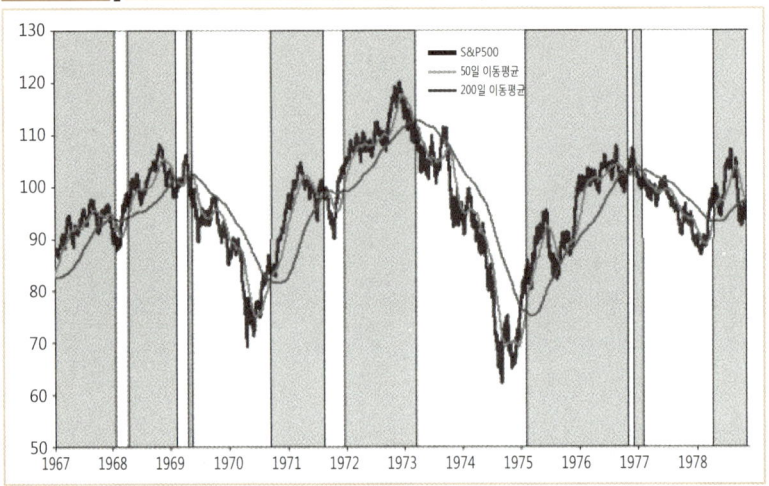

그림 3-31 | 미국 S&P500지수를 대상으로 50일과 200일 이동평균 간의 교차 전략

출처: Mechanical-Investing.com(http://www.mechanical-investing.com)

와 상계가 된다. 시장추종 전략은 배당이 복리로 재투자될 경우 그 수익률이 체증하는 구조다. 반면 마켓타이밍은 계속해서 매매비용과 시간투자비용 등이 발생하게 된다. 여기에 시장이 지속적으로 상승하다 보니 장기적으로 마켓타이밍 전략의 실효성은 점점 더 떨어질 수밖에 없다. 이런 현상은 미국뿐만 아니라 국내에서도 마찬가지다.

국내 KOSPI200지수와 개별 종목을 대상으로 주가와 20일 이동평균선과의 교차매매 전략을 실증해본 결과 역시 시장추종 전략보다 수익률이 뒤처지는 것으로 나왔다. 국내의 경우 개인투자자들이 가장 신뢰하는 지표가 20일 이동평균선이다. 그런데 실제 검증 결과 20일 이동평균선의 효과는 몇몇 종목이나 하락장에서만 발생할 뿐이며 전체적으로 시장을 추종하는 전략보다 결과가 안 좋다고 나

표 3-17 | KODEX200을 대상으로 한 수익률 비교표 및 차트

종목	전략	2007.2.23	2007.8.17	수익률(%)	보유기간(일)
KODEX200	시장추종	18,899	21,000	11.1	120
	교차매매	18,433	18,019	-2.6	3
		18,452	21,781	17.6	71
		22,147	23,755	6.9	20
		24,250	23,450	-3.7	3
		결과		18.2	97

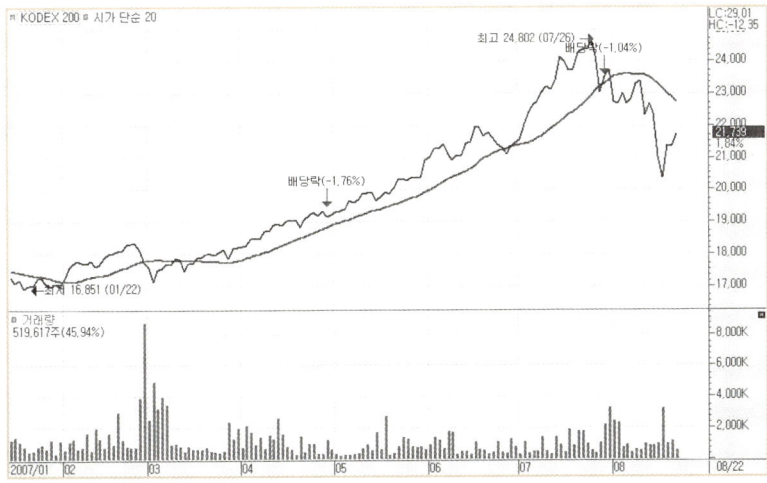

출처: 주식 동호회 '투자의 진실을 찾아서'

왔다. 약간 충격적인 사실이다.

〈표 3-17〉은 약 6개월 동안 전략 간 수익률을 비교한 것으로 KOSPI200지수를 추종하는 KODEX200이라는 ETF를 통해 시장추종과 20일 이동평균·주가의 교차 전략 간 수익률을 살펴보았더니, 교차매매 전략이 시장을 이기는 것으로 나왔다. 동 기간 차트 모양을 보면 20일 이동평균선 위에 주가가 있는 전형적인 상승장의 모습을 보이다가 끝에 20일선 아래로 급락하는 모양을 보이고 있다.

표 3-18 　각 종목별 이동평균 매매시그널 분석 및 효율성 검증 결과

종목	전략	2007.2.23	2007.8.17	수익률(%)	보유기간(일)	검토	패턴
에이텍	시장추종	2,060	1,845	-10.4	120	손실	하락
	교차매매	2,080	2,150	3.0	24		
		2,250	2,260	0.0	17		
		2,230	2,225	-0.6	9		
		2,075	1,935	-7.1	4		
		2,005	1,945	-3.4	3		
	결과			-8.2	57	손실	

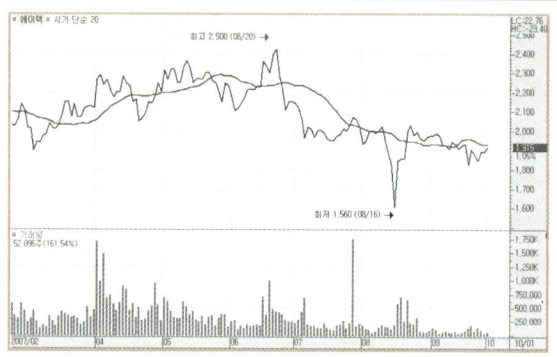

종목	전략	2007.2.23	2007.8.17	수익률(%)	보유기간(일)	검토	패턴
코마스인	시장추종	1,710	2,850	66.7	120	이익	상승
	교차매매	1,835	1,675	-9.1	8		
		1,740	1,720	-1.5	4		
		1,975	1,900	-4.2	17	상한가 왜곡	
		1,775	2,090	17.3	22	상한가 왜곡	
		2,270	2,275	-0.2	9		
		2,400	2,300	-4.6	4		
		2,435	2,300	-5.9	12		
		2,645	2,850	7.4	4		
	결과			-0.9	80	손실	

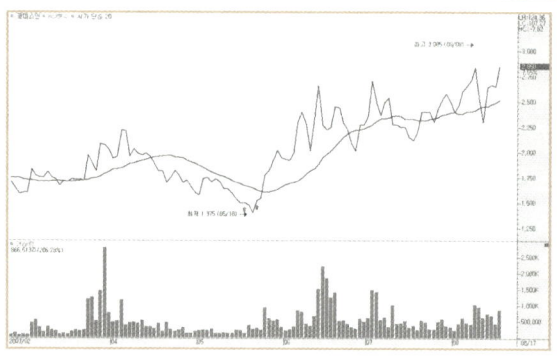

종목	전략	2007.2.23	2007.8.17	수익률(%)	보유기간(일)	검토	패턴
GS	시장추종	32,550	40,800	25.3	120	이익	상승 후 하락
	교차매매	32,650	32,000	-2.4	4		
		33,050	45,200	36.4	56		
		46,750	44,200	-5.9	4		
		45,850	44,500	-3.3	10		
		48,300	50,500	4.2	18		
	결과			28.9	92.0	초과이익	

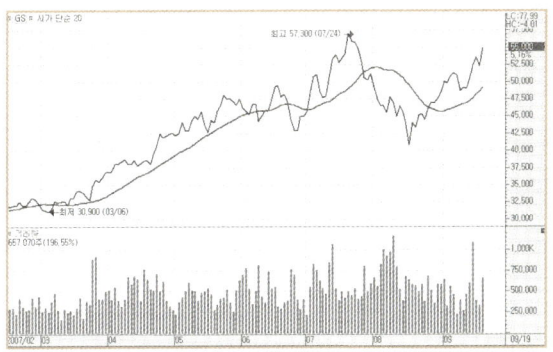

출처: 주식 동호회 '투자의 진실을 찾아서'

이런 구간에서는 20일선 위에 주가가 있을 때만 보유하는 20일 이동평균 전략이 시장을 이기게 된다.

그러나 개별 종목을 보면 횡보하거나 매매시그널이 자주 발생할수록 수익률이 시상추종 전략보다 월등히 낮아지는 것을 알 수 있다. 〈표 3-18〉을 보면 하락패턴인 에이텍의 경우 시장을 추종할 경우 10.4%의 손실을 입게 되지만, 20일 이동평균 전략을 활용하면 8.2%의 손실만 입게 된다. 반면, 지속적으로 상승하는 패턴인 코마스인의 경우 매수 후 그대로 보유했다면 66.7%의 높은 수익을 거둔 반면 20일 이동평균 전략을 사용하면 오히려 잦은 매매 탓에 0.9%의 손실을 입게 된다.

각 종목별로 이동평균 전략이 보유 전략보다 더 우수한 경우도 있지만, 다양한 테스트 결과 이동평균선이나 MACD와 같은 추세추종 지표는 일반적으로 상승장에서는 시장추종 전략보다 수익률이 약간 떨어지고, 횡보장에서는 시장 평균보다 많이 떨어지며, 유일하게 하락장에서는 시장을 추종하는 것보다 높은 성과를 보여주고 있다.

〈표 3-19〉에서 보듯이 월봉을 기준으로 약 7년간의 수익률을 비교해보면, 거래소시장처럼 꾸준히 상승하는 시장에서는 배당수익률을 제외한다고 해도 시장추종 전략이 교차매매 전략보다 수익률이 높다. 반면 코스닥시장처럼 장기하락장에서는 교차매매 전략이 시장보다 손실을 덜 입는다. 삼성전자나 현대중공업 같은 종목에서도 종목 흐름에 따라 두 전략의 장단점이 드러난다.

결론적으로 이동평균선이나 MACD와 같은 추세추종형 지표는 추세 이탈시 매도 또는 손절함으로써 추가손실을 막아 그냥 보유하는 전략보다 하락장에서 특히 강한 면모를 보여준다. 그러나 추세추종 지표를 활용한 마켓타이밍 전략은 몇 가지 약점을 가지고 있다. 먼저, 종목이나 시장이 앞으로 상승추세일지, 하락추세일지 또는 횡보일지 예측할 수가 없다는 것이다. 또한 추세추종형 지표는 후행성이라는 문제가 있다. 이미 시장이 어느 정도 상승하거나 하락한 후에 시그널이 나오기에 대응이 늦을 수밖에 없으며 따라서 효과적인 마켓타이밍 전략을 적절하게 사용하는 데 한계가 있다. 시장이 하락과 상승을 반복하는 횡보장에서는 오히려 잦은 매매로 인해 매매비용이 과다하게 늘어나는 문제점도 있다. 기술적 지표

표 3-19 | 추세추종 지표는 하락장에서 강한 모습을 보인다는 실증 결과

거래소	2000. 1	2007. 7	수익률(%)	보유기간(일)
시장추종	943	1,933	105	91
월봉 20월 이동평균 교차 전략	943	731	−23	5
	821	705	−15	2
	643	658	2	11
	724	627	−14	2
	713	697	−3	3
	782	1,993	154	47
결과			103	70

코스닥	2000. 1	2007. 7	수익률(%)	보유기간(일)
시장추종	1,903	811	−57	91
월봉 20월 이동평균 교차 전략	1,903	1,441	−25	5
	927	733	−21	2
	472	557	18	19
	572	576	0	6
	648	811	25	5
결과			−3	37

삼성전자	2000. 1	2007. 7	수익률(%)	보유기간(일)
시장추종	279,000	614,000	120	91
월봉 20월 이동평균 교차 전략	279,000	202,000	−28	9
	279,000	279,500	0	16
	305,000	417,000	36	19
	451,000	434,500	−4	4
	450,500	452,000	0	5
	489,000	579,000	18	21
결과			22	74

현대중공업	2000. 1	2007. 7	수익률(%)	보유기간(일)
시장추종	36,400	359,500	888	91
월봉 20월 이동평균 교차 전략	36,400	32,300	−12	3
	30,700	23,100	−25	3
	24,650	23,350	−6	7
	23,650	24,450	3	16
	31,000	359,500	1,059	36
결과			1,020	65

* 매매비용은 0.4%, 배당수익은 제외

그림 3-32 | 이동평균선과 MACD 등 추세추종 지표의 후행성과 시차 문제

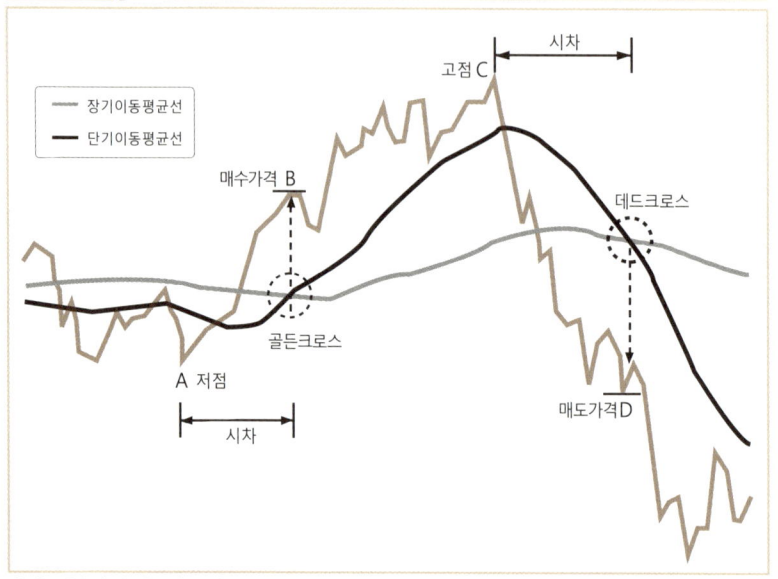

출처: 이윤학(우리투자증권 애널리스트), '이동평균선의 함정', 《조선일보》, 2006. 10. 11

자체가 가지는 한계점으로 허위 시그널 문제 또한 성과에 많은 영향을 미친다. 이를 피하기 위해 최적화된 이동평균 전략을 찾으려는 시도가 활발하게 진행되고 있지만 아직까지 성공적인 결과를 보인 것은 없다.

추세추종 지표를 활용한 매매전략의 가능성과 한계는 명확하다. 시장을 단기적으로 이기거나 장기하락장에서 위험관리를 하는 데는 매우 뛰어난 시장초과 전략이기는 하지만, 시장이 등락을 거듭하며 지속적으로 상승하는 구조에서는 결과적으로 시장추종 전략보다 낮은 수익률을 기록한다. 물론 향후 시장이 어떠할지는 아무도 예측할 수 없다. 지금까지는 역사적으로 주식시장이 계속 우상

향하는 모습을 보였지만 앞으로도 그러리라는 보장은 없다. 따라서 추세추종 지표를 통한 접근방식은 오히려 시장을 이기기 위해 사용되기보다는 절대수익률을 추구하는 전략에 더 유용하다고 할 수 있다.

같은 마켓타이밍 전략이라도 추세추종 지표를 활용한 전략 대신 역추세 지표를 활용한 방식도 있다. 이런 전략은 추세주총형 지표와 반대로, 하락장에서 매수를 하고 상승장에서는 오히려 주식 비중을 줄인다. 추세를 추종하는 마켓타이밍 전략은 일종의 모멘텀 효과를 전제로 하고 있다. 즉 강한 종목이 지속적으로 강하다는 것으로, 상승세를 탄 종목을 매수해서 계속 상승하는 동안 보유하는 방식을 취한다. 이에 반해 역추세 지표는 상승하는 종목은 조만간 하락할 것이며 하락한 종목은 다시 상승을 하게 된다는 논리의 역발상 효과와 맥을 같이 한다. 여기에 투자심리라든가 거래량 등 지표 외의 요소를 활용해서 시장을 이기려는 방식도 많이 시도되고 있다.

전형적인 역발상 또는 역추세 전략들은 RSI나 스토캐스틱과 같은 지표를 활용한다. 이런 지표를 통해 시장에 접근할 경우 보통 횡보장에서는 시장수익률보다 높은 성과를 보이며, 상승장에서는 시장수익률보다 낮고, 하락장에서는 시장수익률보다 높다. 그러나 역발상 지표를 사용하는 매매전략 역시 매매비용과 거짓신호[failure, Whip-Saw] 등에 따른 문제점은 그대로 안고 있다.

일반적으로 〈그림 3-33〉 차트처럼 RSI를 제대로 활용할 경우 저

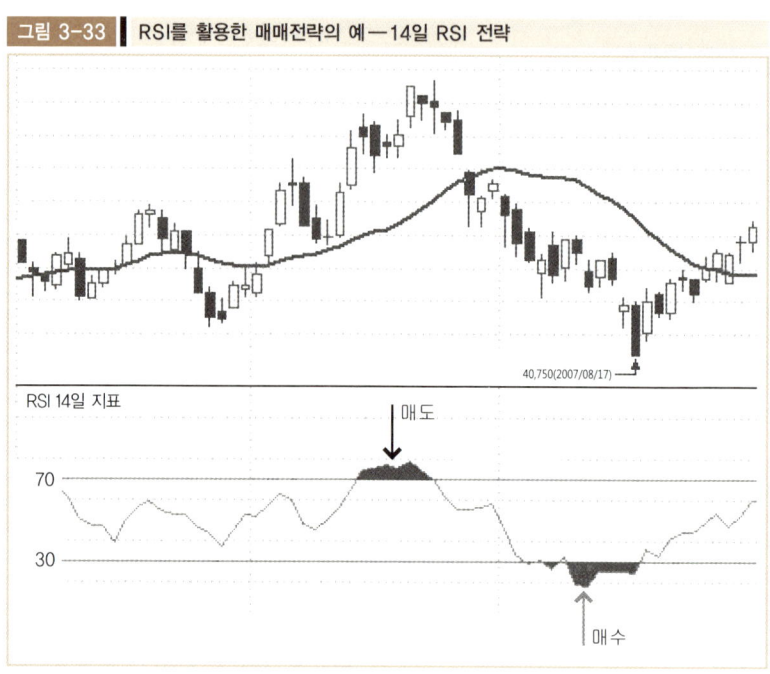

그림 3-33 ┃ RSI를 활용한 매매전략의 예—14일 RSI 전략

점과 고점을 적중함으로써 시장을 이길 수 있다. 그러나 〈그림 3-34〉를 보면 계속 매수시그널이 발생하지만 주가는 지속적으로 하락하고 있다. 이처럼 지표의 매매시그널이 잘못되는 경우도 종종 발생한다.

역추세 전략은 단순히 RSI나 스토캐스틱 등의 지표를 활용한 '역추세 매매전략'과 행동재무학의 투자심리나 기업가치 등을 접목시킨 '역발상 투자전략' 등으로 구분된다. 전자는 단순히 마켓타이밍만을 공략하지만 후자의 경우는 시장의 비효율성과 군중의 심리까지를 고려한 복잡한 투자전략이다.

기본적으로 추세 지표건 역추세 지표건 지표를 활용한 마켓타이

그림 3-34 RSI 지표를 활용할 경우 실패 사례

밍 전략은 분명히 단기간 시장을 이기는 데 매우 효과적이다. 그러나 다양한 시도에도 불구하고 특정한 구간이나 시장을 제외하고는 장기간 시장을 이기는 경우는 이론적으로나 현실적으로 매우 힘들다는 점이 마켓타이머들의 가장 큰 고민거리이다.

다. 기타 다양한 마켓타이밍 전략들

전통적인 마켓타이밍 전략이 주로 펀더멘털 지표나 테크니컬 지표를 통해서 시장을 예측하거나 대응했다면, 새로운 마켓타이밍 전략들은 금융공학과 시스템 트레이딩에 기반을 두고 있다. 특히 기대수익률이 높은 헤지펀드 등에서는 우리가 상상할 수 없을 만큼 다양한 방식의 마켓타이밍 전략을 활용하는데, 앞서 살펴본 '대통령 선거 기간의 주가상승률'과 같이 일견 전혀 연관성이 없어 보이는 요소들로까지 영역이 넓어지고 있다.

그런 대표적인 예로 소위 말하는 '슈퍼볼 주식 지표$^{Super\ Bowl\ Stock\ Indicator}$'가 있다. 슈퍼볼 주식 지표는 내셔널 풋볼리그 팀이 우승하면 증시가 오르고 아메리칸 풋볼리그 팀이 이기면 증시가 내린다는 속설로, 지금까지 총 41차례 대회 중 33차례나 시장 흐름을 적중해서 80.5%의 놀라운 적중률을 기록하였다. 물론 슈퍼볼 주식 지표는 단순히 우연일 뿐, 이 지표를 객관적 지표로 믿고 실제 주식 운용이나 투자에 참고하는 경우는 거의 없을 것이다. 그러나 1월 또는 12월 효과 역시 슈퍼볼 주식 효과처럼 우연에 불과하다고 할 수 있으며, 같은 논리로 가치주 효과 등도 비판될 수 있다.

바로 이 점이 데이터마이닝에 의해 주가와의 상관관계를 분석해서 시장의 비효율성을 캐내는 방식의 근원적인 한계일 수 있다. 과학적인 인과관계와 우연한 상관관계는 분명히 다르지만 주식시장에서는 행운과 인과를 자연과학에서처럼 정확하게 구분하기 어렵다는 게 난점이다. 이런 이유로 하여 단기간에 걸쳐 시장을 이긴 전략들일수록 의심의 눈초리로 더욱 자세히 뜯어보게 된다. 의심의 눈초리가 있건 말건 시장을 이기려는 노력은 누군가에 의해 지구촌 곳곳에서 계속되고 있지만 말이다.

5) 결론-당신은 타이밍에 동물적 감각을 가지고 있는가?

분명 마켓타이밍은 수익률에 매우 중요한 요소다. 그러나 현실적으로 예측이나 대응으로 시장을 장기간 이긴 경우는 일단 확인하기 어렵다. 종목선택 전략의 최고의 종목Best Stock과 최악의 종목Worst Stock은 마켓타이밍 전략의 최고의 시점Best Days과 최악의 시점Worst Days에 비교될 수 있다. 최고의 종목을 선택하려다 대부분 최악의 종목을 보유하게 되듯이, 최고의 시점에만 주식을 보유하려다 최악의 시점에 당하는 게 실제 투자자들의 모습이다. 특히 검증되지 않은 마켓타이밍 전략은 오히려 좋은 시점을 놓치고 손실을 가중시키는 데 한몫하게 된다.

물론 종목선택 전략에 비해 마켓타이밍 전략은 위험관리 면에서 월등히 효과적이며 알파를 얻는 데 많은 힌트를 주고 있다. 그러나 아직은 많은 부분이 베일에 가려 있어, 과연 시장 대비 초과수익을 얻는 전략인지 여부에 대해 확실한 답을 얻으려면 좀 더 많은 연구와 실증이 필요하다. 동물적 감각을 가지고 있지 않다면, 마켓타이밍 전략으로 알파를 얻으려 하기보다는 시간에 대한 분산투자인 적립식 투자를 통해 시장 평균수익률을 얻는 것이 '실패하지 않는 전략'이라는 점은 이론의 여지가 없다.

트레이딩 전략 _
1년 1,000%의 수익이 가능할까?

1) 아무리 강조해도 지나치지 않은 수익과 위험의 양면성

누구나 빠른 시간에 큰돈을 벌기를 원한다. 그러나 고수익에는 항상 고위험이 따르므로 고수익이라는 달콤한 열매를 얻기 전에 가시에 먼저 찔려 피를 흘리게 마련이다. 세상에는 다양한 투자대상이 존재하지만 유독 주식에 투자하거나 매매의 대상으로 주식을 선택하는 것은 바로 다른 투자대상이 줄 수 없는 고수익 때문이다. 주식은 역사적으로 다른 어떤 투자대상보다 '변동성과 수익률'이 크다.* 그리고 이 변동성에 한숨짓기도 하고 환호성을 지르기도 하는 것이 주식투자의 세계다.

*물론 주식보다 변동성과 수익률이 큰 투자대상은 많다. 대표적으로 FX마진이나 선물옵션과 같은 레버리지가 큰 파생상품이 그 대표적 예이다. 그러나 이 책에서는 파생상품은 제외하고 개인투자자들이 선호하는 투자대상(부동산, 채권 등)만을 비교 대상으로 삼았다.

그림 3-35 | 기대수익과 위험의 관계

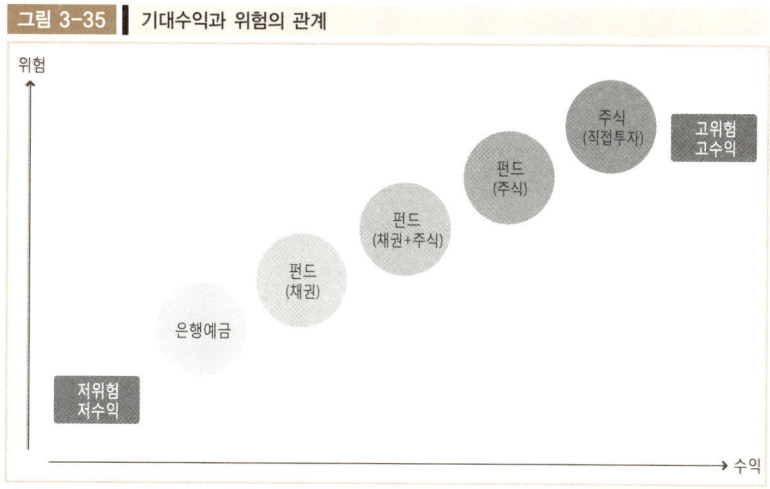

출처: 국민은행, KB퇴직연금교육센터

    대다수 주식 입문자는 주변에 가까운 사람이 주식으로 얼마를 벌었다더라 하는 이야기나 주식으로 예금이자의 몇 배가 되는 수익을 올릴 수 있다는 말에 자극을 받아 주식시장에 뛰어든다. 그러나 그 수익 뒤에 감추어진 '위험'에 대해서는 전혀 모르고 오로지 공짜 점심만을 기대한다. 그러나 '주식시장엔 공짜 점심은 없다There is no free lunch'(밀턴 프리드먼)는 것을 얼마 지나지 않아 스스로 깨닫게 된다. 〈그림 3-35〉에서 보듯이 기대수익이 높을수록 위험(손실가능성)은 증가한다. 역설적으로 말한다면 주식이 예금이나 채권보다 수익률이 높은 것은 위험이 높기 때문이라고도 할 수 있다. 즉 '높은 수익'을 얻기 위해서는 '높은 위험'을 감수해야 한다.

    그러나 투자자들은 오로지 수익에만 관심을 가질 뿐 위험에 대해서는 전혀 무방비 상태다. 앞에서도 다룬 내용이지만 주식은 역사

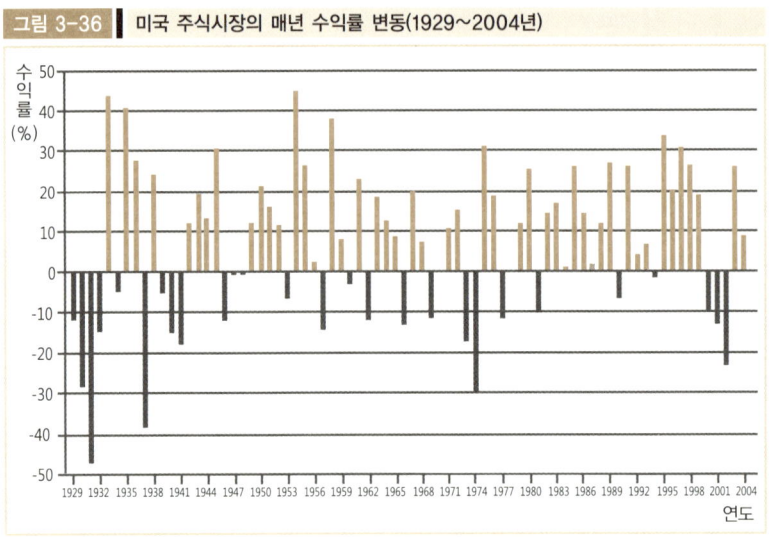

출처: Bloomberg(2004)

적으로 높은 변동성을 보여왔다. 1929년부터 2004년까지 약 76년간 미국 시장의 연도별 수익률을 보면 어떤 해는 40% 이상 손실이 나기도 하고, 반대로 어떤 해에는 40% 이상의 수익을 올리기도 하는 등 매우 변동성이 컸다. 따라서 +40%의 수익률만 보고 주식시장에 들어올 경우 -40%라는 손실위험에 직면하게 되어 당황할 수밖에 없다. 주식의 특징인 변동성과 위험을 이해하고 관리할 줄 알아야 시장에 휘둘리지 않고 높은 수익을 얻을 수 있다.

2) 시장에 좌우되지 않는 트레이딩

누구나 손실은 피하고 싶어한다. 그러나 주식시장에서는 앞에서 여러 번 살펴보았듯이 큰 폭의 하락이 종종 발생한다. 이런 하락에 대처하는 방법은 크게 두 가지로, 하나는 시장의 우상향을 믿고 분할매수를 통해 장기보유하는 전략이다. 분할매수를 하면 매입가는 낮아지고 변동성은 급격하게 줄어든다. 또한 등락을 거듭하던 시장이 결국 우상향하게 되면 단기간의 손실은 수익으로 바뀐다. 그러나 변동성과 하락을 인내하며 분할매수를 하면서 장기보유하는 전략은 오로지 상승장에서만 성립될 수 있다. 하락장이나 횡보장 등에서는 오히려 예금이나 채권에 투자하는 것보다 낮은 수익을 얻게 된다. 그리고 비록 역사적으로 주식시장이 우상향하는 구조였다고 해서 향후 주식시장도 계속 상승만 할 것이라고는 누구도 보장할 수 없다. 따라서 시장이 상승장이건 하락장이건 횡보장이건 수익을 내고, 특히 하락의 위험을 피하는 방법으로 제시되는 것이 바로 두 번째 '트레이딩 전략Trading Strategy'이다.

트레이딩 전략은 시장 상황과 무관하게 높은 수익률을 추구하는 전략으로, 앞에서 살펴본 종목선택 전략과 마켓타이밍 전략이 절묘하게 이우러져 최대의 효과를 발휘하는 장점을 가진다. 특히 변동성이 높고 유동성이 풍부한 주식시장에서 매우 효과적인데, 소규모 자금으로도 단기간에 엄청난 수익을 만들 수 있기에 개인투자자들이 가장 선호하는 주식접근법이기도 하다.

3) 실전투자대회 우승자들의 놀라운 수익률

그렇다면 실제 트레이더들의 성적은 어떨까? 국내의 경우 공식적인 실전투자대회만 해도 10여 개 이상이며, 매 대회마다 평균 3개월 이내에 몇백 퍼센트의 수익률을 기록하는 트레이더들이 즐비하게 배출되고 있다. 미국 S&P500의 연평균 수익률이 약 11%, 이머징마켓 수익률이 연평균 18% 수준이며, 전 세계 최고 펀드매니저의 수익률도 매년 꾸준히 20%를 넘지 못하는 상황에서 3개월에 몇백 퍼센트의 수익률을 올린다는 것은 가히 충격적인 수준으로, 한마디로 슈퍼수익Super Return이라고 부를 수 있다.

이렇게 단기간에 엄청난 수익률을 자랑하는 트레이더들은 전 세계 어느 곳에서나 찾아볼 수 있다. 미국의 경우 전통적으로 주식시장과 상품시장, 외환시장 등이 발달했기 때문에 래리 윌리엄스, 데이비드 라이언 등 걸출한 트레이더들이 다수 배출되었고, 국내에서도 최진식이나 아홍성, 비초, 김현섭 등이 각종 증권사 주최 실전투자대회를 휩쓸며 신화를 만들었다. 한화증권 실전투자대회 1회와 3회 우승을 한 최진식 씨는 1회 대회 때 2,850%라는 어마어마한 수익률을 기록하기도 했는데, 투자의 현인 워렌 버핏이 1965년부터 2003년까지 39년간 연평균 22.2%의 수익률로 원금 대비 총 2,594%의 수익률을 기록한 것과 비교해보면 실로 경이롭기까지 한 수치다.

물론 워렌 버핏과 최진식과의 단편적인 비교는 무리가 있지만,

표 3-20 | 워렌 버핏과 최진식의 비교

비교대상	워렌 버핏	최진식
주식접근법	성장주 장기보유	초단기 트레이딩
투자기간	39년	약 3개월
총 수익률	2,594%	2,850%
특징	매년 22.2%의 수익률로 S&P500 지수의 연평균 수익률 10.4%보다 두 배 높은 수익률 기록	1회와 3회 실전투자대회 우승 이후 최근 동향에 대해서는 알려지지 않음

중요한 것은 트레이딩을 하면 누군가 수십 년간 이룩한 성과를 단지 몇 개월 만에 이루는 것이 가능하다는 점이다. 그런데 이렇게 단기간에 높은 수익을 거두기 위해서는 매우 높은 위험을 감수해야 한다는 것을 놓쳐서는 안 된다.

한화증권에서 1회부터 16회까지 수백 명의 실전투자대회 입상자들의 매매기법을 통계 낸 자료 및 다른 실전투자대회 우승자들의 매매기법을 보면 크게 세 가지 트레이딩 기법(매매기법)이 주로 사용되었다.

- 상한가 따라잡기
- 테마주 또는 재료주 매매
- 눌림목 공략

그런데 이러한 매매기법들은 한결같이 높은 변동성과 위험을 수반하는 트레이딩 방식이다. 변동성이 커야 단기간 높은 수익을 올릴 수 있지만, 높은 변동성으로 인해 트레이딩에 실패했을 경우 단기간에 엄청난 손실을 입을 수도 있는 것이다.

4) 슈퍼수익을 만드는 조건

분명히 시장에는 슈퍼수익을 얻는 트레이더들과 그들이 사용하는 매매기법이 존재한다. 그러나 단지 그 수익만 보고 무작정 따라할 경우 슈퍼수익 대신 슈퍼손실을 입게 된다. 앞서 살펴본 바와 같이 많은 실전투자대회 우승자들이나 재야의 트레이딩 고수들은 자신들이 사용하는 트레이딩 기법을 거의 다 공개했으며, 앞에서 언급한 매매기법 역시 이미 시장에 잘 알려져 있는 것들이다. 그럼에도 불구하고 최근의 실전투자대회의 수익률은 최진식 씨나 아홍성 씨(실전투자대회만 10여 차례 우승했지만 불공정 매매 시비 이후 현재 공개석상에서는 자취를 감춘 상태)가 활약하던 2000년대 초반보다 대폭 줄어들고 있는 추세다. 과거 실전투자대회에서는 우승자들의 수익률이 1,000%가 기본이었으나, 2007년 들어서는 이름난 대회라고 하더라도 500% 정도면 1등을 거머쥘 수 있는 형편이다.

시중에는 슈퍼수익을 내는 기법에 관한 책이 수없이 쌓여 있고, 지금도 슈퍼수익을 내는 수백 명의 국내외 트레이더들의 기법이 유료 또는 무료로 대중에게 공개되고 있다. 그런데 슈퍼수익을 얻는 사람이 더 늘어나지 않고 있다는 점은 굉장히 아이러니한 일이다.

뿐만 아니라 슈퍼수익을 맛본 대다수 트레이더들은 한때의 화려함을 뒤로한 채 시간이 지날수록 조용히 시장에서 사라지고 있다.

왜 이런 현상이 발생할까? 이유는 다양하지만 크게 두 가지로 압축할 수 있겠다.

첫 번째는 어떠한 매매기법이건 기본적으로 시장이 강세장이거나 종목이 상승할 때만 큰 수익이 나며, 약세장이나 종목이 하락할 때는 공매도를 제외하고는 손실이 발생할 수밖에 없기 때문이다. 즉 수익은 매매기법이 아니라 시장이 주는 것이다. 시장이나 종목의 상승률이 10%라고 하면 어떠한 매매기법을 사용해도 10% 상승률 이상의 수익을 얻을 수는 없다. 결국 슈퍼수익 역시 폭등하는 시장이나 종목에서만 탄생할 수 있는 것이지, 시장과 종목의 변동성이 작거나 하락추세라면 결코 그런 성적을 거둘 수 없다. 1999년과 2000년대의 코스닥 폭등장에서는 1,000% 이상의 슈퍼수익을 거둔 트레이더들이 다수 등장했지만, IT 버블 붕괴 이후 수익률이 현저하게 떨어지는 것은 바로 이런 이유 때문이다. 보통 개인투자자들은 슈퍼수익을 얻은 사람들의 매매기법에만 관심을 가지는데, 핵심은 매매기법이 아니라 시장이라는 점을 절대 간과해서는 안 된다.

두 번째 이유는 슈퍼수익의 비결을 배운 사람들이 아무리 많아도 여전히 극소수만이 슈퍼수익을 얻게끔 되어 있는 현실 때문이다. 국내에도 1990년대 후반부터 트레이딩이 본격적으로 대중화되면서 슈퍼수익을 얻는 매매기법과 노하우는 10년 이상 축적되어왔다. 그러나 상대적으로 슈퍼수익을 얻는 사람은 오히려 감소하거나 정체된 상태다. 매매기법은 진화에 진화를 거듭하며 엄청나게 발전했지만 여전히 극소수만이 슈퍼수익을 얻는다는 사실은, 결국 슈퍼수익이란 매매기법으로만 얻을 수 있는 것은 아니라는 점을 재차 확인시켜준다.

슈퍼수익을 얻기 위해서는 우선 시장과 종목의 흐름이 가장 중요하며, 슈퍼수익에 대응하는 '슈퍼위험Super Risk'을 제대로 관리할 수 있어야 한다. 따라서 매매기법을 철저하게 지키면서, 이 슈퍼위험을 최소화하는 것이 최대 관건이다.

또한 시장의 효율성으로 인해, 과거에 비록 슈퍼수익을 낸 기법이라 해도 다수가 그 기법을 따라 하고 사용하게 되면 시장수익률 수준의 평범한 수익을 내는 매매기법으로 전락하고 만다. 따라서 슈퍼수익을 얻고자 한다면 철저한 매매원칙 준수와 위험관리 외에도 자신만의 독창적인 매매기법을 만드는 것이 핵심이다.

5) 시장의 진실

시장 또는 종목이 상승하는 것 이상의 수익을 얻을 수 없다는 것은 너무나 당연하다. 한 종목이 100% 상승했다면 그 누구도 100% 이상의 수익을 얻을 수는 없다. 따라서 슈퍼수익을 얻고자 하면 먼저 높은 상승률을 보이는 시장이나 종목을 찾아야 한다. 매매기법은 그다음 문제다. 종목은 한 시장에서도 적게는 수백 개에서 많게는 수천 개까지 있어 일일이 살피기 힘들기 때문에 모든 종목 상승과 하락의 평균치인 시장의 수익률을 살펴보자.

〈그림 3-37〉은 1926년부터 2006년까지 972개월 동안의 S&P500

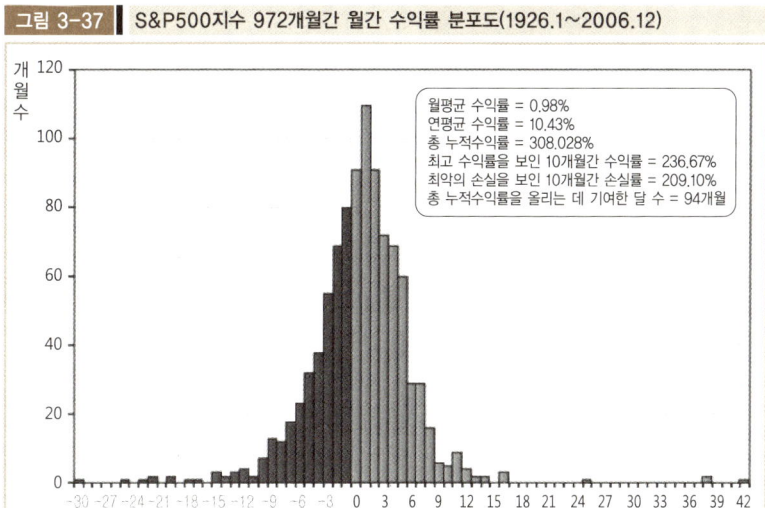

출처: CRSP(Center for research in security prices, University of Chicago)

지수의 월별 수익률을 기록한 것이다. 이 월별 수익률 분포도를 보면 월 수익률 0%를 기준으로 중앙값 주변에 대부분 몰려 있고, 큰 수익이나 큰 하락을 보인 달은 극소수라는 것을 알 수 있다.

〈그림 3-37〉을 통해 우리는 적어도 슈퍼수익을 주는 시장이나 종목이 생각보다 매우 적다는 것을 깨달을 수 있다. S&P500시장을 기준으로 월 수익률이 10% 이상인 달은 972개월의 2% 안팎이다. 즉 실제 시장의 현실은, 1년 중 거의 대부분의 기간에는 평범하기 그지없는 수익률을 보이며, 3~4년 중 한 달 정도만이 슈퍼수익을 얻게 해주는 기간이라는 것이다. 역시 종목을 봐도 마찬가지다. 그렇다면 이런 수익률 분포도는 유독 미국에서만 그런 것일까? 결코 그렇지 않다. 전 세계 모든 나라의 시장 또는 종목의 수익률 분포도

그림 3-38 | 이머징마켓 주요 4개국의 월별 수익률 분포도

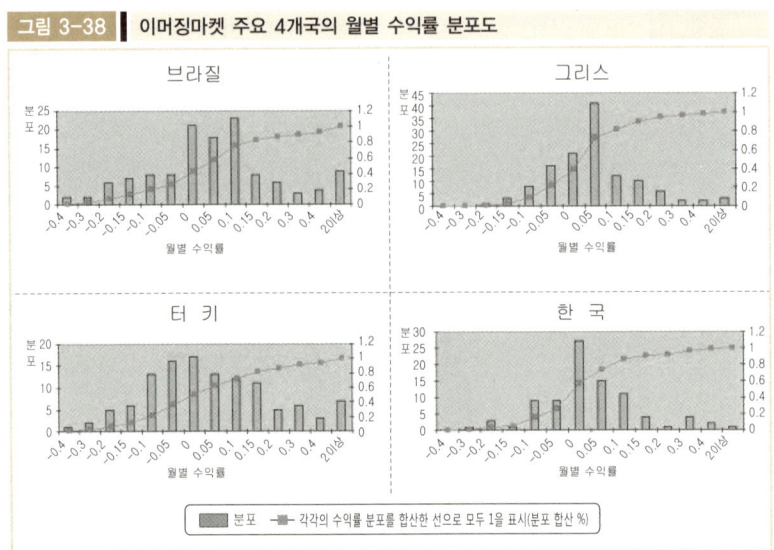

출처: Norges Bank, Oslo, Norway

그림 3-39 | 2007년과 2002년 국내 수익률 분포도

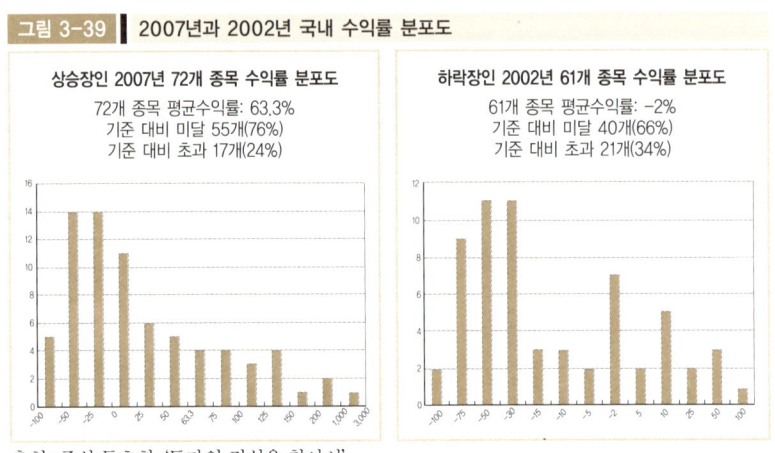

출처: 주식 동호회 '투자의 진실을 찾아서'

가 이런 모양을 하고 있다(그림 3-38).

특히 국내의 경우만 따로 놓고 보아도(그림 3-39) 전형적인 상승장이었던 2007년과 하락장 패턴을 보인 2002년의 종목별 수익

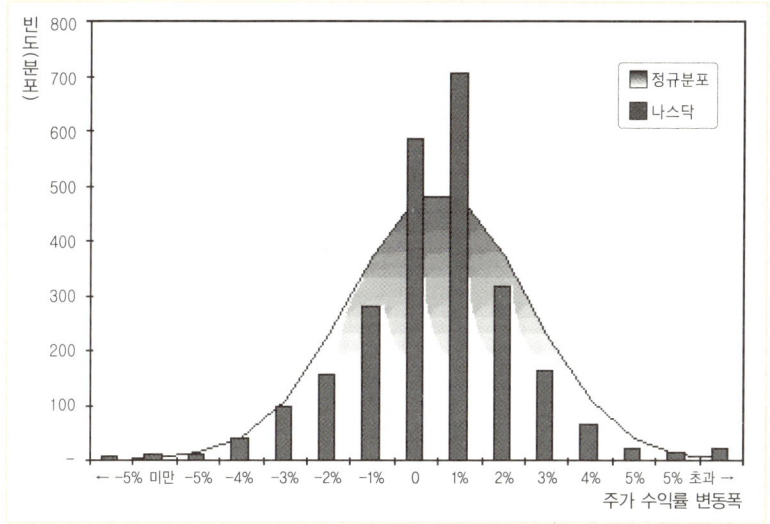

그림 3-40 10년 2,500일 동안 나스닥의 일별 주가 수익률 변동폭 분포도

출처: Investopedia ULC.(http://www.investopedia.com)

률을 보면 역시 지금까지 살펴본 수익률 분포도와 같은 모습을 하고 있다.

2007년 상승장의 경우를 보면, 총 72개 종목의 시가총액 기준 평균수익률은 63.3%로 대다수 종목이 −25%에서 +25%의 수익률 범위 안에 있다. 몇몇 종목이 1,000% 이상의 엄청난 수익률을 보여주면서 전형적인 상승장의 모습을 하고 있는 반면, 2002년 하락장에서는 총 61개 종목의 시가총액 기준 평균수익률이 −2%로 대다수 종목이 손실을 나타내고 있다. 즉 상승장이건 하락장이건 시장 평균수익률을 중심으로 대부분의 종목이 분포하게 되며, 소수의 몇 종목이 큰 수익을 기록하면서 전체적으로 왼쪽으로 기울어지는 모양의 분포도가 발생한다.

연별, 월별, 종목별이 아니라 일별 주가 수익률 움직임도 같은 모양의 분포도를 보인다. 〈그림 3-40〉은 미국 나스닥의 10년간 약 2,500일 동안 일별 주가 수익률 변동을 표시한 것이다. 이 역시 0%를 중심으로 대부분이 몰려 있고, 변동성이 큰 날은 역시 극소수임을 보여준다.

이처럼 주식시장은 어느 나라건 역사적으로 수익률 0%를 중심으로 오른쪽이 약간 긴 수익률 내지 변동성을 가진 분포를 보인다. 즉 절대다수의 종목과 시장은 매우 평범한 수익률과 변동성을 보이기에 슈퍼수익을 얻는 데 부적합하다는 것이다. 그러나 대다수 개인투자자들은 이런 주식시장의 진실을 깨닫지 못한 채 막연히 슈퍼수익만을 기대한다. 여기서 이상과 현실의 괴리가 발생하기 시작한다.

6) 실전투자대회의 현실

트레이더들의 상황을 가장 잘 알 수 있는 곳이 바로 실전투자대회다. 실전투자대회는 그야말로 날고 기는 재야의 트레이딩 고수들이 모두 참여하는 트레이더들의 경합장이다. 따라서 실전투자대회의 현실을 분석해보면 트레이더들의 이상과 현실과의 괴리를 한눈에 살펴볼 수 있다.

2000년부터 2007년까지 약 8년간의 각종 실전투자대회를 분석한 결과 매 대회마다 수익을 얻는 경우는 전체 참여자 중 약 35%

표 3-21 | 국내 개인투자자들의 실전투자대회 수익률 현황(2000~2007년)

* 각종 실전투자대회 데이터 종합, 시장수익률 0%일 경우, 참가자 1만 명 기준

수익률(%)	200 이상	200~100	100~50	50~10	10~0	0~-10	-10~-50	-50 이하
참가자(명)	50	150	300	1,000	2,000	2,500	3,500	500
실제확률(%)	0.5	1.5	3.0	10.0	20.0	25.0	35.0	5.0
누적확률(%)	0.5	2.0	5.0	15.0	35.0	60.0	95.0	100.0
이론확률(%)	0.5	2.0	2.5	15.0	30.0	30.0	15.0	5.0

** 이론적으로 시장수익률이 0%일 경우 수익자는 참여자의 50%를 넘어야 하나, 거래비용 등의 이유로 실제 수익을 낸 참가자는 35% 내외에 불과하며, 전체 참가자 평균수익률 역시 시장 수익률보다늘 떨어진다.

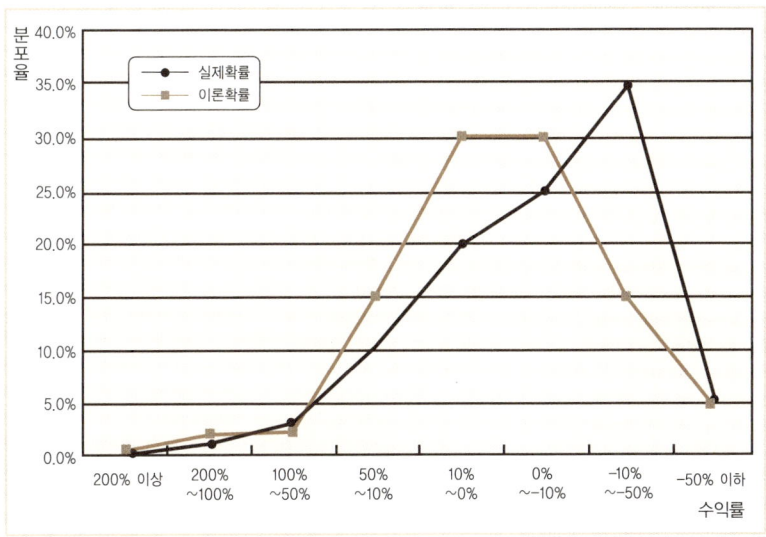

출처: 주식 동호회 '투자의 진실을 찾아서'

비율이었으며, 이 중 슈퍼수익이라고 할 수 있는 200% 이상의 수익을 얻은 트레이더는 전체 참가자 중 0.5%에 그쳤다(표 3-21). 또한 수익률 상위 5% 중에서 그다음 실전투자대회에서도 상위 5% 안에 드는 확률은 10%였고, 연속으로 슈퍼수익 달성에 성공한 트레이더는 전체 참여자를 1만 명으로 봤을 때 5명에 불과했다.

표 3-22 | 2007년 키움증권 주최 실전투자대회 데이터

◯ 참가현황

리그	참가자 수(명)	이익실현자(명)	이익실현비율(%)	손실실현자(명)	손실실현비율(%)
1억클럽	738	327	41.76	456	58.24
3000클럽	2,040	743	36.42	1,296	63.53
500클럽	5,564	1,726	31.02	3,834	68.91

◯ 수익률 현황

리그	최고수익률(%)	최저수익률(%)	평균수익률(%)
1억클럽	417.30	-77.50	-0.51
3000클럽	280.37	-94.11	-3.84
500클럽	653.25	-121.54	-8.80

◯ 시장 지수변동률 대비 수익률 현황

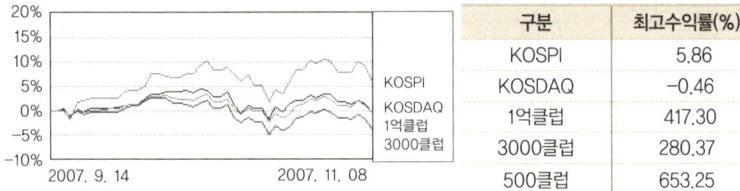

구분	최고수익률(%)
KOSPI	5.86
KOSDAQ	-0.46
1억클럽	417.30
3000클럽	280.37
500클럽	653.25

출처: 키움증권(2007년 실전투자대회)

특히 참여자들의 수익률 분포 중앙값은 이론적으로 0%를 중심으로 상승 쪽에 있어야 하지만, 실제 수익률 분포는 -10%가 중앙값이었다. 이렇게 수익률 분포가 이론보다 손실 쪽에 더 많은 이유는 실전투자대회의 속성상 매매가 단기 트레이딩 위주로 빈번하게 이루어지기에 매매비용이 평균적인 경우보다 훨씬 많이 들어가는데다 단기적으로 고수익을 노리다 보니 그만큼 손실이 많기 때문이다. 〈표 3-22〉에서 실전투자대회의 구체적인 사례를 보면 이 통계가 더욱 설득력 있게 다가올 것이다.

개인 트레이더들이 가장 많이 사용하는 증권사인 키움증권에서

표 3-23 | 2003년 상승장과 하락장에서의 데이트레이딩 수익률 분포

(A) 2003년 2월 3일~2003년 3월 31일(약세장)

수익 범위(%)	수수료를 제한 수익률(%)	데이트레이더 수(명)	비율(%)
−80 이하	−82.81	1	0.00
−80~−70	−75.18	6	0.00
−70~−60	−64.29	39	0.01
−60~−50	−54.89	78	0.01
−50~−40	−43.91	175	0.02
−40~−30	−34.14	436	0.06
−30~−20	−23.28	3,272	0.42
−20~−10	−13.66	23,313	2.99
−10~−5	−6.90	50,151	6.43
−5~0	−1.72	353,266	45.29
0~5	1.56	315,975	40.51
5~10	6.72	28,365	3.64
10~20	12.52	4,677	0.60
20~30	22.92	169	0.02
30~40	32.07	13	0.00
40 이상	41.64	3	0.00

(B) 2003년 4월 1일~2003년 5월 30일(강세장)

수익 범위(%)	수수료를 제한 수익률(%)	데이트레이더 수(명)	비율(%)
−70 이하	−73.08	12	0.00
−70~−60	−64.22	36	0.00
−60~−50	−54.58	85	0.01
−50~−40	−43.90	196	0.02
−40~−30	−34.23	398	0.04
−30~−20	−23.27	3,080	0.34
−20~−10	−13.96	20,150	2.19
−10~−5	−6.80	43,068	4.69
−5~0	−1.66	430,260	46.84
0~5	1.58	385,547	41.97
5~10	6.66	31,692	3.45
10~20	12.15	3,996	0.44
20~30	22.16	58	0.01
30~40	34.52	1	0.00
40 이상	64.98	1	0.00

출처: 이은정, 박경서, 장하성, 「한국 주식시장에서 데이트레이딩의 수익성에 관한 연구」, 2007년

2007년 개최한 실전투자대회 데이터를 보라. 주로 소액의 트레이더들이 참여하는 3000클럽(투자자금 3,000만 원 이하)과 500클럽(투자자금 500만 원 이하)의 이익실현 비율을 보면 8년간의 실전투자대회 평균 통계치인 35%와 크게 차이가 나지 않는다. 특히 투자금액이 적을수록 고위험의 단기 트레이딩에 집중하기에 오히려 이익실현 비율은 점차 낮아진다. 또한 각 클럽에서 전체 참여자의 평균수익률은 시장 평균수익률의 5.86%에도 한참 못 미치는 마이너스로, 나름대로 주식을 한다고 하는 사람들이 모인 실전투자대회 참여자들이지만 이들 중 대부분은 슈퍼수익은커녕 시장도 제대로 이기지 못하고 있음을 알 수 있다(모든 투자대회에서 전체 참여자의 평균수익률은 늘 시장 평균수익률에 못 미치는 결과를 보여주고 있다).

「한국 주식시장에서 데이트레이딩의 수익성에 관한 연구」(이은정, 박경서, 장하성, 2007년 발표) 논문을 보면, 국내의 전체 거래 중 데이트레이딩 비중이 25% 수준이며, 데이트레이더 중 99%가 개인투자자라고 한다. 그리고 이 논문에서 발표된 데이트레이더의 수익률을 보더라도 대다수는 수익과 손실을 반복하며 실제로 매일 슈퍼수익을 얻는 비율 역시 극소수라는 것을 확인할 수 있다.

〈표 3-23〉을 보면 2003년 2월부터 5월까지 약 100만 명의 데이트레이더들의 수익률을 분석한 결과, 대다수인 약 86%가 매일 +5%에서 -5%의 성적을 거둔 것으로 나타난다. 반면 매일 5% 이상의 수익률을 달성한 사람은 강세장이나 약세장 모두 약 4% 정도에

불과했다. 즉 당일 데이트레이딩으로 5% 이상의 수익만 얻어도 100만 명 중 4% 안에 드는 성적을 거둔다는 이야기다.

물론 매일 5% 이상의 대박을 연속적으로 올리는 트레이더는 확률적으로 위에서 언급한 것처럼 4% 안팎이다. 이런 점을 고려할 때 일반적인 데이트레이딩이 되었건 실전투자대회에서의 트레이딩이 되었건 슈퍼수익을 얻을 수 있는 확률이 얼마나 낮은지 실감할 수 있다.

국내뿐만 아니라 미국 등 다양한 나라에서 트레이딩에 관해 연구한 결과들을 살펴보면 결코 트레이딩에 우호적이지 않다. 북미증권관리자협회NASAA가 미국의 대표적인 트레이딩 회사인 올테크의 매사추세츠 주 워터타운 지점에 개설된 데이트레이더의 계좌를 조사해보니 이익을 본 계좌는 11.5%에 불과했으며 70% 이상의 투자자가 손실을 입었다고 밝힌 적이 있었다. 또한 대만 시장의 데이트레이더의 성과를 연구한 논문(Barber, Lee, Liu and Odean, 2004년 발표) 내용을 보면 대만의 데이트레이더 중 80% 이상은 손실을 입고, 매우 소수의 그룹만이 거래비용을 감당할 정도의 수익을 실현하고 있는 것으로 나타나고 있다. 이러한 결과들은 새삼 놀라운 사실도 아니다.

7) 슈퍼수익을 위한 트레이딩 기법

트레이딩의 역사가 이미 수십 년이 넘었고, 지금 이 순간에도 슈퍼수익을 위한 숱한 매매기법과 트레이딩 전략이 개발되고 실험되고 있지만, 여전히 전체 트레이더들 중 실제로 슈퍼수익을 얻는 경우는 지극히 소수에 불과하다. 과연 슈퍼수익은 우연한 결과일까? 아니면 슈퍼수익을 얻을 수 있는 특별한 매매기법이 따로 있는 것일까? 만약 슈퍼수익이 행운에 의한 것이라면 슈퍼수익을 위한 모든 노력은 한낱 물거품에 지나지 않는다는 결론 아닌가.

슈퍼수익이란 '시장 평균을 훨씬 웃도는 높은 수익'을 말한다. 따라서 이런 수익을 얻기 위해서는 시장에서 가장 강한 탄력을 보여주는 주도주나 테마주, 세력주 등을 찍어내는 고도의 종목선택 능력이 필요하다. 또한 이런 종목들은 변동성이 상상할 수 없을 만큼 크기에 최저점에서 매수하고 최고점에서 매도하는 최고 수준의 마켓타이밍 능력과 손절 등 위험을 관리하는 테크닉이 아울러 요구된다. 그러나 현실적으로 이 정도 수준의 종목선택 능력과 마켓타이밍 능력은 신의 영역이다.

슈퍼수익을 위한 트레이딩 기법이 가장 많이 도입되고 활용되고 있는 분야가 시스템 트레이딩이다. 미국에서 현재 시판되는 143개의 시스템 트레이딩 툴의 수익률을 검증해본 결과 전체 143개 중 약 60.1%의 비율로 시장을 이긴 것으로 분석되었다. 시장을 이긴 비율로 치면 매우 높은 성과지만, 더 구체적으로 들여다볼 때 월 10%의 수익률을 얻을 수 있는 시스템 트레이딩은 고작 11개로 전체의 7%밖에 되지 않는다. 이처럼 과거 데이터를 기반으로 철저한 백테스트와 시뮬레이션 등을 거쳐 수익을 발생시키는 것으로 확인된 시스템 트레이딩조차 현실 시장에서는 성공 확률이 그다지 높

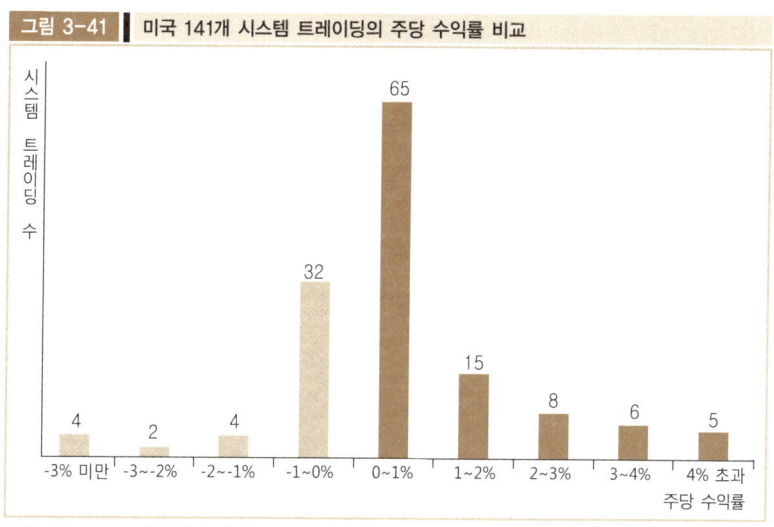

그림 3-41 | 미국 141개 시스템 트레이딩의 주당 수익률 비교

* 동기간 S&P500의 주당 수익률은 0.06%이다.

구분	모든 시스템	데이트레이딩 시스템	스윙트레이딩 시스템
평균수익률	0.05%	−0.25%	0.11%
개수	143개	24개	119개
초과수익을 낸 시스템의 비율	60.1%	56.7%	62.5%

출처: CXO Advisory Group LLC(http://www.cxoadvisory.com)

지 않다는 것은 슈퍼수익을 위한 트레이딩 기법 개발이 얼마나 어려운지를 알려주는 단적인 사례이기도 하다.

그렇다면 슈퍼수익을 얻을 수 있는 성공적인 트레이딩 기법을 만들기 위해서는 어떻게 해야 할까?

모든 트레이딩 툴을 개발할 때 반드시 고려해야 할 요소가 수익/손실 비율Win/loss Ratio이다. 수익/손실 비율이 1이면 승률이 50% 이상이어야 수익이 나며, 승률이 50% 미만일 때는 수익/손실 비율이 1 이상이어야 수익이 발생한다. 그러나 여기에 거래비용까지 포함

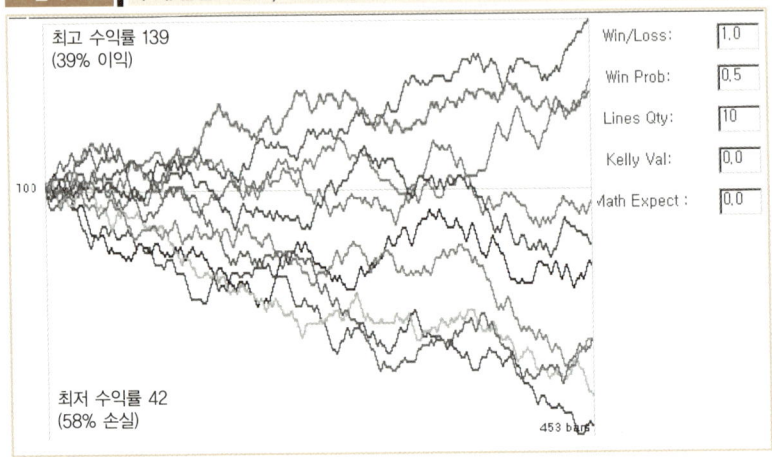

출처: 주식 동호회 '투자의 진실을 찾아서'

하면 승률이 더 올라가거나 수익/손실 비율이 1보다 더 커야 한다. 국내의 경우라면 거래시 발생하는 세금인 0.3%와 위탁수수료를 같이 포함시켜서 로직을 짜야 한다. 그런데 〈그림 3-42〉를 보면 수익/손실 비율이 1이고 승률이 50%일 때 수익과 손실은 랜덤하게 나옴을 알 수 있다. 따라서 단지 수익만을 보고 트레이딩 기법을 판단해서는 결코 안 된다. 즉 〈그림 3-42〉처럼 겉으로는 높은 수익이 발생했지만 로직상 수익률이 우상향하도록 되어 있지 않은 트레이딩 기법이라면 다음 거래에서는 큰 손실에 직면할 수도 있다.

지속적으로 수익이 나는 기법과 일시적으로 수익이 나는 기법을 구별할 줄 알아야 제대로 슈퍼수익에 근접할 수 있다. 보통의 투자자들은 외관상 높은 수익이 발생하는 기법에만 관심을 가지는데, 그것은 매우 위험하다. 왜냐하면 그림에서처럼 운이 좋은 경우엔

그림 3-43 | 꾸준히 우상향하는 수익률 그래프

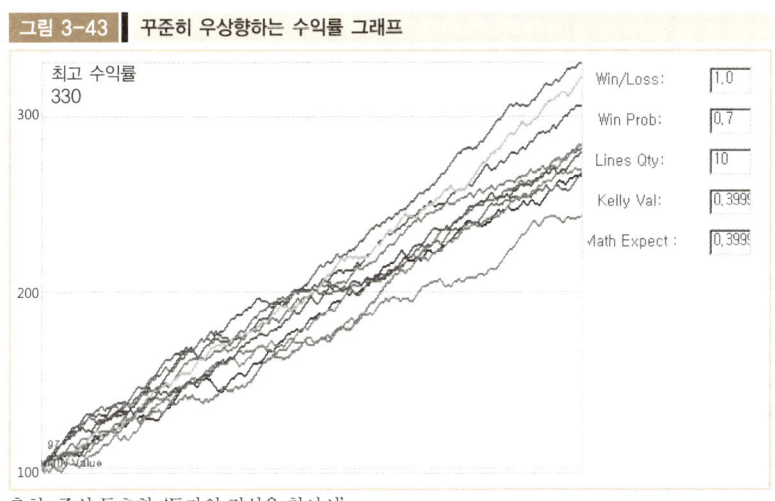

출처: 주식 동호회 '투자의 진실을 찾아서'

단기간 높은 수익이 나서 아주 훌륭한 매매기법으로 보이겠지만, 다음번에는 같은 기법으로 매매를 해도 오히려 큰 손실을 얻을 수 있기 때문이다.

〈그림 3-43〉처럼 꾸준히 우상향하는 수익률 그래프가 나오려면 두 가지 방식이 있다. 하나는 이길 확률이 50%일 때는 수익/손실 비율이 1보다 큰 로직으로 트레이딩 기법을 만드는 것이며, 반대로 수익/손실 비율이 1일 경우엔 이길 확률을 50%보다 크게 하는 것이다. 이렇게 해야만 매매를 반복했을 때 슈퍼수익을 얻을 수 있다.

슈퍼수익을 얻으려면 시장 대비 높은 초과수익을 지속적으로 확보할 수 있어야 한다. 그러나 주식시장의 '주가수익률 분포도'를 통해 확인했듯이 실제 주식시장에서 대박을 가져다줄 수 있는 종목은 아주 희귀하며 대부분의 종목은 시장 평균수익률 수준의 수익

또는 손실을 가져다준다. 즉 남들과 다른 비범한 종목선택 능력이나 뛰어난 마켓타이밍 능력을 가지지 않고는 현실적으로 평범한 투자자가 슈퍼수익을 계속 얻기란 불가능하다. 그렇다면 평범한 투자자는 영원히 래리 윌리엄스나 데이비드 라이언 또는 최진식 같은 트레이더가 될 수는 없는 것일까?

평범한 투자자의 트레이딩 기법은 전제부터 다르다. 우선 급등주만을 잘 골라내는 종목선택 능력이나 고점과 저점을 족집게처럼 예측하는 마켓타이밍 능력이 없다고 인정하고 시작해야 한다. 특정 종목이나 특정 타이밍을 공략하는 전문적인 트레이더들과 달리 평범한 트레이더는 모든 종목을 대상으로 매매를 한다고 가정해야 한다. 즉 평범한 투자자의 무기는 '뛰어난 동물적 감각'이 아니라 '수학적 확률'이다.

여기서 확률이란 앞에서 이미 다룬 승률과 수익/손실 비율이다. 기술적 지표를 이용하건 펀더멘털 지표를 이용하건 기본적으로 확률이 높은 트레이딩 기법을 개발하는 데 총력을 기울여야 한다.

다양한 시뮬레이션과 테스트를 통해 객관적으로 검증된 전략이 만들어졌다면 그다음으로 가장 중요한 것은 '트레이딩 기법'을 흔들리지 않고 끝까지 준수하는 것이다. 그러나 인간은 기계가 아니기에 실수를 하게 마련이다. 또한 여러 가지 외부 상황으로 매매원칙이 지켜지지 않을 가능성을 늘 염두에 두어야 한다. 때문에 평범한 투자자가 트레이딩을 하고자 한다면 반드시 '시스템 트레이딩'이어야만 한다. 자동적으로 시스템이 매매를 해주는 방식이 아니고

표 3-24 | 역발상 3점 기법을 활용한 10% 매매의 실제 매매 데이터

날짜		종목명	매수가(원)	10% 상승시(원)	10% 하락시(원)	수익률(%)	누적수익(원)	기간(일)	비고
2006	12	인큐브테크	1,109	1,220	998	9.6	10,960,000	3	
	12	디지털큐브	585	644	527	9.6	12,012,160	5	
2007	1	진도에프엔	3,150	3,465	2,835	9.6	13,165,327	10	
	1	영진약품	2,390	2,629	2,151	-10.4	11,796,133	7	손절
	1	엠텍비젼	12,300	13,530	11,070	9.6	12,928,562	17	
	1	소프트포럼	3,685	4,054	3,317	9.6	14,169,704	6	
	1	KH바텍	9,150	10,065	8,235	-10.4	12,696,055	4	손절
	1	성도이엔지	2,220	2,442	1,998	9.6	13,914,876	11	
	1	바이넥스	11,900	13,090	10,710	9.6	15,250,704	23	
	2	미디어플렉스	18,800	20,680	16,920	-10.4	13,664,631	11	손절
	2	큐앤에스	1,159	1,275	1,043	9.6	14,976,436	3	
	2	바이넥스	11,250	12,375	10,125	9.6	16,414,173	3	
	2	코아로직	20,750	22,825	18,675	9.6	17,989,934	5	
	3	미디어플렉스	15,350	16,885	13,815	9.6	19,716,968	5	
	3	인바이오넷	1,495	1,645	1,346	9.6	21,609,797	3	
	3	인터파크	4,660	5,126	4,194	9.6	23,684,337	23	
	3	동원수산	5,870	6,457	5,283	9.6	25,958,033	48	
	3	파라웰빙스	1,820	2,002	1,638	9.6	28,450,005	4	
	4	CMS	1,969	2,166	1,772	9.6	31,181,205	3	
	4	더존비즈온	2,500	2,750	2,250	-10.4	27,938,360	11	손절
	5	네티션닷컴	27,600	30,360	24,840	-10.4	25,032,770	27	손절
	5	코아정보	3,035	3,339	2,732	-10.4	22,429,362	4	손절
	5	코아로직	15,850	17,435	14,265	9.6	24,582,581	13	
	5	모젬	10,100	11,110	9,090	9.6	26,942,509	20	
	5	에이에스아이	15,800	17,380	14,220	9.6	29,528,990	3	
	5	티엔터	1,530	1,683	1,377	9.6	32,363,773	4	
	6	신지소프트	8,560	9,416	7,704	-10.4	28,997,940	2	
	7	네티션닷컴	22,400	24,640	20,160	9.6	31,781,743		
	7	UC아이콜스	2,905	3,196	2,615	9.6	34,832,790	2	
		합계				119.2		280	

*수익률에는 매매비용 0.4% 포함

그림 3-44 | 역발상 3점 기법을 활용한 10% 매매의 수익 그래프

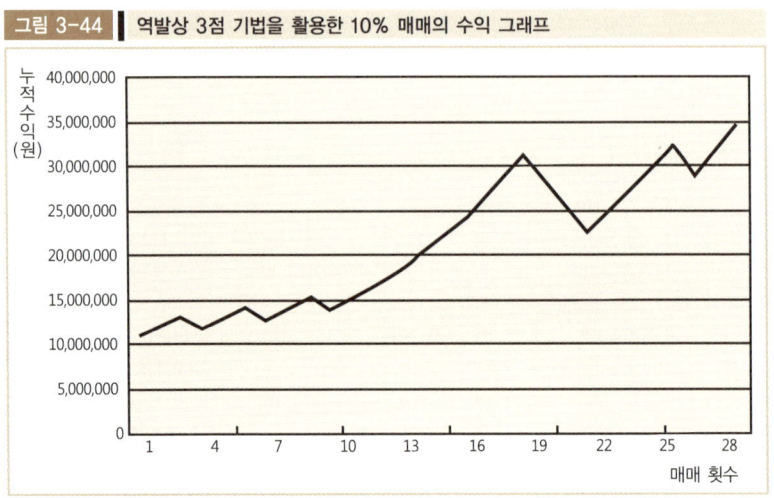

출처: 주식 동호회 '투자의 진실을 찾아서'

는 인간으로서의 감정과 다양한 변수들이 매매에 개입되어 기대한 성과를 얻을 수 없다. 특히 슈퍼수익을 추구하는 트레이딩 기법일수록 늘 높은 위험을 안고 있기에 손절매 등을 포함한 위험관리가 제대로 되지 않으면 한 방의 손실로 모든 것이 허망하게 무너질 수 있다.

시스템 트레이딩은 그 가능성과 한계에 관한 많은 논란에도 불구하고 트레이더의 유일한 대안이다. 시스템 트레이딩을 마치 현금인출기처럼 무한정 돈을 뽑아 쓸 수 있는 기계로 오해해서도 안 되지만, 훌륭한 트레이딩 로직을 사용하지 않고 반복되는 매매실수와 탐욕으로 발생하는 손실을 방치해서도 안 된다.

그렇다면 구체적으로 평범한 투자자의 트레이딩 기법은 어떤 특징을 가지는지 승률이 높은 매매기법과 수익/손실 비율이 높은 매

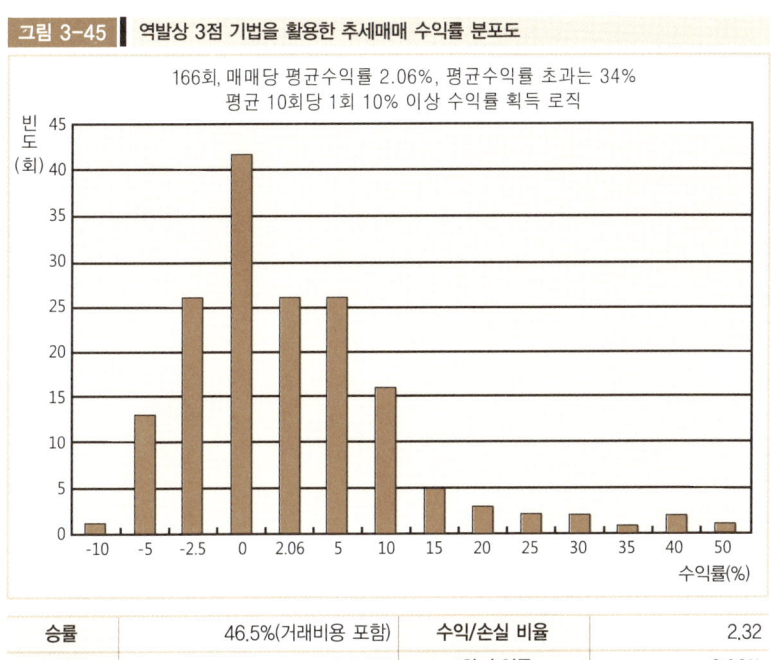

그림 3-45 | 역발상 3점 기법을 활용한 추세매매 수익률 분포도

출처: 주식 동호회 '투자의 진실을 찾아서'

매기법을 통해 살펴보자. 〈표 3-24〉와 〈그림 3-44〉는 '역발상 3점 기법을 활용한 10% 매매'로, 매수가 대비 10% 수익이 나면 매도하고, 10% 손실이 발생하면 손절을 하는 규칙을 가진 트레이딩 기법의 실제 매매 데이터다. 이 매매기법은 역발상 3점 기법이 과거 통계적으로 80% 확률로 저점 타이밍을 맞추는 것을 활용해서 손익비율은 1로 하고 승률을 높이는 방식으로 만들어졌다. 이 매매기법을 그대로 따라 했을 경우 누적수익률은 280거래일 동안 119.2%이며 원금 1,000만 원이 무려 3,483만 2,790원으로 3배 가까이 증가하는 것을 알 수 있다.

위 매매방식은 전형적인 '승률이 높은 매매기법'이다. 이렇게 손실과 이익 비율을 같이 할 경우 승률이 높으면 수익이 우상향하게 된다.

한편, 승률은 낮으나 손실보다 수익이 많아서 수익/손실 비율이 1보다 큰 매매의 경우는 〈그림 3-45〉와 같은 수익률 분포도가 발생한다.

이 수익률 분포도를 보면 전형적인 상승장의 수익률 분포도와 매우 유사한 모습이라는 것을 알 수 있다. 그러나 차이점도 있는데 실제 시장보다 손실이 작다는 것이다. 실제 시장에서는 50% 이상 손실이 발생하는 종목이 많지만 이 매매기법에서는 10% 초과 손실이 발생하는 종목이 없다. 그 이유는 손절매를 통해서 손실을 제한했기 때문이다. 승률은 낮은 대신 수익이 높은 트레이딩 로직으로 시장을 이기기 위해서는, 이익은 최대한 추구하고 손실은 인위적으로 제한하는 방식을 사용해야만 한다.

기계를 통한 시스템 트레이딩을 하건 인간이 직접 매매를 하건 트레이딩에서 손절매 규칙은 수익과 직접적으로 연결되는 아주 중차대한 문제다. 손절매의 마법을 극적으로 보여주는 예가 바로 홀짝시스템인데, 홀짝시스템이란 주사위를 던져 홀수(1, 3, 5)가 나오면 시가에 매수를 하고, 짝수(2, 4, 6)가 나오면 시가에 매도를 하는 방식의 시스템 트레이딩을 말한다.

국내에서 시스템 트레이더로 유명한 양영빈(필명: 띠봉선생) 씨가 이 홀짝시스템으로 주가지수 선물을 대상으로 테스트를 해본 결

| 그림 3-46 | 홀짝시스템의 수익과 손실 구조

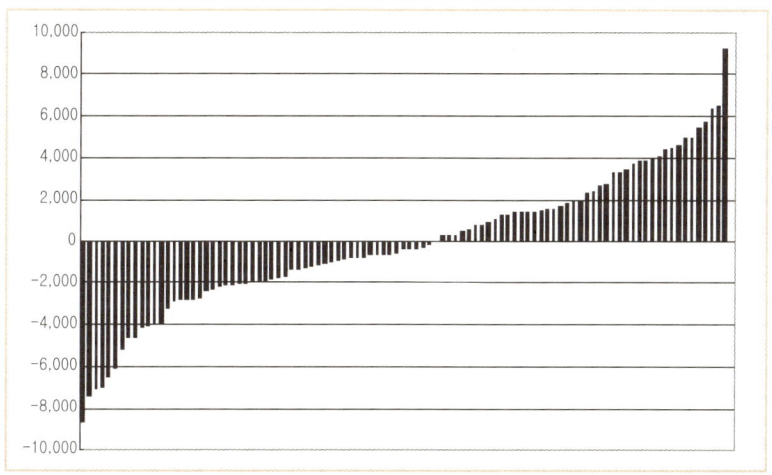

* 거래일: 1999년 1월 4일부터 2005년 6월 30일까지, 6년 6개월
* 수수료와 슬리피지(체결오차)는 0으로 가정
출처: 양영빈(필명: 띠봉선생)의 시스템 트레이딩, ㈜델타익스체인지
(http://www.thegosu.com)

| 그림 3-47 | 1%의 손절매 규칙을 적용한 홀짝시스템의 수익과 손실 구조

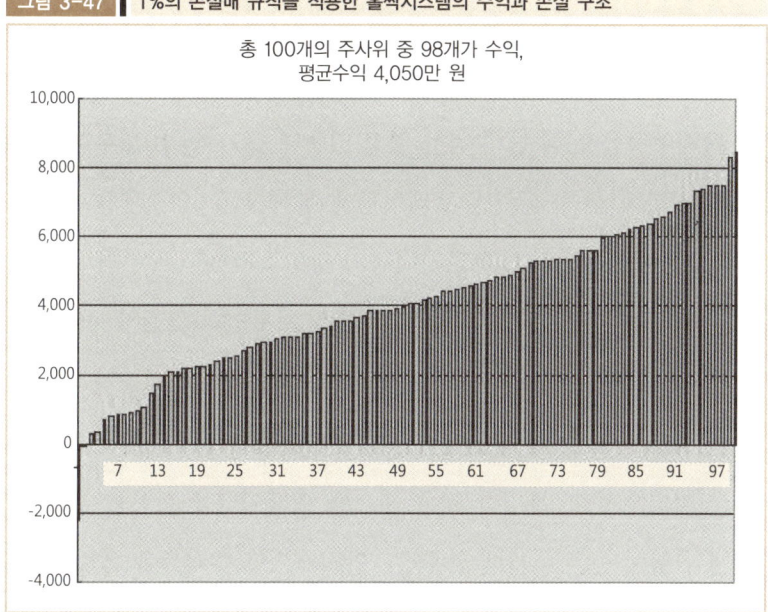

출처: 양영빈(필명: 띠봉선생)의 시스템 트레이딩, ㈜델타익스체인지
(http://www.thegosu.com)

과 수익률은 거의 0%로 나왔다. 즉 수익을 낼 확률도 50%이고, 손실을 볼 확률도 50%라는 것이다(그림 3-47 참조).

그런데 홀짝시스템에 매수가 대비 1% 손실이 발생하면 손절하는 단순한 규칙을 적용하자 수익률 그래프가 〈그림 3-47〉처럼 환상적으로 바뀌었다. 즉 시장이 아무리 랜덤하게 움직여도 손절매 규칙만 제대로 활용하면 꾸준히 안정적인 수익을 올릴 수 있다는 것이다.

결국 수익을 내는 매매기법은 주가가 오를지 내릴지 하는 방향을 맞추는 것이 아니라 손절매 규칙을 어떻게 활용해서 손실을 최소화하느냐에 달린 문제라는 결론을 얻을 수 있다.

현재 국내에는 이렇게 시스템 트레이딩을 통해 꾸준히 높은 수익률을 기록하고 있는 트레이더가 꽤 있다. 알바트로스라는 필명으로 활동하고 있는 세타파워(주) 대표이사 성필규 씨는 선물옵션 시스템 트레이딩을 통해 큰 수익을 얻고 있는데, 2004년 10월부터 2008년 10월까지 선물 시스템 트레이딩을 통해 356%의 누적수익률을 기록했으며, 옵션 시스템 트레이딩의 경우 2007년 6월부터 2008년 10월까지 814%라는 경이적인 수익률을 거두었다(그림 3-48, 49). 물론 선물옵션은 레버리지가 크기에 주식과 단순히 비교하기는 어렵고, 향후에도 이렇게 높은 수익률이 지속적으로 발생할 수 있을지는 미지수지만, 분명한 것은 시스템 트레이딩을 활용할 경우 이렇게 위험이 높은 투자대상에서도 안정적으로 수익률을 올릴 수 있다는 것을 실제로 확인시켜주는 예라고 할 수 있다.

그림 3-48 | 알바트로스 선물 시스템 트레이딩 수익률

출처: 포넷(http://www.fonet.co.kr)

그림 3-49 | 알바트로스 옵션 시스템 트레이딩 수익률

출처: 포넷(http://www.fonet.co.kr)

    그러나 한편으로 시스템 트레이딩에 대한 회의적인 시각도 분명히 존재한다. 시스템 트레이딩의 천국인 미국만 해도 경이적인 수익률을 보여주던 시스템들이 몇 년 만에 형편없는 성적을 보이면서 시장에서 퇴출되는 경우가 매우 흔하고, 앞에서 언급한 알바트로스 역시 2009년에 들어와서는 수익률이 최고점 대비 20% 이상 하락한 상태다. 즉 시스템 트레이딩을 통해서 단기적인 슈퍼수

익은 가능하더라도 여전히 장기적으로 시장을 이길 수 있느냐 하는 문제는 여전히 고민이 필요하다.

8) 결론 – 당신은 위대한 예술가인가, 평범한 화가인가?

누구나 단기간에 슈퍼수익을 기대하지만, 실제 슈퍼수익을 얻는 사람은 극소수다. 슈퍼수익을 얻기 위해서는 기본적으로 트레이더로서의 천재적인 재능과 자질을 갖추고 있어야 한다. 여기에 수익률이 우상향할 수 있는 독창적인 매매기법과 폭등하는 종목을 만난다면 최종적으로 위대한 트레이더가 될 수 있다. 그러나 실제 시장에서 트레이더들의 모습은 비참하기 그지없다. 몇 번의 작은 이익 뒤에 큰 손실 한 방으로 무너지기 일쑤이며, 그나마 남은 투자금마저 잦은 매매로 인한 거래비용으로 날리기가 다반사다. 이런 현상은 결국 트레이딩과 시장에 대한 이해가 부족하기 때문에 발생하는 것이다.

1%의 위대한 트레이더들과 달리 99%의 평범한 투자자에게 슈퍼수익은 우연한 행운이다. 따라서 평범한 투자자는 슈퍼수익을 기대하지 말고 안정적인 수익이 나올 수 있는 트레이딩 기법을 연구하는 데 힘을 쏟아야 한다. 물론 트레이딩 기법은 과거 시장의 데이터에서 도출된 규칙이거나 시장 상황에 따라 달리 적용되는 기술적 지표들을 주로 활용해서 만들어지기 때문에, 늘 변하는 미래 시장에서도 그 성과가 그대로 나타날 수는 없다는 문제점을 가지고 있

다. 또한 매매기법이라는 것이 특성상 진입과 퇴장 그리고 손절매 등의 규칙이 정해져 있는데 이 규칙들을 기계적으로 지키지 못하면 오히려 큰 손실을 입고 시장에서 즉시 퇴출될 수 있는 위험이 있다는 점도 무시할 수 없다. 수십 년간 다양한 매매기법과 트레이딩 기술이 발달하고 축적되어도 실제로 슈퍼수익을 얻는 사람은 늘 극소수에 불과하다는 사실은 트레이딩의 근본적인 한계를 보여주는 대목이다.

 슈퍼수익을 얻는 위대한 트레이더는 종종 위대한 예술가에 비유된다. 누구나 그림을 그릴 수 있지만 위대한 예술 작품은 소수의 몫이며, 누구나 공을 잘 던지는 법을 배울 수는 있지만 위대한 투수는 손꼽을 정도이다. 슈퍼수익을 꿈꾸는 트레이더라면 먼저 자신이 위대한 예술가인지 평범한 화가인지 스스로에게 물어보아야 한다.

 그 답이 평범한 화가라면, 즉 평범한 트레이더라면 스스로에게 다음 사실을 주지시켜야 한다. 99%의 평범한 트레이더는 그나마 객관적으로 검증된 트레이딩 기법으로 기계의 힘을 빌려서 매매하지 않고는 매매비용조차 감당하지 못한다는 점을 한시도 잊어서는 안 된다고.

평범한 투자자가 시장을 이기려면?

앞에서 우리는 시장을 이기는 다양한 적극적 전략들의 장단점에 대해서 살펴봤다. 어떤 주식접근법이건 시장을 이기는 것이 결코 만만치 않은 과제라는 것에는 대부분 동의할 것이다. 결국 '시장을 이기는 1%의 위대한 투자자가 될 것인가, 아니면 99%의 실패자가 되기보다는 시장 평균수익률에 만족할 것인가?' 라는 질문 앞에 서게 된다. 이에 대한 판단은 전적으로 투자자에게 달렸다.

다만 어느 쪽이건 생각보다 쉽지 않은 모험과 여정이 될 것이라는 점은 분명하다. 사실 거의 모든 개인투자자들은 스스로 인정하고 싶지 않겠지만 지극히 평범한 투자자로 분류된다. 따라서 시장을 이기려는 시도보다는 시장에 순응하고, 삶의 다른 가치를 추구하는 쪽이 더 합리적이다.

그러나 누구라도 시장을 이길 가능성은 항상 열려 있는 것이며, 심지어 평범한 투자자라도 객관적이고 과학적으로 주식시장에 접근한다면 위대한 투자자가 될 수도 있기에 미리부터 알파를 포기하거나 부정할 필요는 없다.

우리 모두 투자의 출발선에 있을 때는 누가 성공한 투자자가 되고 누가 평범한 투자자에 그칠지 아무도 알 수 없다. 설령 투자를 시작한 지 몇 년이 지나도록 알파를 얻지 못했다고 하더라도, 또한 자신에게 특별함이 없다고 느낄지라도 실패자라고 단정지을 필요는 없다. 위대한 투자자로 인정받는 시점은 출발점이 아니라 도착점이기 때문이다. 그러나 알파를 얻고자 한다면 적어도 아래의 사항들은 필수적으로 확인하고 넘어가야 한다.

가. 단기간에 시장 대비 높은 초과수익을 얻을 것인가? 아니면 장기적으로 꾸준히 시장을 이길 것인가? 절대적인 수익률을 목표로 할 것인가? 하는 투자 목표를 명확히 해야 한다.

만약 단기간에 높은 수익이나 절대적인 수익률을 추구한다면 일시적으로 고수익이 나는 매매기법에 현혹되지 말고 검증된 매매기법을 찾아서 기계적인 트레이딩을 해야 한다. 특히 시스템 트레이딩은 인간의 한계를 극복하는 최선의 대안이 될 것이다. 그러나 단기간에 시장을 이기는 방식으로는 결코 장기간 시장을 이길 수 없다는 점도 잊지 말아야 한다. 장기간 알파를 지속적으로 얻고자 한다면 트레이더가 아닌 투자자가 되어야 한다.

나. 트레이더건 투자자건 목표한 성과를 달성하기까지는 늘 자신의

원칙을 꾸준히 그리고 성실하게 고수할 수 있어야 한다. 모든 위대한 투자자들과 트레이더들의 공통점은 시장을 이기는 투자원칙을 흔들림 없이 확고하게 지켰다는 것이다. 과거에 아무리 화려한 성공신화를 남겼다고 하더라도 원칙을 지키지 못하는 순간 바로 실패한 투자자로 전락하게 된다.

다. 지금까지 장기간 시장을 이긴 투자자 또는 트레이더들은 둘 중 하나였다. 개인적으로 특별한 능력을 소유한 사람이거나 객관적으로 검증된 전략을 사용한 사람이다. 만약 워렌 버핏이나 조지 소로스와 같은 행운아가 되고자 한다면, 적어도 나에게 투자에 관한 비범한 재능이 있고 항상 행운의 여신이 나를 따라다닌다는 확신이 있어야 한다. 평범한 투자자가 위대한 투자자들을 흉내내봐야 시장을 이길 확률은 거의 제로다.

그럼에도 불구하고 위대한 투자자들의 투자전략에서 힌트나 아이디어를 얻어 시장을 이기고자 한다면, 그들의 투자철학을 맹목적으로 추종하기보다 시장 상황과 자신의 투자 스타일에 맞게 변형하는 것이 필요하다. 물론 이렇게 하더라도 역시 시장보다 높은 수익을 지속적으로 낼 가능성은 복권 1등 당첨 확률과 비슷하다.

라. 10년 이상 시장 대비 초과수익을 올린 위대한 투자자 내지 트레이더들의 주식접근법에는 사실상 공통점이 없다. 벤저민 그레이엄은 자산가치와 안전마진에 초점을 맞춘 가치주 방식으로 시장을 이겼고,

워렌 버핏은 강력한 프랜차이즈 가치를 갖춘 장기성장주 위주로 집중투자를 해서 위대한 투자자의 반열에 올랐다. 에드워드 소프는 분산투자와 켈리 공식을 활용한 헤지펀드 매니저로서 월스트리트에서 그 어떤 펀드매니저보다 가장 안정적으로 수익을 창출했으며, 줄리안 로버트슨은 전 세계 주식시장을 대상으로 세계 최대의 헤지펀드를 운용하면서 연간 43%의 놀라운 수익률을 기록했다.

즉 어떠한 방식으로도 시장을 이길 수 있다는 점에서 특정한 방식(예를 들어 가치 투자만 또는 차트 투자만)이 더 우월하다거나 성과가 좋다는 편견은 버려야 한다.

마. 평범한 투자자가 시장을 이길 수 있는 유일한 방법은 기존의 성공한 투자자들을 따라 하는 것이 아니라 객관적으로 검증된 투자전략을 사용하는 것이다. 과거의 방대한 주가 자료를 바탕으로 도출된 '계량적 투자전략'은 강력한 경험적 근거와 함께 '보편성과 일반성'을 가진다. 또한 이런 투자전략은 누구나 쉽게 따라 할 수 있다는 장점이 있다.

이미 앞에서 다룬 '가치주 효과'나 '소형주 효과', '역발상 효과', '저PER주 효과' 등은 과거의 주식시장에서 시뮬레이션한 결과 시장 대비 초과수익을 올린 대표적인 '계량적 투자전략'이다. 따라서 이렇게 객관적으로 입증된 전략들을 찾아 실제 시장에서 실천한다면 위대한 투자자들이 거둔 수익까지는 아니더라도 시장을 이기는 기쁨을 맛볼 수 있다.

그리고 마지막으로 꼭 생각해볼 문제가 있다. 과연 시장을 이겨야만 성공하는 투자인가 하는 것이다. 시장을 이기기 위해서는 수많은 시간을 주식과 함께 지내야 하고, 비용도 만만치 않게 들어간다. 즉 시장 대비 초과수익을 얻었다고 하더라도 결과적으로 투자된 시간과 비용을 고려했을 때 상처뿐인 영광이라면 의미가 없는 것이다. 고작 1~2%의 초과수익을 더 얻고자 몇 년간 수업료를 바치고 내 삶의 많은 부분을 희생한다면 얻은 것에 비해 대가가 너무 비싸다. 또한 설령 모든 것을 보상해줄 정도의 초과수익을 얻었다고 하더라도 이것이 주식투자의 전부는 아니다.

투자의 세계에서 가장 중요한 것은 각자 자신이 원하는 투자 목표를 설정하고, 그 목표를 이룰 수 있는 최적의 투자전략을 찾는 것이다. 시장 대비 초과수익을 얻고자 하는 투자자라면 앞에서 다룬 적극적 전략들을 활용해서 시장을 이기려고 노력하는 것이 올바른 방향이겠지만, 모든 투자자가 그럴 필요는 없다. 매년 20%의 절대수익률을 추구하는 투자자에게는 오히려 시장을 이기는 전략보다는 어떠한 시장 환경에서도 20%의 수익을 확보할 수 있는 전략이 필요하다. 또한 시장 평균수익률만으로도 족하다면 종목선택 전략이나 마켓타이밍 전략은 전혀 몰라도 상관없다.

투자란 결국 삶을 풍요롭게 만들기 위한 도구이자 수단일 뿐이다. 알파 또는 더 높은 수익에 얽매여서 다른 삶의 가치를 잃어버린다면 과연 행복한 삶이라고 할 수 있을까? 시장을 이긴 투자자들은 당연히 존경받아야 마땅하겠지만 그렇다고 그들만이 이 게임의 승자일 수는 없다. 자신의 투자 성과에 만족하고 인생과 주식을 즐길 줄 안다면 그런 사람이야말로 진정으로 성공한 투자자이다.

심층 지식_
진정한 마법의 공식을 찾아

굳이 비유를 하자면, 세계 주식시장에서 미국 시장은 삼성전자와 같은 업종대표주들로 구성된 시장으로 표현될 수 있고, 국내 주식시장은 코스닥의 개별주 시장과 비슷하다. 업종대표주는 누가 의도적으로 주가를 왜곡하거나 장난을 치기엔 너무 덩치도 크고 만인에게 분석대상이 되므로 매우 효율적으로 움직인다. 그러나 코스닥의 테마주는 농간이 개입될 여지가 많고 비효율적인 요소가 많다. 이것이 바로 미국 시장과 한국 시장의 차이다.

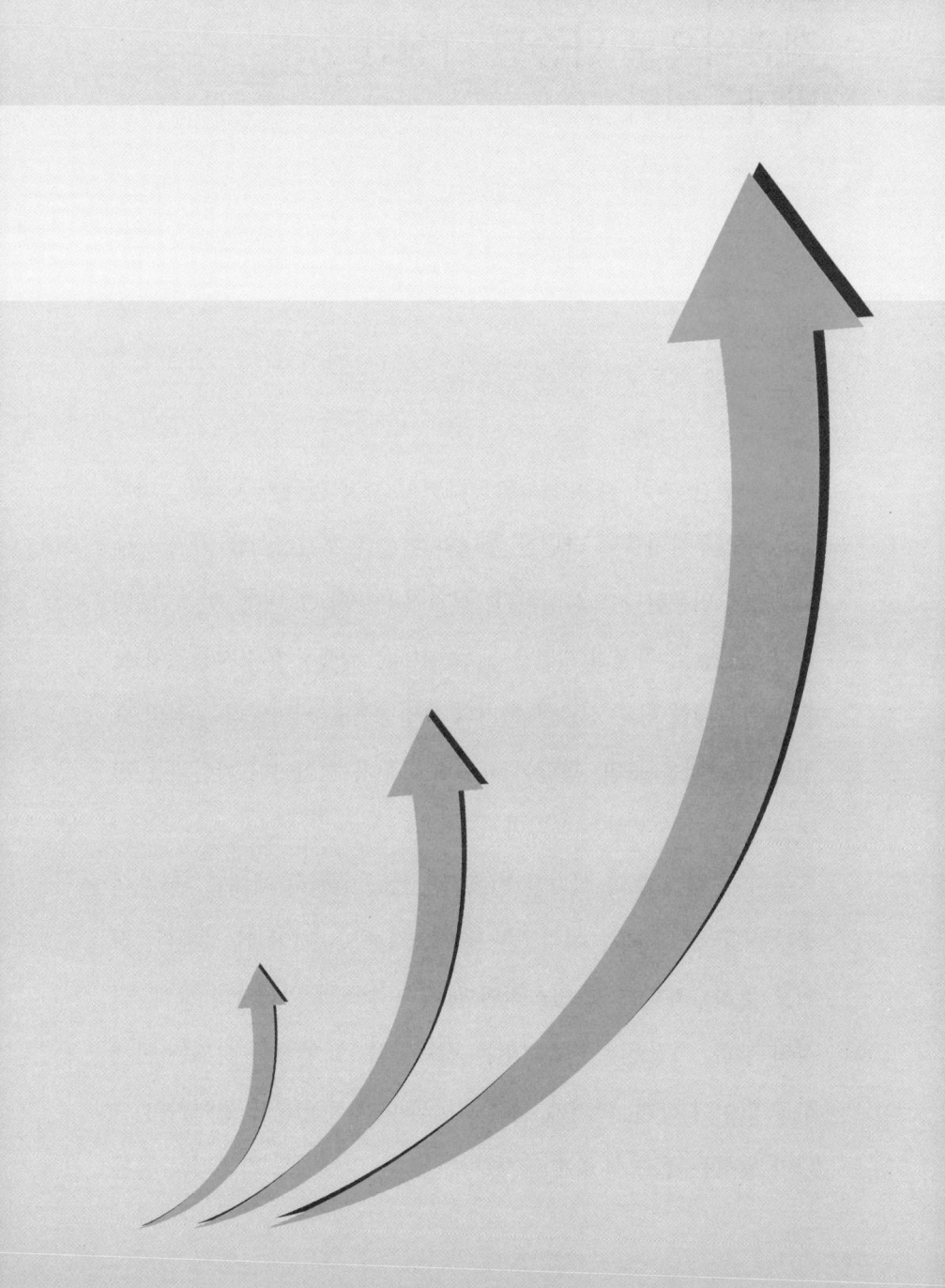

과학적 주식투자 _
객관적으로 입증된 사실만
받아들여라

　십여 년간 주식 전문가로 활동하면서 가장 안타까운 점은, 대부분의 개인투자자들이 막연한 기대와 어설픈 투자상식을 가지고 주식시장에 입문한다는 사실이다. 심지어 IMF와 IT 버블, 9·11테러까지 그야말로 격정의 시간을 모두 지나온 베테랑 투자자들조차 보유종목에 대한 향후 진로를 묻거나 유망종목을 찍어달라는 식의 요청을 하는 것을 보면, 정말이지 실력은 투자 경험이나 기간과는 전혀 관계가 없구나 하는 생각마저 든다.

　특히 같은 실수와 실패를 반복하면서도 여전히 제대로 된 주식공부는 한 번도 해볼 생각조차 하지 않는다는 것이 더 문제다. 적어도 주식투자의 가장 기초적인 상식―수익과 위험과의 관계, 역사적 성과, 시장을 이길 수 있는 방법들과 그 한계―정도는 이해하고 있어야 하며, 여기에 실전 경험과 이론적 연구를 쌓아가야 그나마 원하는 투자 목표에 다가갈 수 있다. 그런데도 기본기는 물론 어떻게 접근해야 할지 방법론조차 없다 보니 10년을 투자해도 여전히 안개 속을 걷는 기분이 드는 건 당연한 일이다.

객관적 자료와 실증적 분석을 기반으로 하는 과학적 주식투자를 강조하는 이유는 바로 이런 개인투자자들의 잘못된 투자지식과 습관이 바뀌길 바라는 마음에서다. 일반적으로 과학적 방법론이란, 경험적 증거들을 귀납적으로 도출해서 하나의 이론 내지 가설을 만들어 세계를 설명하고 이해하는 것이다. 그래서 과학적 방법론이라고 하면 관찰, 이론, 실험, 재현에 이르는 과정 모두를 말한다. 물론 주식시장과 같은 사회 현상은 자연의 세계와 달라서 이런 과학적 방법론이 그대로 적용되기 어려운 부분이 많다. 물리학 법칙과 달리 주식과 관련된 이론이나 법칙은 과거에 100%의 확률로 적중했다고 하더라도 미래에는 틀릴 가능성이 있다. 그러나 이런 한계에도 불구하고 '증거와 실증'이라는 과학적 접근법은 주식투자자가 갖추어야 할 필수적인 요소다.

일반적으로 주식시장은 카오스^{Chaos}와 같은 복잡계에 비유된다. 그래서 일테면 일기예보처럼 정확하게 미래를 계산할 수 없다. 우리가 자주 듣는 '나비효과'처럼 한국에서 발생한 아주 사소한 사건이 전 세계 증시를 폭락하게 만들 수 있는 것이 바로 주식시장만이 가지는 고유한 특성이다. 이런 카오스적인 움직임 탓에 아직까지 주식시장은 절대 예측불가능한 신의 영역으로 남아 있다. 물론 장래에 더 많은 연구가 이루어지면 주식시장의 모든 움직임이 낱낱이 방정식으로 표현될 수 있을지 모르겠지만, 현재로서의 주식시장은 논리적 또는 수학적으로 완벽하게 해부할 수는 없는 곳이다. 그렇지만 주식과 관련되어 제기되는 온갖 주장들의 진위를 밝히고, 시장에 난무하는 각종 기법들의 장단점을 파악하기 위해서는 오로지 '경험적 증거'를 바탕으로 실증적 분석을 해야만 한다.

주식시장만큼 다양한 주장들이 난립하는 곳도 없다. 그런데 우스운 것은 겉은 화려하고 그럴싸해 보이는 그 주장들이 사실상 입증자료를 갖추고 있지 못하다는 것이다. 사정이 이러한 탓에 개념이 덜 잡힌 초보 투자자들은 공허한 말장난에 속기 쉽다. 저 방법이 멋져 보이고 이 이야기가 와닿는다며 흔들리기만 할 뿐 중요한 것은 느낌이나 감동이 아니라 '객관적 사실'이라는 것을 깨닫지 못한다.

또한 주식시장처럼 혼란스러운 곳도 없다. 누구는 팔라고 하고 누구는 사라고 하며, 누구는 시장이 하락할 것이라고 하고, 누구는 폭등할 것이라고 한다. 어떤 사람은 장기투자로 망했다고 하고 또 다른 이는 장기투자만이 유일한 투자방법이라고 강조한다. 이렇게 서로 자신의 말이 맞다고 싸우고 자신이 지지하는 진영의 입장만을 외치고 있으니 과연 누가 옳고 그른 것인지 판단하기가 어렵다. 이럴 때 필요한 것이 바로 '실증적 데이터'다.

개인투자자들은 여전히 주식시장에 대해 신통력을 발휘할 수 있는 무당이 있다고 믿는 것 같다. 그래서 자신이 보유한 종목의 미래를 보여주고 대박을 줄 수 있는 종목을 족집게처럼 뽑아줄 수 있는 사람을 찾는다. 하지만 실제로 그런 초자연적인 능력이 객관적으로 입증된 경우는 한 번도 없다. 오히려 그런 심리를 노려 신통방통한

처녀보살인 양 행세하는 소위 사이비 전문가나 엉터리 고수들이 즐비한 곳이 주식시장이다. 따라서 아무리 수려한 언변을 펼쳐도 맹목적으로 수긍하지 말고 늘 비판적으로 접근해야만 아까운 시간과 돈을 낭비하지 않을 수 있다.

모두가 의심 없이 받아들이는 것일수록 더욱 회의적인 시각에서 검토해야 하는 것이 과학적 주식투자를 지향하는 투자자의 자세다. 상술과 마케팅에 세뇌되지 않으려면 언론에서 떠드는 고수나 대다수가 추앙하는 위대한 투자자들의 투자방법론조차 의심해야 하며, 오로지 '객관적으로 입증된 사실'에만 근거하여 진실로 인정해야 한다. 그렇지 않으면 근거 없는 매매기법이나 특수한 상황에서의 성공담에 도취되어 주식시장에서 호구 노릇만 하다가 사라지게 된다.

보통 초보자들이 주식투자를 시작하면 가장 먼저 배우는 것이 '종목을 선택하는 법' 그리고 '타이밍을 잡는 법', '손절매 방법' 등이다. 주변에서도 그렇게 말하고 증권방송이나 TV에 나오는 주식 관련 프로그램을 봐도 이런 이야기들뿐이며, 강연회나 투자실명회에서도 '주식투자에 성공하려면 종목을 잘 선택해야 한다', '타이밍이 모든 것이다', '손절매는 필수적이다'라는 판에 박힌 이야기만 듣게 될 뿐이다.

그러나 '종목을 잘 선택해서 수익이 나는 경우'보다는 오히려 '종목선택에 실패해서 수익이 나지 않는 경우'가 훨씬 더 많다는 것은 알려주지 않으며, '타이밍이 모든 것'이지만 '그 타이밍 때문에 오히려 수익을 잃게 되며', '근거 없는 손절매로 인해 손실이 누적되고 잦은 매매로 인해 매매비용만 증가한다'는 것은 알려주지 않는다. 더욱이 문제는 증권방송이나 신문 등에 나오는 주식 전문가라고 불리는 사람들 대다수가 '종목선택이나 타이밍 그리고 손절매 전략이 가지는 치명적인 문제점'에 대해 전혀 모르고 있다는 것이다.

분명히 주식으로 수익을 얻는 방법은 다양하다. 그러나 가장 확실하게 주식으로 수익을 얻는 방법은 오히려 신문이나 TV에서 주장하는 바와는 정반대로, 어떠한 특별한 기법도 필요치 않다는 것을 우리는 알아야 한다. 그저 시장 평균수익률 정도만 얻어도 이 시장에서 상위 1%의 투자자가 될 수 있다는 것이 주식시장 궁극의 투자의 진실이다.

또한 시장을 이기는 방식과 관련해서도 투자의 혜안이나 예지력, 특별한 자질 등에 의지한 질적, 정성적 접근법이 강조되고 있다. 그러나 이런 모델은 개인의 주관적 능력에 따라 성과가 달라지는 등의 문제가 있어서 일반 투자자가 이 접근법으로 시장을 이기기엔 무리가 많다. 그런데도 특정한 투자자의 투자철학과 투자방식만을 금과옥조처럼 받들면서 어리숙한 개인투자자를 유혹하는 장사꾼들이 너무나 많다. 어떤 투자전략이나 매매기법이 왜 수익이 나는지, 과거에 어떤 성과를 보였는지, 누구에게나 같은 결과를 가져올 수 있는지 여부를 객관적으로 검증하고 설명해주지 못한다면 그것은 엉터리이자 사기에 불과하다.

과학적 주식투자를 강조하는 이유는, 적어도 어떤 주장이 진실을 말하는가의 여부는 오로지 실증적 증거에 기초해서 판단해야 하기 때문이다. 객관적 자료에 근거하지 않는 한 그 주장은 주식투자의 세계에서 철저하게 배척해야 한다. 진정으로 성공하는 투자자가 되고자 한다면 경험적으로 확인될 수 있는 것들만 신뢰하고, 과학적 방법으로 투자전략과 매매기법을 정립해야 한다는 점 다시 한 번 강조한다.

데이터마이닝의 허와 실

데이터마이닝이란 광부가 석탄을 캐듯이 과거의 데이터들을 수집하는 것을 뜻한다. 과학적 주식투자를 하기 위해서는 객관적 사실을 알아야 하고, 그러기 위해서는 최대한 많은 양의 의미 있는 데이터가 확보되어야 한다. 때문에 데이터마이닝은 과학적 주식투자를 지향하는 모든 투자자들이 반드시 거쳐야 하는 작업이다. 그러나 아무리 방대한 규모의 자료를 모았다고 해도 그 자료를 잘못 해석한다면 오히려 투자의 진실에서 더 멀어질 수 있는 위험 역시 도사리고 있다.

데이터마이닝은 투자의 진실을 보여주는 가장 효과적인 도구이지만, 반대로 그 장단점을 제대로 파악하지 못하는 경우에는 엄청난 재앙으로 다가올 수 있다. 데이터마이닝의 가장 큰 함정은 데이터의 기간과 개수, 구성 방법에 따라 전혀 다른 결론을 이끌어낼 수 있다는 것이다.

그림 4-1 | 미국과 우리나라의 연도별 주가 변화

미국 S&P500지수의 연도별 최고 수익률과 최악 수익률

구분	1924년~2004년	1950년~1994년
최고 수익률(%)	54	52.6
최악 수익률(%)	-43.3	-26.5

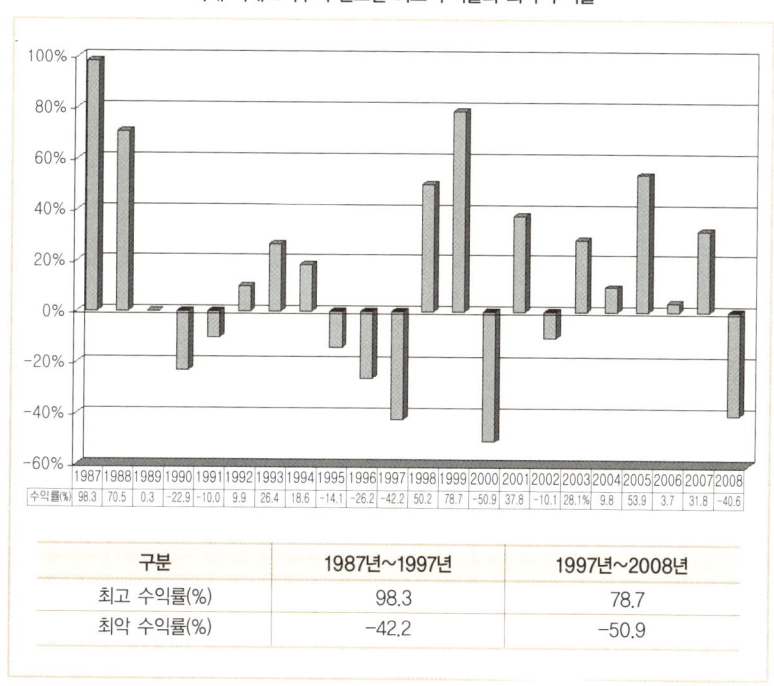

국내 거래소지수의 연도별 최고 수익률과 최악 수익률

연도	1987	1988	1989	1990	1991	1992	1993	1994	1995	1996	1997	1998	1999	2000	2001	2002	2003	2004	2005	2006	2007	2008
수익률(%)	98.3	70.5	0.3	-22.9	-10.0	9.9	26.4	18.6	-14.1	-26.2	-42.2	50.2	78.7	-50.9	37.8	-10.1	28.1	9.8	53.9	3.7	31.8	-40.6

구분	1987년~1997년	1997년~2008년
최고 수익률(%)	98.3	78.7
최악 수익률(%)	-42.2	-50.9

출처: 주식 동호회 '투자의 진실을 찾아서'

표 4-1 | 지난 48년간 자산별 수익률 비교(1945~1992년)

자산별 구분	매년 평균수익률(%)	위험(표준편차, %)
이머징마켓 주식시장	16	29.6
일본 주식시장	15.9	35.4
미국 주거용 부동산	7.3	4.0
금	4.9	26.0
은	4.2	56.2
인플레이션(물가상승률)	4.5	1.7

출처: Morgan Stanley Capital International

〈그림 4-1〉처럼 미국과 우리나라의 연도별 주가 변화를 보면, 그 기간을 어떻게 잡느냐에 따라 주가의 변동성에 큰 차이를 보인다. 또한 장기간의 데이터라고 해서 신뢰도가 더 높은 것도 아니다. 〈표 4-1〉처럼 48년 동안 일본 주식시장은 매년 평균 16%의 수익률을 기록했지만 1990년대 이후 20여 년간 하락장이 펼쳐지면서 고점 대비 70% 이상의 하락을 보였다. 반대로, 금과 은은 높은 변동성과 낮은 수익률로 외면당했지만 2000년대 이후 상품시장의 폭발로 인해 최근 가장 유망한 투자대상 중 하나로 부상했다.

〈그림 4-2〉의 일본 주식시장과 금의 비교를 통해서 알 수 있듯이 단순히 데이터의 양이 많거나 과거의 기간을 늘려서 데이터를 수집한다고 해서, 시장을 더 잘 예측하거나 기존의 실증적 사실을 더 강하게 지지해주지는 못한다는 점을 알 수 있다. 오히려 기존의 일반적인 주장을 뒤엎는 새로운 데이터가 나오기 때문에 데이터마이닝을 통한 분석을 위해서는 끊임없이 새로운 자료를 갱신해야 하는 문제점이 있다.

데이터마이닝의 또 다른 단점은 투자자를 기만하고 오도하는 데 역이용된다는 것이다. 대표적인 예로, 적극적 투자전략을 사용하는 진영에서는 자신들의 성과를 부풀리기 위해 자료를 왜곡하거나 숨기는 경우가 종종 발생한다.

〈그림 4-3〉은 펀드매니저에 의해서 운영되는 액티브형 펀드의 성과를 보여주는 자료다. 왼쪽은 35년간 생존한 펀드만을 대상으로 분석한 결과인데 시장을 이긴 펀드의 확률이 18%로 매우 높다. 그

그림 4-2 | 일본 주식시장과 금의 연도별 수익률

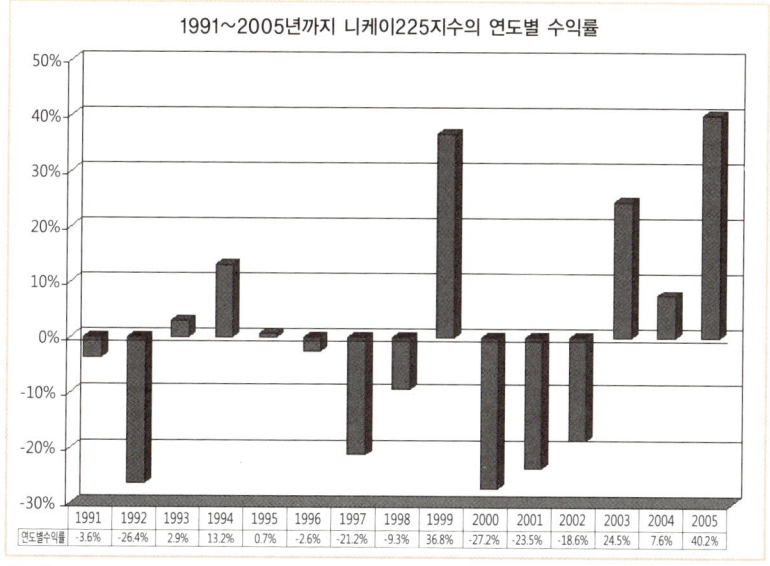

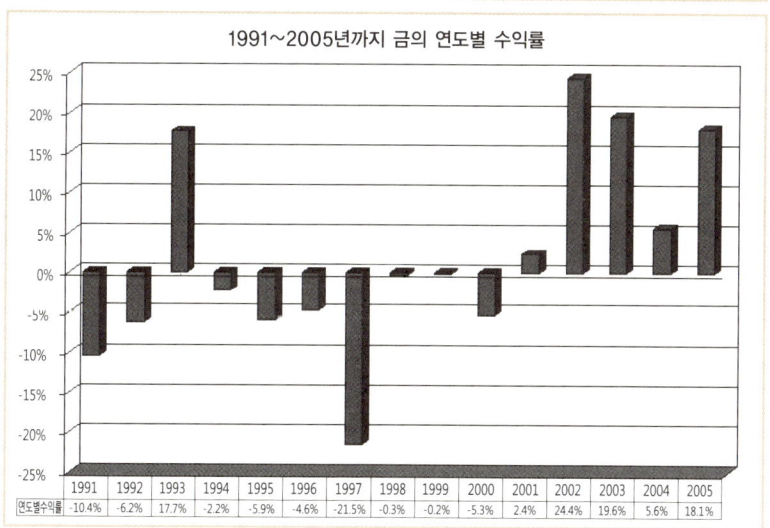

출처: Global Financial Data

일본 주식시장과 금의 기간별 수익률 비교

구분	1945~1992년	1991년~2005년	1991~2005년까지의 누적수익률
일본 주식시장(%)	15.9	-0.4	-6.4
금(%)	4.9	2.1	31.2

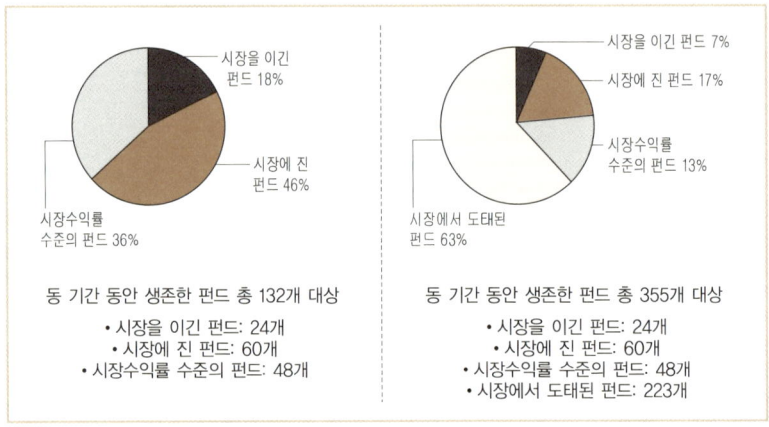

출처: Bogle Financial Markets Research Center

런데 오른쪽에서 보듯 동 기간 시장에서 사라진 펀드까지 합칠 경우 시장을 이긴 펀드는 7%에 불과하다는 것을 알 수 있다. 물론 이 자료는 인덱스 펀드를 주창하는 보글주식시장연구소에서 나온 자료이지만, 다른 많은 연구기관들과 학계의 연구성과를 보더라도 위와 유사한 결과가 도출된다는 점에서 자료의 신뢰성이 인정된다.

또한 데이터마이닝은 종종 문제를 해결하기보다는 오히려 골칫거리를 만들기도 한다. 〈그림 4-4〉를 보면 주식시장에는 모멘텀 효과와 역발상 효과가 모두 유효한 것으로 나온다. 같은 주식시장에서 이렇게 서로 상반된 결과가 나왔을 경우 우리는 객관적 근거를 확인해서 그 진위를 가려야 하는데, 이 두 주장 모두 기본적으로 '객관적이고 경험적인 사실'에 근거하고 있기에 어느 한쪽의 손을 들어줄 수가 없는 입장이다. 데이터마이닝을 통해 실증적인 결론을

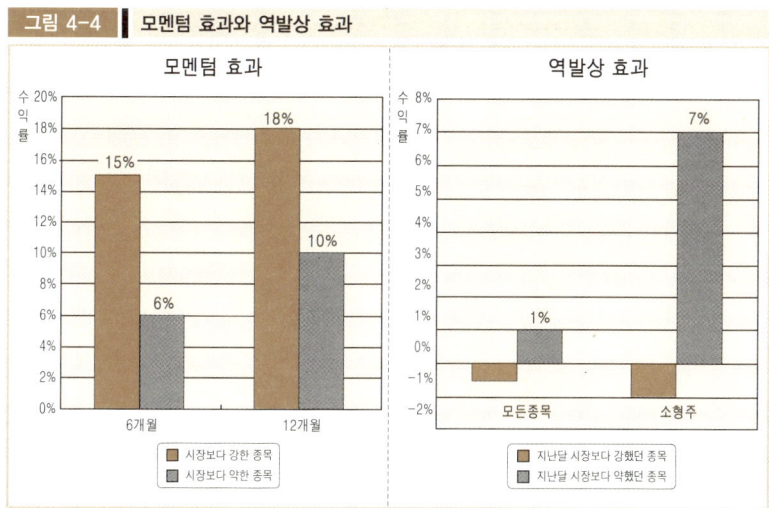

출처: In 1993, Professor Jegadeesh of UCLA and Professor Titman of Hong Kong University of Science and Technology

출처: Assoe, K. and O. Sy, 「Profitability of the short-run contrarian strategy in Canadian stock markets」, 『Canadian Journal of Administrative Sciences』, 2003

얻고자 했으나 오히려 혼란만 가중된 꼴이다.

이처럼 데이터는 그 자체로는 진실만을 말하지만, 그것을 어떻게 다루느냐에 따라 거짓을 지지하는 근거로 사용되기도 하고, 때로는 정반대의 주장을 동시에 입증함으로써 투자자들을 당혹스럽게 만들기도 한다.

그러나 이런 단점과 한계에도 불구하고 과학적 주식투자를 하기 위해서 데이터마이닝은 필수적이다. 주식시장은 어떠한 과학적이고 수학적 분석을 통해서도 정확한 미래 예측이 불가능하기에, 경험적 사실에 근거해서 각각의 주장들을 파헤치고 미래를 통찰할 수밖에 없다. 마코위츠의 분산투자 이론부터 폴 새뮤얼슨의 인덱스 투자 이론까지 노벨경제학상을 받은 수많은 주식투자 이론들 모두 결국 데이터마이닝을 통해 과거의 데이터를 수집해서 정립된 것들이다.

투자대상별 수익률 실제

〈표 4-2〉에서 보듯이 역사적으로 주식은 다른 어떠한 투자대상보다 높은 수익률을 기록했다. 그러나 투자시기에 따라 채권이나 부동산이 월등히 높은 수익률을 보인 구간도 존재한다. 가령 2000년 이후만 본다면 2005년경까지 부동산이 가장 높은 상승률을 나타냈다.

이 장에서는 주식과 다른 투자대상과의 수익률 비교를 통해 주식투자의 장단점을 꼼꼼히 살펴보도록 하겠다.

표 4-2 | 미국 자산별 수익률 비교(1945~1992년)

수익률 순위	자산	근거지수	1945~1992년까지 연평균 수익률(%)
1위	주식	S&P500지수	11.7
2위	부동산	다우존스 월셔 부동산지수	7.6
3위	채권	리만 미국 채권지수	4.9
4위	원자재	다우 AIG 상품지수	4.9
5위	예금	91일 T-bill지수	4.5

그림 4-5 | 미국 자산별 수익률 그래프(2000~2005년)

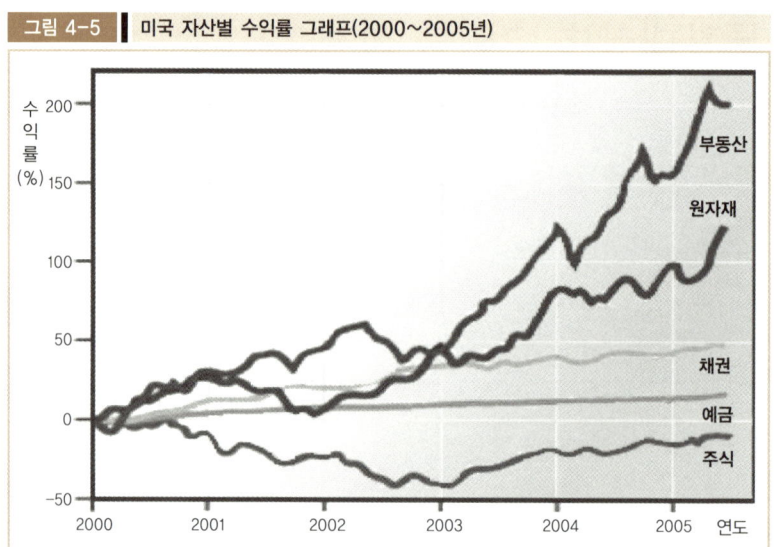

자료: 다우존스 윌셔 부동산지수, 다우 AIG 상품지수, 미국 채권지수, 미국 T-Bill지수, S&P500지수

1) 주식투자 vs. 채권투자

보통 주식투자와 가장 많이 비교되는 것이 채권투자(금리)다. 미국 시장을 보면 1970년대를 제외하고는 주식이 채권보다 수익률이

표 4-3 | 미국에서 주식투자와 채권투자의 수익률 비교(1950년대~1990년대)

	주식 수익률(%)		채권 수익률(%)	
	누적	연평균	누적	연평균
1950년대	486.5	19.4	10.5	1.0
1960년대	112.1	7.8	18.1	1.7
1970년대	76.8	5.9	83.1	6.2
1980년대	398.1	17.4	240.2	13.0
1990년대	432.3	18.2	132.4	8.8

표 4-4 | S&P500과 채권과의 누적수익률 비교

(단위: 달러)

구분	주식(S&P500지수)	채권(T-bond)
1928년	143.18	100.84
2008년	112,968.13	6,013.10

*1928년 초 100달러를 각각 투자했을 경우

높았다.

특히 1980년대는 채권금리도 매우 높았지만 주가도 그에 못지않은 상승을 보였다. 금리와 주가는 반비례라는 통설은 〈표 4-3〉을 보면 신빙성이 떨어진다는 것을 알 수 있다. 채권이 주식보다 수익률이 높았던 1970년대에도 주식과 채권의 수익률에는 큰 차이가 없었다. 즉 역사적으로 볼 때 10년 정도의 투자기간을 놓고 보면 주식투자가 채권투자보다 월등히 유리했다는 것이 드러난다. 참고로 1928년부터 2008년까지 주식과 채권의 누적수익률을 보면 19배의 차이가 난다.

2) 주식투자 vs. 부동산투자

주식과 자주 비교되는 투자대상으로 부동산을 빼놓을 수 없다. 그러나 부동산은 종류도 다양하고 지역별로 가격편차도 심해서 주식투자와의 객관적인 비교가 어렵다는 단점이 있다. 또한 부동산투자는 대출 등의 레버리지 비율이 높다 보니 이를 고려하지 않을 경우 수익률이 과다하게 산정되는 오류가 발생한다. 〈그림 4-6〉의

그림 4-6 미국 주식시장과 부동산시장의 수익률 비교(1987~2007년)

* 1987년 1달러를 기준으로 하였다.
출처: www.equityscout.com

1987년부터 2007년까지 미국의 주식과 부동산의 수익률 비교 자료를 보면, 레버리지가 있는 경우와 없는 경우의 수익률이 크게 차이가 난다.

그래서 주로 리츠REITs나 부동산지수 등을 기준지표로 활용하는데 아무래도 전체 부동산 가격의 흐름을 대표하기엔 미흡하다는 점도 참고해야 한다.

국가별로 약간의 차이는 있지만 선진국 시장에서는 당연히 주식이 부동산보다 높은 수익률을 보인다. 그러나 앞에서 다룬 것처럼 투자기간에 따라 예외적인 경우도 있다. 만약 IT 버블이 발생했던 2000년에 국내 코스닥시장에 투자를 했다면 2007년에 약 77%의 손실을 보았겠지만, 같은 기간 전 세계적으로 주택 가격은 작게는 27%에서 많게는 140%까지 상승했다. 8년이라는 시간은 투자기간

그림 4-7 | 전 세계 각국의 주택 가격 상승률(2000~2007년)

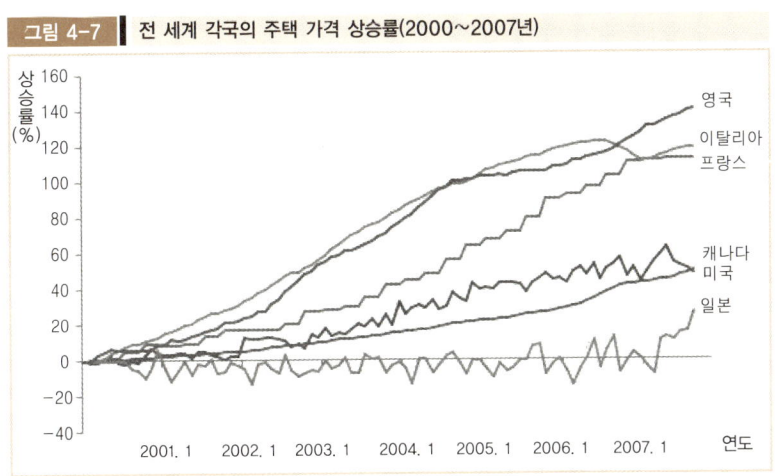

출처: http://seekingalpha.com

국가	기준지표	7년간 누적 수익률(%)
영국	Nationwide Home Price Index	140.4
이탈리아	Property Price Index	119.2
프랑스	House Price Index	112.9
캐나다	House Price Index	50.1
미국	New Home Average Price	48.95
일본	Tokyo Condo Price Index	27.0

동 기간 다른 투자대상 수익률

자산 구분	기준지표	7년간 누적수익률
국내 주식(거래소)	KOSPI	32.3
국내 주식(코스닥)	KOSDAQ	-77.7
미국 주식	S&P500지수	3.2
일본 주식	니케이225	-11.0
원유	Crude Oil 1배럴당	100
금	온스당 US달러 기준	132.1

으로 볼 때 결코 짧은 시간은 아니다.

〈그림 4-7〉을 보면 2000년부터 2007년까지 영국, 이탈리아, 프랑스, 캐나다, 미국, 일본 등 G7 국가들의 주택 가격이 모두 상승했

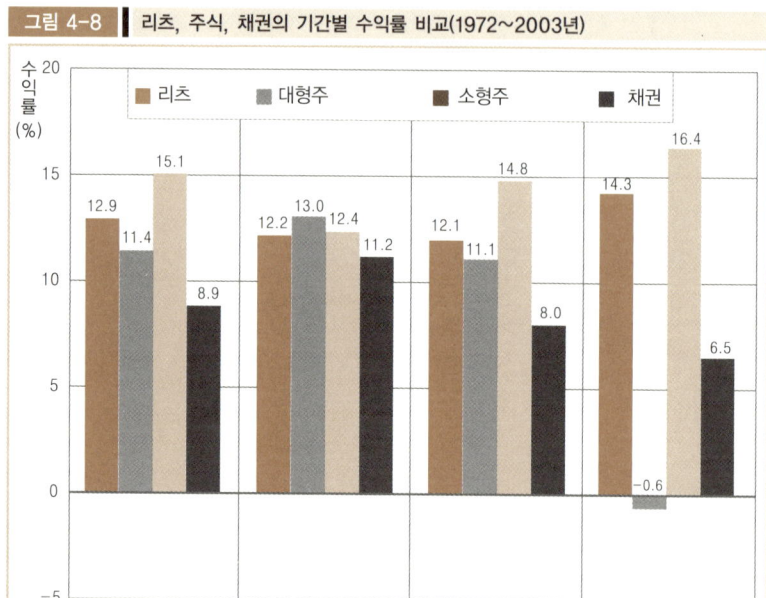

그림 4-8 리츠, 주식, 채권의 기간별 수익률 비교(1972~2003년)

출처: 미국리츠협회(NARET)

다는 것을 알 수 있다. 심지어 부동산 버블로 큰 타격을 입은 일본조차 동 시기에 주택 가격은 상승했다.*

그러나 역시 장기적인 관점에서 보면 주식투자를 능가하지는 못한다. 다만 주로 상업용 및 주거용 부동산 등에 투자해서 매년 배당금을 지급하는 부동산펀드인 리츠의 경우는 소형주를 제외하고 모든 기간에서 다우존스나 S&P500과 같은 대형주보다 수익률이 앞

---

*그러나 2007년 초까지 전 세계적으로 상승세였던 부동산 가격은 2007년 미국 발 서브프라임 모기지(subprime mortgage) 사태로 인해 직격탄을 맞았다. 미국의 경우 대표적인 부동산 주택지수인 S&P/Case-Shiller U.S. National Home Price Index를 보면 1991년부터 2006년까지 미국 20개 도시의 평균주택가격은 매년 5~10% 상승했으나, 2007년과 2008년에 걸쳐 무려 20%의 하락률을 기록했다.

선 것으로 나온다(그림 4-8 참조).

그렇지만 이 데이터만 가지고 리츠가 주식보다 반드시 수익률이 높다고 주장할 수는 없다. 왜냐하면 여기서 주식의 경우는 매년 1~2% 정도의 배당수익이 제외되어 계산되었고, 리츠의 실제 수익률은 투자자에게 배분되는 몫을 기준으로 해야 하기 때문이다. 아무튼 주식보다 변동성이 낮으면서도 채권보다는 높은 수익을 기대하는 투자자에게는 리츠가 대안이 될 수 있다.

3) 국내의 자산별 수익률 비교

그렇다면 과연 우리나라의 경우는 어떠할까? 1997년 IMF까지만 해도 채권금리는 10%를 넘는 고금리였으나 1998년 이후 계속 낮아지고 있는 추세다(그림 4-9 참조).

국내의 경우 통계청 자료를 기반으로 1987년부터 2007년까지 21년간의 주식시장과 부동산(아파트), 채권금리(통안증권 기준)를 각각 비교해봤더니 단순수익률 비교로는 서울 아파트가 가장 높게 나왔다(표 4-2 참조). 물론 여기서 채권수익률은 단리로 계산한 것이고 만약 복리로 한다면 무려 765%로 단연 으뜸이다.

국내에서 주식시장과 부동산시장을 비교해보면 부동산시장이 수익률이나 안정성 면에서 매우 뛰어나다는 사실을 발견할 수 있다. 주식시장은 한 해에 무려 90%의 수익이 나기도 하고 반대로 50%의 손실이 발생하기도 하는 등 변동성이 매우 큰 반면, 배당수익률을

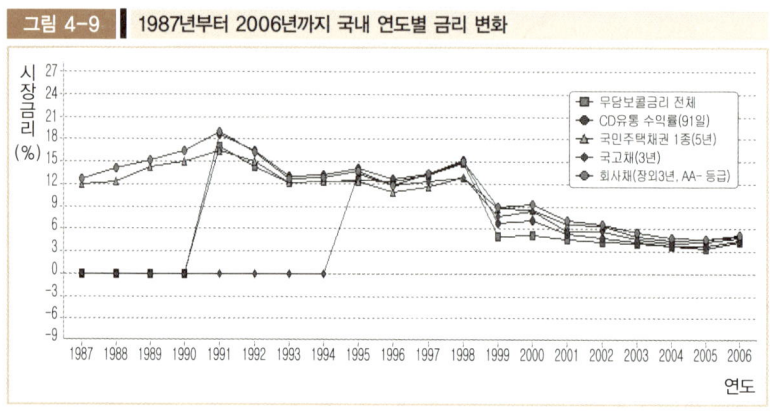

그림 4-9 | 1987년부터 2006년까지 국내 연도별 금리 변화

출처: 통계청

합쳐도 20년간 연평균 14% 정도의 수익률에 그쳤으나, 부동산시장은 변동성이 낮으면서 안정적으로 연평균 17%의 수익률을 꾸준히 올렸다.

물론 주가가 상승하고 금리는 낮은 2000년 이후 8년간을 보면 주식시장이 매년 34.5%의 상승률로 가장 높은 수익률을 기록했다. 그 다음이 부동산시장으로 연평균 17%로 안정적인 상승세를 보였고 채권시장은 복리로 계산해도 48% 수준에 그쳤다.

재미있는 것은 1987년부터 2007년까지 21년간의 주식시장 누적수익률이 261%인데 반해, 2000년부터 2007년까지 단 8년간의 누적수익률이 275.9%를 기록해 10%p 이상 더 높다는 것이다. 주식투자는 투자시점에 따라 수익률이 극명하게 갈린다는 사실을 다시 확인시켜주는 데이터다. 그런데 문제는 과연 언제 폭등장이 올지 아무도 예측할 수 없다는 데 있다.

표 4-5 | 국내 주식시장, 부동산, 채권금리 수익률 비교(1985~2007년)

(단위: 포인트, %)

년	종합주가지수 (1980 =100)	배당 수익률	전국 주택 가격 평균 (2007년 =100)	서울 아파트 가격 평균 (2007년 =100)	통안증권 (364일물) 단리	통안증권 (364일물) 복리
1985	163.4	4.9				
1986	272.6	3.5	43.5	20.9		
1987	525.1	2.1	46.6	21.9	12.86	1,128.6
1988	907.2	1.4	52.7	26	14.95	1,297.3
1989	909.7	1.2	60.4	30.9	15.24	1,495.0
1990	696.1	1.5	73.2	42.5	15.58	1,728.0
1991	610.9	1.8	72.8	40.6	17.68	2,033.5
1992	678.4	1.9	69.1	38.8	15.78	2,354.4
1993	866.2	1.4	67.1	37.7	12.39	2,646.1
1994	1,027.37	1.2	67.1	38.2	12.34	2,972.6
1995	882.94	1.1	66.9	38.2	13.47	3,373.0
1996	651.2	1.5	67.9	39.8	12.11	3,781.5
1997	376.3	1.9	69.3	41.9	12.77	4,264.3
1998	562.46	1.7	60.7	35.8	12.38	4,792.3
1999	1,028.10	0.7	62.8	40.2	7.42	5,147.9
2000	504.62	2.4	63.1	41.9	7.81	5,549.9
2001	693.7	1.7	69.3	50	5.45	5,852.4
2002	627.6	1.8	80.7	65.4	5.19	6,156.1
2003	810.7	2.1	85.3	72.1	4.42	6,428.2
2004	895.9	2.2	83.5	71.3	3.92	6,680.2
2005	1,379.40	1.7	86.9	77.8	3.97	6,945.4
2006	1,434.46	1.7	97	96.6	4.67	7,269.8
2007	1,897.10	1.4	100	100	5.21	7,648.5
누적수익률	261.3%	34.4%	114.6%	356.6%	230.8%	764.8%
연평균 수익률	12.4%	1.6%	5.5%	17.0%	11.0%	36.4%

출처: 통계청

그리고 〈표 4-5〉를 통해 알 수 있는 중요한 사실은 채권의 놀라운 복리효과다. 물론 최근처럼 금리가 낮고 인플레이션이 발생하는 상황에서는 채권의 투자 매력이 현격히 떨어진다. 세계 각국의 자산별 수익률 비교 자료를 참고해봐도 채권수익률이 결코 주가상승률을 따라오지 못하지만, 연 10% 수준의 금리만 유지된다면 장기적으로 어떠한 투자대상도 채권 복리수익률을 이길 수 없다는 것을 알 수 있다. 그래서 물리학자 아인슈타인이 '복리는 세계 제8대 불가사의'라고 한 모양이다.

복리효과를 톡톡히 본 대표적인 투자자는 워렌 버핏이다. 그가 이끄는 버크셔 해서웨이 보유 주식의 장부가는 S&P500지수보다 연평균 2배 정도 상승하여 30년 후 무려 2,594%라는 경이적인 수익률을 기록했다. 이것이 바로 복리의 마법이다.

〈표 4-5〉를 통해 우리는 우리나라 사람들의 투자관을 어느 정도는 이해할 수 있다. 왜 사람들이 그토록 부동산에 열광하는지, 그리고 왜 주식은 위험하다며 한사코 부정적으로만 바라보는지를 20여 년간의 데이터가 말해준다. 지난 20여 년간 서울의 아파트는 매우 안정적으로 높은 수익률을 가져다준 반면 주식시장은 IMF와 IT 버블을 거치면서 1987년부터 2003년까지 거의 제자리걸음을 하다시피 하며 중간중간 폭등과 폭락을 반복했다. 이런 점 때문에 당연히 사람들은 주식투자를 기피하고 채권이나 부동산 등에 몰리게 되었던 것이다.

그러나 2000년 이후 주식시장이 최고의 투자처로 부각되면서 투자마인드가 서서히 변화하고 있음을 감지할 수 있다. 그리고 더 이상 예금이나 부동산시장에서 답을 찾지 못한 투자자들이 2005년부터는 본격적으로 주식형 펀드에 적금을 붓듯이 돈을 몰아주었다.

표 4-6 | 국내 주식시장, 부동산, 채권금리 수익률 비교(2000~2007년)

(단위: 포인트, %)

년	종합주가지수 (1980년 =100)	배당 수익률	전국 주택 가격 평균 (2007년 =100)	서울 아파트 가격 평균 (2007년 =100)	통안증권 (364일물) 단리	통안증권 (364일물) 복리
2000	504.62	2.4	63.1	41.9	7.81	1078.1
2001	693.7	1.7	69.3	50	5.45	1136.9
2002	627.6	1.8	80.7	65.4	5.19	1195.9
2003	810.7	2.1	85.3	72.1	4.42	1248.7
2004	895.9	2.2	83.5	71.3	3.92	1297.7
2005	1,379.40	1.7	86.9	77.8	3.97	1349.2
2006	1,434.46	1.7	97	96.6	4.67	1412.2
2007	1,897.10	1.4	100	100	5.21	1485.8
누적수익률	275.9%	15.0%	58.5%	138.7%	40.6%	48.5%
연평균 수익률	34.5%	1.9%	7.3%	17.3%	5.1%	6.1%

출처: 통계청

그 힘으로 주식시장은 현재 가파른 유동성 장세를 보이고 있다. 앞으로 고금리 시대가 부활하지 않고, 부동산시장 역시 과거의 화려한 날을 잊고 침체를 보인다면, 국내의 자산별 수익도 외국의 데이터들과 유사한 결과(주식〉부동산〉채권)를 보일 것으로 전망된다.

국내 주식시장의 특징

우리는 지금까지 투자의 진실을 찾아서 쉼 없이 달려왔다. 그러나 아쉽게도 이 책에 담긴 수많은 자료들은 대부분 미국을 중심으로 한 선진국 주식시장에서 나온 것들이다. 주식시장을 이해하기 위해 미국 시장의 역사적 데이터들을 주로 활용할 수밖에 없는 이유는 다양하다.

가장 먼저 미국의 주식시장은 전 세계의 모든 투자자들이 주목하는 가장 큰 규모의 시장답게 매우 효율적인 시장이라는 점이다. 미국 시장은 1970년대까지만 해도 전 세계 주식시장 시가총액의 70%에 해당하는 엄청난 규모였으며 2007년 기준으로도 전 세계 주식시장에서 40% 이상의 비중을 차지하고 있다. 국내 주식시장처럼 2007년 기준 채 2%의 비중도 되지 않는 시장에서 나오는 자료는 그 특수성으로 인해 보편성과 타당성을 가지기 어렵다.

또한 미국의 주식시장은 역사가 오래됐을 뿐만 아니라 기록 또한 잘 정리되어 있어 시장을 이해하고 설명하는 데 일반성과 신뢰성을 가진다는 점이다. 100여 년이 넘는 기간 동안 축적된 방대한 양의 주가 관련 자료들과 비교해서 국내의 데이터들은 소박하기 그지없다. 몇십 년이라는 짧은 기간의 자료로는 시장을 전체적으로 설명하거나 체계적으로 이해하기에는 무리가 있다. 그렇다 보니 부득이 미국 주식시장의 자료를 우선할 수밖에 없는 실정이다.

굳이 비유를 하자면, 세계 주식시장에서 미국 시장은 삼성전자와 같은 업종대표주들로 구성된 시장으로 표현될 수 있고, 국내 주식시장은 코스닥의 개별주 시장과 비슷하다. 업종대표주는 누가 의도적으로 주가를 왜곡하거나 장난을 치기엔 너무 덩치도 크고 만인에게 분석대상이 되므로 매우 효율적으로 움직인다. 그러나 코스닥의 테마주는 농간이 개입될 여지가 많고 비효율적인 요소가 많다. 이것이 바로 미국 시장과 한국 시장의 차이다.

어렵사리 발굴해낸 자료들이 시장을 이해하는 데 도움이 되기는커녕 오히려 잘못된 정보만 준다면 그것처럼 황당한 일은 없을 것이다. 따라서 전 세계 주식시장에 모두 통용될 수 있는 투자의 진실을 찾기 위해 미국을 기본으로 하고, 영국, 독일, 프랑스 등의 유럽과 일본을 참고자료로 사용한 것이다.

그러나 전 세계 주식시장에서 보편타당하게 인정되고 있는 진실일지라도 국내 시장과 괴리를 보인다면 그 진실은 오히려 해가 될 수 있다. 따라서 이 책에 나와 있는 많은 자료들과 전략들 중 국내 시장에서 적용되는 것과 그렇지 않은 것의 구분이 필요하다.

일반적으로 1부에서 다룬 위험과 수익과의 관계, 적립식 투자나 분산투자를 통한 위험관리, 주가의 높은 변동성과 수익률 등은 시대를 불문하고 어느 나라 주식시장에서건 공통적으로 적용되는 것들이다. 그러나 2부와 3부에 걸쳐 다룬 시장을 이기는 전략들 중 상당수는 상대적으로 선진국 주식시장보다 국내 주식시장에서 더 잘 통할 수 있다. 왜냐하면 '효율적이며 개방적인 주식시장'에서는 종목선택이나 마켓타이밍으로 시장을 꾸준히 이기는 것이 거의 불가능하지만, 아직까지 국내 주식시장은 자본의 성숙도 면에서 이머징 마켓에 위치한 만큼 틈새가 많다. 따라서 각종 투자전략과 매매기법이 성공할 가능성이 훨씬 높다.

다음은 국내 주식시장의 특징들만을 따로 분석한 것이다. 그동안 공부한 자료들과 비교하면서 어떤 차이점이 있는지 살펴보자.

1) 국내 주식시장의 변동성

〈표 4-7〉은 각 지역 및 국가별로 주식시장의 1년간 최고 수익률과 최악 수익률을 비교한 것이다. 국내 주식시장이 전 세계 어떤 나라보다 역동적임을 보여준다. 일반적으로 선진국 증시일수록 변동성과 수익률이 낮고, 신흥국가들의 증시는 상대적으로 높게 나타난다. 국내 시장이 포함되어 있는 태평양 지역이 다른 지역들 중에서 가장 높은 수익률과 함께 최고의 하락률도 기록하고 있는 것을 보면 이 지역의 시장에서는 상대적으로 '객관적이고 검증된 전략'의

표 4-7 | 전 세계 각 지역 및 국가별 주식시장의 수익률 변동성

국가 및 지역	최고 수익률(%)	최악 수익률(%)	기간
미국(S&P500)	37.4	-26.55	1970~2006년
일본(니케이225)	40.2	-26.4	1990~2005년
한국(거래소)	98.3	-50.9	1986~2007년
전 세계(International)	69.9	-23.	1970~2006년
유럽(Europe)	79.8	-22.8	1970~2006년
태평양(Pacific)	107.5	-34.3	1970~2006년

출처: 주식 동호회 '투자의 진실을 찾아서'

중요성과 '적립식 투자'를 통한 위험관리의 필요성이 절실함을 알 수 있다. 즉, 국내 주식시장에 투자할 때는 예상보다 큰 폭의 주가 변화가 늘 발생할 수 있다는 것을 염두에 두어야 한다.

타이밍이나 종목선택에 따라 수익률 격차가 엄청나게 발생할 있기에, 시장을 이기고자 한다면 철저하게 입증된 투자전략을 사용해야지 섣부른 시장예측이나 잘못된 종목선정 방법으로는 더 큰 손실을 야기할 수 있다. 시장이 롤러코스터처럼 움직이는 만큼 계획적인 적립식 투자 또는 켈리 공식The Kelly Formula을 이용한 자산배분이 오히려 엉성한 기법보다 훨씬 좋은 성과를 얻을 수 있는 있다는 점도 잊지 말아야 한다.

켈리 공식을 이용한 자산배분

켈리 공식은 정보의 신뢰도에 따라 투자자금을 배분하는 방식으로, 확실히 이길 수 있는 경우에 많은 돈을 투자하고 그렇지 않은 경우엔 적게 투자해서 위험을 관리한다.

- Optimum Risk=W%-[(1-W%)/ (W/L)]
  - Optimum Risk: 매매를 할 때 1회에 베팅하는 금액
  - W%: 매매에서의 승률
  - W/L: 수익금액(W; winning trades)과 손실금액(L; losing trades)의 비율

이 아이디어는 MIT에서 정보 이론을 창시한 미국의 수학자 클로드 섀넌Claude Shannon에 의해 처음으로 제기되었고, 이후 수학자 켈리 J. L. Kelly에 의해 하나의 공식으로 틀이 갖추어졌으며, 펀드매니저인 에드워드 소프가 이 공식을 실제 투자에 적용해서 그 우수성을 입증했다. 켈리 공식은 결국 'Gmax(부의 성장속도)=R(정보의 정확성)'을 뜻하는데, 결국 정보의 순도가 높을수록 돈을 빨리 벌 수 있다는 이야기다.

켈리 공식을 응용해서 돈을 벌 수 있는 방식은 다양하다. 예를 들어 경마장에서 각 말의 우승확률에 비례해서 모든 말에 베팅을 한다면 어떤 말이 우승하건 수익을 얻을 수 있으며 따라서 파산하는 경우는 절대 없다. 그래서 켈리 공식을 '파산 확률 0% 공식'이라고도 한다.

그러나 문제는 개인투자자 입장에서 정보의 정확성(이길 확률)을 계산하기가 결코 쉽지 않다는 것이다. 그래서 켈리는 보다 쉬운 방식을 제안하고 있는데 바로 주식과 현금을 늘 50%씩 보유하는 것이다. 만약 현금이 200만 원 있다면 주식에는 100만 원만 투자하

표 4-8 | 켈리 자산배분 방식의 실제 적용 사례

(단위: 만 원)

시나리오		전액 주식 보유시		현금, 주식 50% 보유시		켈리식 배분시	
		현금	주식	현금	주식	현금	주식
	초기자금	0	100	50	50	50	50
1	100% 상승	0	200	50	100	75	75
	결과	200		150		150	
2	50% 상승	0	150	50	75	62.5	62.5
	결과	150		125		125	
3	50% 하락	0	50	50	25	37.5	37.5
	결과	50		75		75	
4	90% 하락	0	10	50	5	27.5	27.5
	결과	10		55		55	
5	100% 하락 (상장폐지)	0	0	50	0	25	0
	결과	0		50		25	
6	50% 하락	0	50	50	25	37.5	37.5
	50% 상승	0	75	50	37.5	46.875	46.875
	결과	75		87.5		93.75	
7	50% 하락	0	50	50	25	37.5	37.5
	100% 상승	0	100	50	50	56.25	56.25
	결과	100		100		112.5	
8	50% 상승	0	150	50	75	62.5	62.5
	50% 하락	0	75	50	37.5	46.875	46.875
	결과	75		87.5		93.75	
9	50% 상승	0	150	50	75	62.5	62.5
	90% 하락	0	15	50	7.5	34.375	34.375
	결과	15		57.5		68.75	

* 100만 원 기준
출처: 주식 동호회 '투자의 진실을 찾아서'

고, 이후 주가평가액이 50만 원으로 줄어들면 보유하고 있던 현금으로 25만 원어치 주식을 사서 각각 주식 75만 원, 현금 75만 원으로 만드는 방식이다. 이렇게 하면 시장이 하락하건 상승하건 또는 기업이 부도가 나건 결코 파산하는 경우는 없으며 시장이 횡보를 반복하면 적립식투자와 유사한 효과가 나타난다. 따라서 시장의 변동성이 큰 국내 시장에서는 달러 코스트 에버리지와 같은 적립식 투자와 함께 켈리식 자산배분투자를 적극 활용해야 한다.

〈표 4-8〉을 보면 시장이 상승과 하락을 반복했을 때 단순히 주식만 보유했을 경우엔 15만 원의 수익이 발생하지만, 켈리식 자산배분의 경우 약 68만 원의 수익을 얻는다는 것을 알 수 있다.

2) 국내 주식시장에서 적극적 전략의 유용성

미국 등 선진국 시장에서는 시장의 비효율성을 입증하는 많은 연구결과가 발표되고 있다. 가치주 효과라든가 1월 효과, 역발상 효과 등이 그 대표적 예인데 이들 전략은 단순히 시장의 구조를 이해하는 데 그치는 것이 아니라 시장을 이기는 전략으로 활용된다는 점에서 매우 중요한 위치를 차지한다. 특히 평범한 투자자가 시장을 이길 수 있는 유일한 방법은 바로 이런 실증된 전략을 사용하는 것이기에 국내에서도 이런 효과들이 실제로 통하는지 살펴볼 필요가 있다.

국내의 경우 소형주 효과$^{Small\ Effect}$나 가치주 효과$^{Value\ Effect}$ 등은 주로 대학원에서 학문적으로 연구될 뿐 실제 투자전략으로 활용되는 사례는 거의 찾아보기 힘들다. 따라서 이런 효과들이 구체적으로 국내 시장에서 어떤 성과를 이루었는지 확인하기 어렵다. 그러나 규모가 비슷하거나 시장 상황이 유사한 이탈리아나 프랑스, 벨기에, 네덜란드, 홍콩, 싱가포르 등에서 이들 전략이 시장을 이기는

그림 4-10 | 코스피의 가치주/성장주, 대형주/소형주 수익률 비교(2001~2006년)

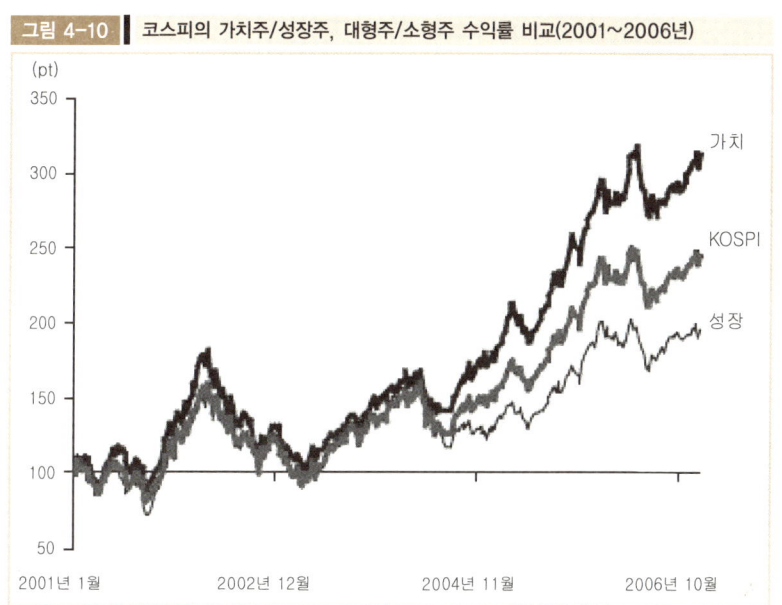

출처: 증권선물거래소, Fnguide

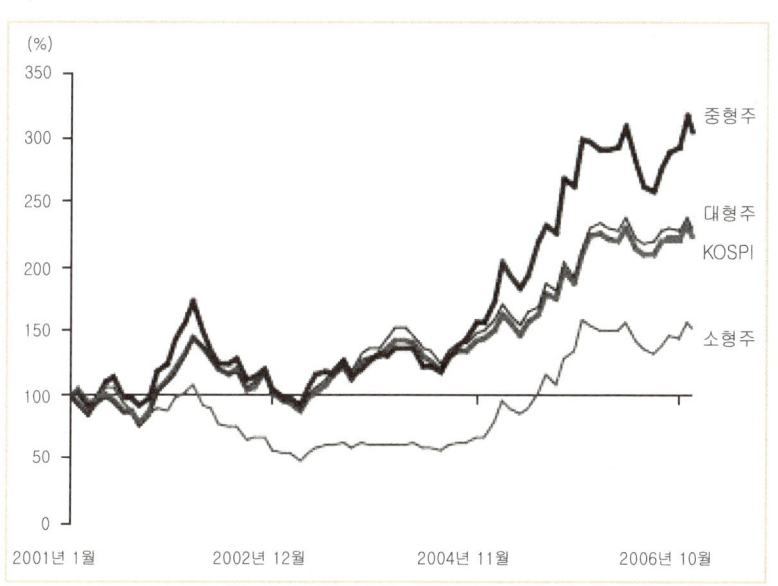

출처: 증권선물거래소, 삼성증권

것으로 입증됨에 따라 우리나라에서도 통할 수 있다는 추론은 가능하다.

〈그림 4-10〉을 보면 단기간의 성과이기는 하지만 국내 시장에서도 가치주가 성장주보다 높은 수익률을 얻으면서 동시에 시장을 이기는 것으로 나오고 있다. 그러나 소형주 효과는 통하지 않는 것으로 확인된다.

그 밖에 역발상 효과나 모멘텀 효과 등 시장의 비효율성을 공략하는 전략들에 대해서도 아직은 연구와 실증이 더 필요한 수준이다. 따라서 이 책을 통해 시장을 이기는 전략으로 제시된 접근법들은 국내 주식시장에서 앞으로 보다 많은 테스트가 이루어진 후에 그 진실이 밝혀질 것이다.

물론 이런 소형주 효과나 가치주 효과, 기타 다른 효과들이 국내 주식시장에서 발견된다고 해도 개인투자자들이 직접투자를 통해 곧바로 실현하기란 사실상 어렵다. 왜냐하면 소형주 효과를 이용해서 직접투자를 하려면 주식시장에 있는 전체 종목 중 3분의 1을 매수해서 관리해야 하기 때문이다. 따라서 소형주 효과를 통해 시장을 이기고자 한다면 이런 투자전략으로 운용되는 펀드에 가입하는 것이 현재로서는 최선이다. 이런 펀드를 보통 '인헨스드 인덱스 펀드' 내지 '스타일 펀드'라고 부른다. 이들 펀드는 특정 종목이나 특정 시점이 아닌 시장의 일부분이나 전체 등에 투자한다는 점에서 인덱스 펀드와 유사하지만, 시장수익률을 추종하는 것이 아니라 시장을 이기는 것이 목적이기에 액티브 펀드와 비슷하다.

그 밖에 다우의 개 전략이나, 마법공식, PER나 PBR 지표를 이용한 시장예측 등이 국내 주식시장에서도 통하는지 여부는 아직 실험이 진행 중이며 관련 자료가 좀 더 축적되어야 판단이 가능한 상태다. 다만 이들 중 한두 가지 전략이 의미 있는 성과를 보여주고 있기에 시장을 이기고자 한다면 다소 모험을 하더라도 이런 전략을 실제로 적용해볼 여지는 충분히 있다. 특히 다음 장에 소개될 업종 대표주 전략이나 역발상 전략 등은 국내 주식시장에서 어느 정도 그 성과가 확인된 만큼 면밀히 검토해볼 필요가 있다.

업종대표주 전략 _
특정 종목이 아니라 순위에 투자한다

흔히 우량주 투자라고 하면 우량주라고 불리는 종목을 장기간 보유하는 것으로 알고 있는데 이것이 바로 우량주 투자의 가장 큰 맹점이다.

한국을 비롯해 전 세계 모든 나라의 주식시장에서 공통적으로 발견할 수 있는 것은 장기적으로 꾸준히 성장하는 기업은 거의 없다는 사실이다. 국내 시장만 보더라도 1981년에 100대 기업 중 약 20년이 지난 2003년까지 살아남아 있는 기업은 20%도 되지 않는다. 따라서 기업에 초점을 맞추는 방식의 투자는 장기적으로 실패할 확률이 점점 커진다.

물론 우량주에서 부실주로 전락하기 전에 종목 교체를 통해 위험을 해소할 수 있다고 주장할지 모르겠지만, 현실적으로 기업의 내부 사정을 정확하게 알 도리도 없고 기업의 변화에 발 빠르게 대응할 수 있다는 생각도 한낱 꿈에 불과하다. 매출이 둔화되는 현상만 놓고 기업이 잠시 부진한 것인지 아니면 정말 가망이 없는 것인지 판단할 수는 없다. 주가가 지속적으로 하락한다면 과연 이 기업이 부실주로 추락하는 것인지 아니면 저가 매수의 기회인지 애매모호하다. 더욱이 겉은 멀쩡해 보여도 각종 분식회계나 스캔들로 하루아침에 망하는 기업에다 뚜렷한 징조 없이 사라지는 기업까지 심심찮게 등장하므로 외부인으로서 일반 투자자가 기업의 미래를 사전에 예견해서 현명하게 대처할 수 있다고 생각하는 것 자체가 넌센스다.

따라서 우량주 투자는 특정한 종목을 선정하는 방식이 아니라 특정한 기준에 부합하는 종목에 투자하는 방식으로 바꿔야 한다. 물론 여기서 특정한 기준이란 구체적이고 계량적인 기준을 뜻한다. 다우의 개 전략이 다우존스 30개 종목 중 특정 순위의 종목들만 매수하는 전략인 것과 마찬가지로, 새로운 방식의 우량주 투자전략 역시 시가총액이나 매출액, 순이익 등을 잣대로 해서 상위 몇 종목에 투자하는 것이다.

이런 새로운 방식의 우량주 투자는 종목이 아니라 순위에 초점을 맞춘다는 점에서 기존의 우량주 투자와 근본적으로 차이가 있다. 보통 우량주 투자자들은 삼성전자가 우량한 종목이기에 삼성전자를 선택한다. 그러나 새로운 방식의 우량주 투자자라면 삼성전자가 설정된 기준에 들어 있기 때문에 보유할 뿐 언제든지 종목은 바뀔 수 있다. 이러한 전략의 장점은 사실상 영구적인 포트폴리오 전략이 될 수 있다는 점이다. 예를 들어 시가총액 상위 5종목만을 보유

표 4-9 | 한국과 미국의 우량주 수익률 비교

한국 우량주의 주가 상승(1985~2006년)				미국 우량주의 주가 상승(1957~2003년)		
순위	회사명	연수익률	상승률	회사명	연수익률	상승률
1	롯데제과	26.8%	217배	알트리아(필립모리스)	19.75%	4,626배
2	삼성화제	26.8%	215배	대처글라스	18.42%	2,742배
3	롯데칠성	24.3%	137배	페치니 SA(내셔널캔)	18.31%	2,629배
4	남양유업	24.1%	134배	캐드베리스윕스(닥터페퍼)	18.07%	2,392배
5	태광산업	24.0%	131배	리미티드 인 코퍼레이티드	17.62%	1,998배
6	삼성전자	23.2%	113배	워너램버트	16.40%	1,225배
7	현대미포조선	22.5%	99배	제너럴푸즈	16.85%	1,467배
8	신세계	21.9%	79배	애보트래버러토리스	16.51%	1,281배
9	영풍	21.2%	77배	아벤티스(셀라니즈)	16.39%	1,220배
10	SK텔레콤	27.0%	70배	브리스톨마이어스	16.36%	1,209배
11	KCC	18.8%	49배	콜럼비아픽처스	16.25%	1,147배
12	GS건설	18.5%	46배	투시 롤 인더스트리스	16.11%	1,091배
13	고려제강	18.4%	45배	아메리칸치클	16.06%	1,070배
14	롯데삼강	18.4%	45배	화이자	16.03%	1,505배
15	오리온	18.3%	44배	코카콜라	16.02%	1,052배

* 한국의 KOSPI 200 기업 중 25개의 주가가 하락했으며, 10배 이상 상승한 기업은 69개다.
* 미국의 S&P500 기업 중 주가가 하락한 기업은 66개, 50배 이상 상승한 기업은 314개다.
출처: 주식 동호회 '투자의 진실을 찾아서'

한다고 하면 주식시장이 없어지기 전까지는 언제라도 상위 5개 종목은 존재한다.

〈표 4-9〉를 보면 우량주 투자의 진가가 잘 나타나고 있다. 만약 자신의 보유종목이 이런 종목들로만 채워질 수 있다면 주식투자만큼 흥미진진하고 재미있는 게임은 없을 것이다. 그러나 불행히도 이런 종목만을 발굴할 수 있는 법칙이나 공식은 그 어디에도 존재하지 않는다. 오히려 확률적으로 보면 투자기간이 길어질수록 이렇게 지속적인 수익을 주는 기업보다 시장에서 퇴출되는 기업을 보유할 가능성이 점점 늘어난다. 지금은 화려한 상승을 하고 있는

표 4-10 | 한국과 미국의 생존 기업

구분	구성 당시	생존기업	기간
미국(S&P500지수 구성 기업)	500개	12개	1957~1998년
한국(100대 기업)	100개	12개	1965~2004년

출처: Creative Destruction, Richard Foster & Sarah Kaplan, 삼성경제연구소

이 기업들 중 30년 후에도 여전히 시장에 남아 있을 종목이 몇 개나 있을까?

신생기업에서 출발해서 30년이 지나는 동안 거대기업으로 성장하여 시장 지배력을 가지고 독점적인 사업을 계속 영위하는 기업은 극소수다. 이에 반해 〈표 4-10〉처럼 대다수 기업들은 성장도 제대로 해보지 못하고 사라지거나, 새로운 환경에 적응하지 못하고 시장에서 점점 밀려나고 만다. 때문에 장기성장주를 통해 큰 수익을 얻고자 하는 기대만큼 어리석은 것은 없다. 물론 살아남은 기업은 달콤한 열매를 안겨주겠지만 그것도 분산투자를 제대로 했을 경우에나 얻을 수 있는 행운이다. 장기적으로 성장하는 종목을 찾아 그들 중 몇 개 종목에 집중투자해서 시장을 이기겠다는 전략이 왜 위험천만한 것인지 〈표 4-10〉이 여실히 보여주고 있다.

새로운 방식의 우량주 투자전략(일명 업종대표주 투자전략)은 일반적으로 저평가된 종목을 발굴하는 기존의 우량주 투자 스타일과 많이 다르다. 일단 새로운 방식에서는 시장에서 형성되는 가격이 실제 기업가치에 상응한다고 본다. 특히 업종을 대표하고 시가총액이 큰 상위 종목들은 기관투자자들을 비롯해서 수많은 사람들이 지켜보는 종목들이라 합리적인 주가 수준을 유지할 가능성이 높고,

표 4-11 | 2007년 업종대표주 리밸런싱 포트폴리오 수익률

시가총액 기준		시가총액+업종 1순위 기준	
종목	수익률(%)	종목	수익률(%)
삼성전자	-10.3	삼성전자	-10.3
POSCO	86.1	POSCO	86.1
현대중공업	244.4	현대중공업	244.4
한국전력	-8.4	현대차	5.8
국민은행	-8.0	SK	171.2
포트폴리오(1)	**60.7**	**포트폴리오(2)**	**99.4**
거래소(KOSPI) 상승률		34%	

* 각 비중은 20%씩이다.
출처: 주식 동호회 '투자의 진실을 찾아서'

실제 주가와 기업가치의 괴리도 크게 발생하기 어렵다. 시가총액이 곧 기업가치라고 해도 크게 틀린 이야기가 아니다. 따라서, 우량주를 고르는 기준은 다양하겠지만, '시가총액'을 가장 중요시한다. 실시간으로 진행되는 시장에서의 평가야말로 가장 믿을 수 있고 정직한 가격이라는 것이다. 이러한 방식을 업종대표주 전략이라고 한다.

업종대표주 전략의 구체적인 운영 방식을 보면, 먼저 시가총액이나 매출액 등을 기준으로 종목을 선정한다. 그런 후 그 기준에 해당하는 소수의 종목만을 대상으로 투자를 한다. 그리고 6개월이나 1년 등 일정한 기간을 두어 시가총액 또는 매출액 변화에 따라 리밸런싱Rebalancing하거나 종목을 교체해준다. 이렇게 함으로써 포트폴리오는 자연스럽게 항상 현재 시점의 업종대표주만을 보유하게 된다. 또한 포트폴리오 내 종목과 비중 등이 기계적으로 재조정되기

그림 4-11 | 국내 업종대표주 5종목으로 구성된 포트폴리오의 시장 대비 초과성과

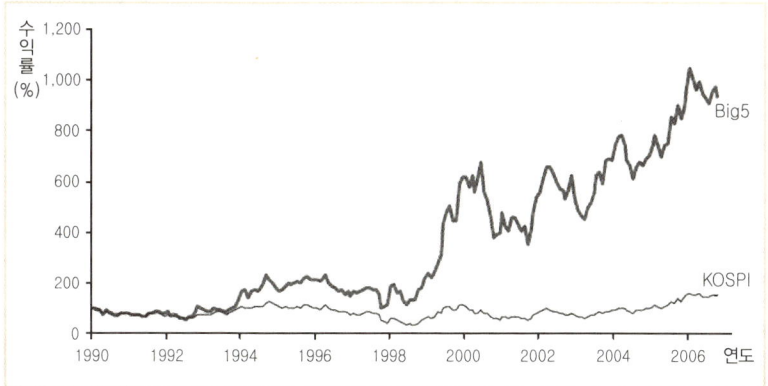

* Big5 : 삼성전자, 현대차, POSCO, SK텔레콤, 한국전력
출처: Datastream

에 종목 교체의 고민이 필요 없으며, 부실기업은 자동적으로 탈락되기에 종전 우량주 투자의 단점을 극복할 수 있다.

물론 업종대표주 전략은 다양한 방식으로 변형되어 시장에서 검증 중인 전략이다. 2007년 새로운 방식의 업종대표주 투자전략에 따라 투자한 결과 〈표 4-11〉과 같이 어느 쪽이건 시장 대비 2배에서 3배 이상의 높은 성과를 기록했다. 단순히 시가총액을 기준으로 하거나 시가총액에 업종별 배분을 하기나 간에 모두 시장보다 압도적인 수익률을 기록하였다. 개인투자자들에게 특히 유용한 점은 객관적 기준을 통해 포트폴리오가 운영되기에 누구나 쉽게 따라 할 수 있고, 시스템적으로 리밸런싱과 종목 교체가 이루어지기에 굳이 분산투자를 하지 않아도 기업 고유의 위험을 어느 정도 회피할 수 있다는 사실이다. 뿐만 아니라 국내 시장에서 가장 인정받는 업종대표주만을 보유하는 방식이기에 사실상 영원히 사용가능한 투자

모델인 셈이다.

　최근 국내 증시처럼 기관화 장세에서는 업종대표주가 상대적으로 강한 모습을 보이게 되므로 절대수익률을 추구하는 투자자뿐만 아니라 시장을 이기는 전략으로도 점차 부각되고 있다. 〈그림 4-11〉을 보면 국내 업종대표주 5종목(삼성전자, 현대차, POSCO, SK텔레콤, 한국전력)으로 구성된 포트폴리오의 17년간 수익률이 시장보다 5배 이상 높은 것으로 나타나고 있다.

　물론 〈그림 4-11〉에 나온 Big5 종목은 그 선정 기준이나 비중이 다소 불명확하고 리밸런싱 없이 장기간 단순보유만 하는 전략이라는 점에서 우리가 이야기하고자 하는 업종대표주 전략과 차이는 있지만, 핵심은 업종대표주를 통해서 시장을 이길 수 있다는 것이다. 만약 지금까지 우량주 투자로 실패했거나 뚜렷한 투자원칙 없이 증권사 직원이나 주변에서 종목을 추천받아 투자하고 있다면, 지금이라도 새로운 접근방식의 업종대표주 전략을 잘 연구해보기 바란다.

역발상 전략 _
가장 싸게 사서 가장 비싸게 판다

누구나 주식을 가장 싸게 사서 가장 비싸게 팔고 싶어한다. 그러나 주식시장은 어떠한 방식으로도 예측이 불가능한 세계이기에 이러한 희망은 그저 이루어질 수 없는 환상에 불과하다.

하지만 이카루스의 꿈처럼 헛될지라도 시장을 해부하고 이기고자 하는 투자자들의 욕망은 너무나 강렬해서 시장을 예언하는 도구들이 하루에도 수십 가지씩 쏟아져 나온다. 그나마 검증된 매매기법이나 마켓타이밍 기법이라면 단기적으로 시장을 이기는 데 활용할 수 있겠지만, 그것들 중 대다수는 출처도 불분명하고 근거가 희박하며 실제 매매 데이터도 없는 것이 태반이다. 그러다 보니 난무하는 기법들 중에서 옥석을 가리는 일조차 쉽지 않다.

시장의 타이밍을 이용하는 전략의 장점은 이익을 극대화하는 것이 아니라 손실을 최소화하는 데 있다는 것은 이미 앞에서 다룬 바 있다. 그러나 이것도 예측하는 방식이 아니라 대응하는 방식일 때

가능하다. 따라서 한 판의 큰 도박을 하고 싶다면 모를까 시장을 예측하는 타이밍 전략은 일단 배제해야 한다. 남은 건 시장에 대응하는 방법들인데, 대표적으로 이동평균선을 이용하는 방법이 있고 기타 보조 지표들을 응용해서 시장 상황을 가늠하게 해주는 접근방식이 주류다. 3부의 마켓타이밍 전략에서 상세하게 언급한 내용이기는 하지만, 장기적으로 마켓타이밍은 시장을 이기는 전략이라기보다는 절대수익을 목표로 하는 투자자에게 더 적절한 수단이다. 손절과 시스템 트레이딩을 병행하면 큰 손실을 미연에 방지할 수 있고, 변동성과 방향성을 제대로 활용할 경우 단기간에 슈퍼수익을 얻기도 한다.

그렇다면 처음 질문으로 돌아와서, 과연 가장 싸게 사서 가장 비싸게 파는 타이밍 전략이 가능할까? 아마도 지금부터 소개할 역발상 전략에서 그 힌트를 얻을 수 있지 않을까 생각한다. 기본적으로 역발상 전략은 일종의 마켓타이밍 전략 중 하나다. 단순한 테크니컬 측면의 기교가 아닌 주식시장의 근원을 이해하고 공략하는 데 매우 유용한 도구로 사용될 수 있다.

원래 역발상 전략은 대중과 반대로 포지션을 취해서 수익을 얻는 방식이다. 주식시장만큼 군중심리가 절대적인 영향을 끼치는 곳도 없을 것이다. 주식시장에서 대중은 합리적인 판단을 하기보다는 공포와 탐욕이라는 비이성적 심리에 의해 이리저리 휩쓸려 다닌다. 주가가 강세면 모두 달려들어 매수하기에 바쁘고, 약세장에서는 투매와 손절이 믿지 못할 만큼 대규모로 일어난다. 대중은 시장의 미

그림 4-12 | 1999년과 2000년 IT 버블과 붕괴에 따른 코스닥지수 변화

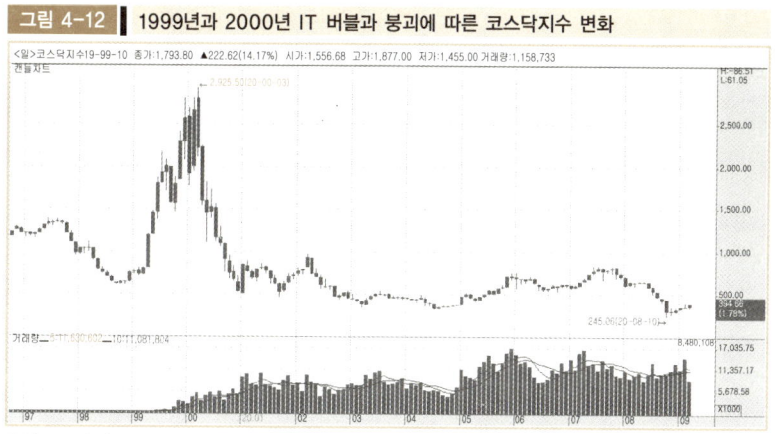

출처: SK증권 HTS

인주를 찾기 위해 애쓰지만 오히려 주식시장은 이런 대중과 정반대로 움직인다. 그래서 위대한 투자자들은 한결같이 '역발상'을 강조했다.

윈저펀드를 운영한 존 네프는 대표적인 역발상 투자자로, "많은 사람들이 우리를 위대한 바보라고 조롱했지만 저평가된 비인기 종목을 찾아 적정 주가를 찾아갈 때까지 기다리는 전략이야말로 최고의 투자전략이다"라고 역발상의 기본 아이디어를 설명했다.

영혼의 투자자로 불리우는 존 템플턴 경 역시 "모두가 절망에 빠져 주식을 팔 때 매입하고, 남들이 앞뒤 가리지 않고 주식을 살 때 파는 것은 대단한 용기를 필요로 한다. 그러나 장래에는 그 엄청난 용기가 엄청난 수익으로 보답될 것이다"라고 말했다. 그 역시 역발상의 투자철학을 통해 템플턴펀드를 위대한 펀드로 만들었다. 벤저민 그레이엄의 제자이자 워렌 버핏과 동기생인 월터 슐로스 역시

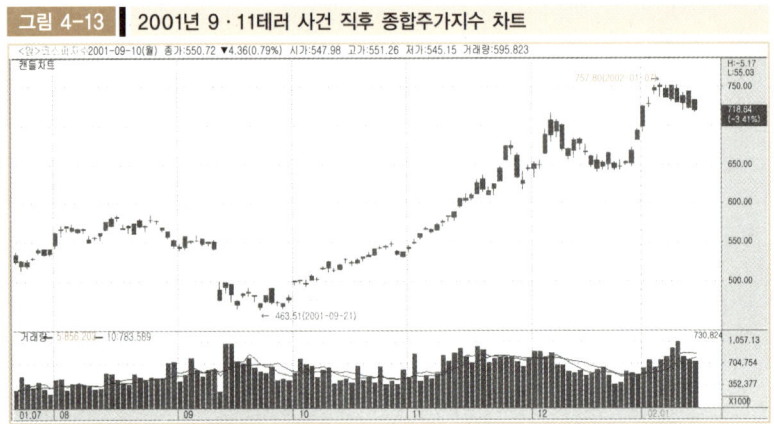

그림 4-13 2001년 9·11테러 사건 직후 종합주가지수 차트

출처: SK증권 HTS

"우리는 오로지 가격이 떨어진 주식에만 관심이 있다"는 말로 염가 매수를 강조했고, 피터 린치, 워렌 버핏 등 당대의 최고 투자자들 역시 기본적으로 '싼 가격'의 주식에 초점을 맞추었다. 즉 역발상 전략이란 한마디로 '가장 싸게 사서 가장 비싸게 파는' 방식을 실천하는 것이다.

역발상 전략의 성과는 실제 주식시장에서 확인할 수 있다. 지난 1999년 전 세계 증시는 IT 열풍으로 뜨겁게 달아올랐다. 미국의 나스닥뿐만 아니라 국내의 코스피나 코스닥 역시 장밋빛 전망을 안고 끝없이 상승했으며, IT 관련 종목들은 연일 상한가를 기록했다. 이때 워렌 버핏을 위시한 역발상 투자자들은 시장의 탐욕과 과도한 주가 상승에 대해 경고를 보냈다. 그러나 이런 소수의 견해 따위는 가볍게 무시되었다. 급기야 2000년에 들어서자 코스닥지수는 돌연 방향을 바꾸었고 끝없는 추락을 이어가 그해 말에는 500선까지 하락하고 말았다. 고점인 2925포인트 대비 무려 6분의 1로 주저앉은 것이다.

반면 2001년 미국의 9·11테러가 발생할 당시엔 투자자들이 공포에 사로잡혀 투매를 했고 전광판은 연일 하한가로 도배되었다. 9월 11일 코스피는 540포인트였지만, 9월 12일 475포인트로 단 하루 만에 65포인트가 하락했다. 그러나 이후 며칠간 충격에 잠겨 있던 지수는 이내 연일 상승해서 2002년 4월 15일에는 943포인트까지 이르게 되었다. 무려 채 1년도 안 돼서 저점 대비 2배나 상승한 것이다.

1987년 블랙먼데이나 2003년 이라크 전쟁, 그 밖에 무수한 악재가 발생할 때마다 지수는 단기 급락했지만 곧바로 회복하고 다시금 전고점을 돌파하는 상승세를 보였다. 즉 비관론이 팽배할 때 군중심리를 이기고 묵묵히 주식을 매수한 역발상 투자자들이 결국 시장에서 승리자로 남게 된다는 것을 주식의 역사는 보여준다.

물론 역발상 투자는 매우 힘든 선택이다. 인간의 심리는 대중과 같이할 때 편안함을 느끼며, 주변 사람들의 판단에 따라가는 것이 자연스러운 현상이다. 그러나 역발상 투자자는 이런 본능을 늘 이겨내야 하고, 남들이 가지 않는 길을 홀로 가야 한다. 그렇기에 평범한 투자자가 역발상 투자자가 되기까지의 과정은 매우 험난하다. 역발상 투자를 막상 시작하려고 해도 부닥치는 문제가 한두 가지가 아니다.

우선 역발상 전략에서 '저점 매수와 고점 매도'의 기준이 무엇인

표 4-12 | 미국 주식시장의 약세장 이후 수익률

시기	기간(개월)	하락률(%)	1년 후 상승률(%)	2년 후 상승률(%)
1956. 8~1957. 10	14.7	21.6	25.0	40.1
1961. 12~1962. 6	6.4	28.0	26.7	50.6
1966. 2~1966. 10	7.9	22.2	17.1	28.9
1968. 11~1970. 5	17.9	36.1	30.2	43.1
1973. 1~1974. 10	20.7	48.2	20.5	39.2
1976. 9~1978. 3	17.5	19.4	13.9	14.4
1981. 1~1982. 8	19.2	25.8	37.6	39.5
1987. 8~1987. 12	3.3	33.5	12.4	43.0
1990. 7~1990. 10	2.9	19.9	29.1	37.7
2000. 3~2002. 10	30.9	49	28.7	39.6

출처: 뱅가드 그룹, Bloomberg, S&P

지 묻는다면 불행히도 그 그룹에서조차 일치된 의견을 얻을 수 없다. 어떤 이는 심리적 지표를 활용한 과매도 국면과 과매수 국면을 강조하고, 또 다른 이는 내재가치와 주가의 괴리에 초점을 맞추라고 주장한다. 그러나 이런 답변들을 더 깊게 들어가면 의심스럽고 혼란스러운 데가 한두 곳이 아니다. 대중심리를 지표로 계량화할 수 있는가 하는 것도 의문이지만, 설령 지표화해도 과연 어떤 수준을 과매도나 과매수라고 할 것인가 하는 문제가 꼬리를 잇는다. 가치를 기준으로 한다고 해도 여전히 많은 물음이 던져질 수밖에 없다. PER나 PBR 등의 지표를 활용해야 하는가? 아니면 주관적 기업 분석을 기준으로 하는가? 과연 PBR이 1 이하여야 내재가치보다 저평가된 것으로 볼 수 있는가? 이에 대한 속시원한 대답은 어디서도 구할 수 없다. 또한 결정적으로는 역발상 투자라고 해도 결국 주가가 상승하지 않는다면 수익을 얻을 수 없다는 점이다.

현실이 이러하므로 역발상 투자는 제대로 평가되기보다는 숱한 오해와 혼란만 불러일으키고 있다. 우선 가치 투자와 역발상 투자와의 관계를 살펴보자. 사실상 가치 투자자와 역발상 투자자는 구별되지 않고 거의 동일하게 불리지만, 좀 더 세부적으로 들어가면 '주식의 가치'에만 초점을 맞추는가 아니면 '심리'까지 관심을 가지는가 하는 것에서 근본적인 차이가 있다. 좀 더 쉽게 풀어보자면 가치 투자자가 내재가치상의 안전마진을 얻으려고 노력한다면, 역발상 투자자는 심리나 수급상의 안전마진까지 고려한다는 것이다. 역발상 투자의 특징은 '가치' 외에도 '심리'나 '수급' 등에서 많은 아이디어를 차용한다. 때문에 행동재무학 등에서 다루어지는 주제들과 연관이 많다.

한마디로 역발상 투자가 지향하는 것은 저점 매수 고점 매도이며, 가장 싸게 사서 비싸게 파는 방식을 추구하는 것이다. 가장 싸게 사기 위해서 폭락과 패닉을 이용하며, 가장 비싸게 팔기 위해서 탐욕과 군중심리를 역이용한다. 물론 성공한 역발상 투자자들은 스스로의 오랜 투자 경험과 자신만의 고유한 기준을 통해 저점과 고점을 공략한다. 그래서 역발상 투자를 수식화하거나 계량화하기는 어렵다는 난점이 있다.

이제 막 주식투자에 입문한 개인투자자들이 역발상 투자를 따라한다면 많은 시행착오를 거쳐야 할 것이며, 성공할 가능성도 높지 않아 보인다. 그럼에도 불구하고 역발상 투자전략을 반드시 알아야 하는 이유는 바로 그 전략의 '정신'에 있다.

다수가 공포에 빠질 때 오히려 탐욕을 느끼고, 어리석은 군중심리에 부화뇌동하지 않고 합리적인 판단에 근거해서 투자를 해야 한다는 역발상 투자의 이념은 결국 우리가 추구하는 과학적이고 객관적인 투자전략과 연결되어 있는 것이다. 〈표 4-12〉에서 보듯이 시장이 암울하고 가장 침체될 때 두려움을 이기고 매수한 투자자가 약세장이 지난 후 1년과 2년 동안 시장 평균 대비 2배 이상의 초과수익을 달성했다는 것은 역발상 전략의 우수성과 가능성을 보여주는 예다.

글로벌 투자가 필요하다

1) 한국 증시가 전 세계 주식시장에서 차지하는 비중

2007년 기준 전 세계 주식시장에서 한국 증시가 차지하는 비중은 약 1.7%로 중국과 비슷한 수준이다. 같은 아시아 국가 중에서는 일본이 8.5%로 미국과 영국(9.1%) 다음으로 큰 규모이며, 미국은 약 42%로 여전히 전 세계 주식시장에서 가장 영향력이 큰 나라다. 〈그림 4-14〉를 보면 미국은 1970년대 전 세계 주식시장에서 68%의 비중을 차지했지만 2000년대 들어 아시아 국가들에 밀려 시장 지배력이 다소 줄어들었다.

최근 들어 아시아 국가들의 주식시장 성장세가 가장 두드러지는데 특히 중국은 한국을 제치고 이머징마켓에서도 가장 비중이 높은 나라가 되었다. 〈그림 4-14〉를 보면 글로벌 주식시장의 지역별 비중의 변화를 알 수 있다.

그림 4-14 | 전 세계 주식시장에서 미국과 각 지역별 비중의 변화

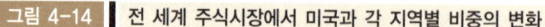

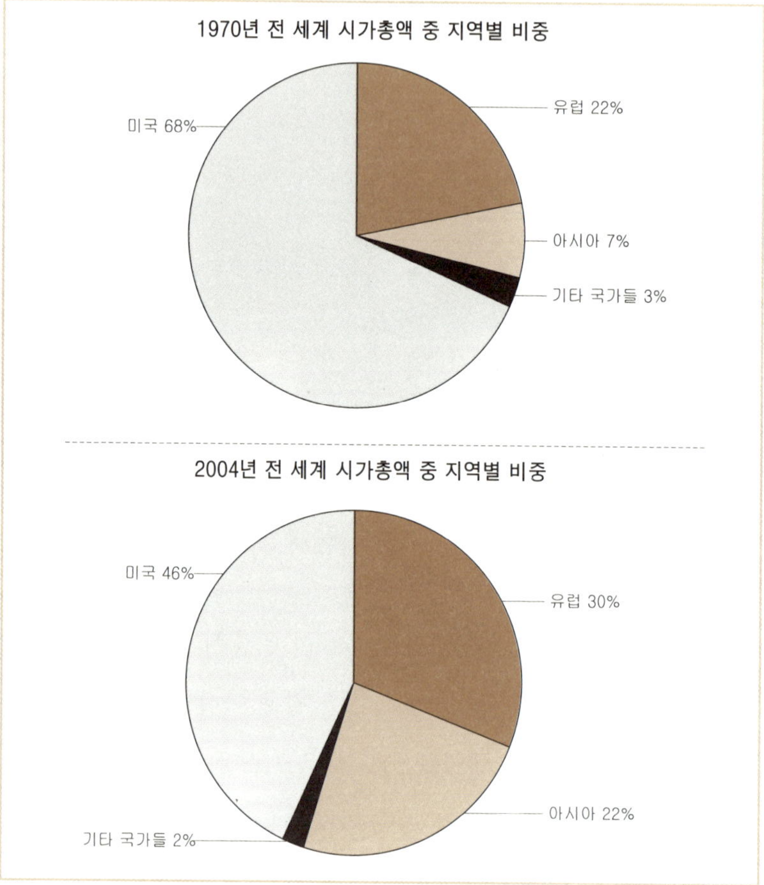

1970년 전 세계 시가총액 중 지역별 비중

- 미국 68%
- 유럽 22%
- 아시아 7%
- 기타 국가들 3%

2004년 전 세계 시가총액 중 지역별 비중

- 미국 46%
- 유럽 30%
- 아시아 22%
- 기타 국가들 2%

출처: World Federation of Exchanges

 이렇게 국내 주식시장은 전 세계적인 관점에서 보면 매우 작은 시장으로 글로벌 투기자본에 의해 교란되기 쉬운 구조다. 실제로도 국내 주식시장은 과도한 외국인 비중과 그들의 투자 행태에 따라 시장이 요동치는 것이 문제점으로 지적되고 있다. 다만 2005년 이후부터 주식형 펀드의 자금이 꾸준히 늘어나면서 국내 기관투자자

가 시장을 주도하고, 외국인과 개인투자자의 비중이 감소하는 등 점차 선진국형 증시로 변모하고 있다. 시간이 흐를수록 국내 시장 역시 미국 시장처럼 효율적인 시장으로 자리 잡을 전망이다.

2) 전 세계 주식시장에 분산투자하라

여기서 한 가지 짚고 넘어갈 것은 국내 주식시장은 글로벌 주식시장에서 보면 겨우 1.7% 수준의 작은 시장으로, 비약적인 발전이 없는 한 현재 규모에서 크게 벗어나기 힘들다는 점이다. 여기에 중국과 브라질 그리고 러시아, 캐나다, 오스트레일리아, 인도 등 주식시장에서 비슷한 점유율을 가진 신흥 강국들이 상대적으로 높은 경제성장을 이룩하면서, 이들과 경쟁해야 하는 입장이기도 하므로 결코 낙관적이지 못하다.

비록 지금은 경제가 성장세를 보이고 있지만 언제라도 일본의 전철을 밟을 수 있으며, 남북분단이라는 국가 리스크 또한 무시 못할 요소다. 따라서 겨우 2%의 비중도 되지 않는 국내 주식시장만으로 장기적으로 안정적인 투자가 가능하다고 생각하는 것은 매우 위험한 발상이다. 오히려 98%의 나머지 시장에 투자해서 위험을 최대한 분산할 필요가 있다.

역사적 진실은 주식이 장기적으로 가장 높은 수익률을 가져다준다고 말하고 있다. 그러나 장기투자에 성공하려면 꾸준히 우상향하는 주식시장이 존재해야만 한다. 따라서 굉장히 특수하고 개별적인

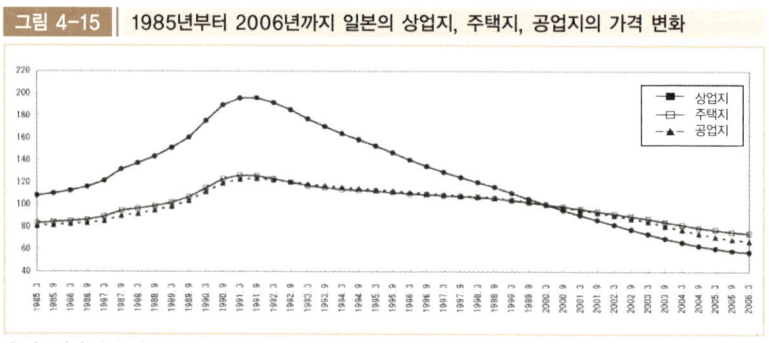

그림 4-15 | 1985년부터 2006년까지 일본의 상업지, 주택지, 공업지의 가격 변화

출처: 재단법인 일본부동산연구소, 시가지 가격 지수

국내 시장에만 집착할 경우 오히려 큰 실패를 겪을 수도 있다. 참고로 일본 역시 1990년대 이전에는 부동산만큼은 불패한다는 미신에 빠졌었고, 주식시장 역시 미국처럼 꾸준히 우상향할 것으로 확신했다. 그러나 이러한 신념은 곧 공포로 변했고 그 공포가 무려 20년 가까이 지속되고 있다.

투자의 세계에서는 어떤 것도 확실한 것은 없다. 시장은 변덕스러우며 하루에도 수만 가지의 얼굴을 하고 나타난다. 국내 주식시장 역시 일본의 부동산시장이나 주식시장처럼 최악의 경우로 치닫게 될 가능성을 항상 열어두어야 한다. 그렇기에 전 세계에 분산투자를 해야 하는 것이다. 그래야만 국내 주식시장의 위험과 변동성도 줄이면서, 국가 고유의 위험에서 벗어나 꾸준히 우상향하는 시장을 얻을 수 있다.

효율적 시장에서 최선의 대안, 인덱스 투자

효율적 시장이란 '매우 효율적이라서 어떤 방식에 의해서도 시장 전체 수익률을 넘지 못하는 시장'을 말한다. 이미 살펴봤듯이 만약 주식시장이 이렇게 효율적이라면 어떠한 방법으로도 시장 대비 초과수익을 올릴 수 없다.

주식시장이 과연 어느 정도나 효율적인가에 관해서는 많은 논란이 있는데 하루에도 수만 개 종목이 거래되며, 2007년 기준으로 시가총액 규모가 전 세계 주식시장의 42%를 차지하고 있는 미국 주식시장은 매우 효율적인 시장이라고 할 수 있다. 때문에 미국에서는 시장 평균수익률보다 초과수익을 내는 펀드가 극소수다.

〈그림 4-16〉을 보면 지난 30년간 총 355개 펀드 중에서 단지 9개만이 시장을 이긴 것을 알 수 있다. 보글주식시장연구소의 자료에 의하면 1970년 총 355개의 펀드가 탄생했지만 1999년이 되자 이 중 52%인 186개의 펀드는 이미 사라졌으며 단지 2.5%인 9개만

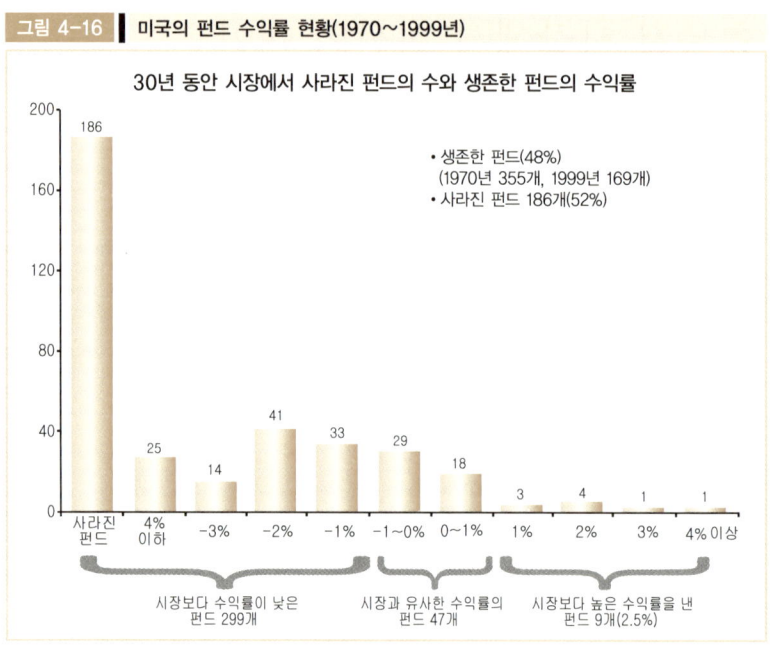

그림 4-16 | 미국의 펀드 수익률 현황(1970~1999년)

출처: Bogle Financial Markets Research Center

이 시장 대비 초과수익을 올렸다. 이러한 현실의 반영으로 인덱스 펀드의 선구자 존 보글이 이끄는 뱅가드펀드가 적극적 투자전략을 구사하는 피델리티의 마젤란펀드를 능가하여 전 세계 자산규모 1위의 펀드로 성장하게 되었다.

반면 국내 주식시장은 아직까지 시장을 이기는 액티브형 펀드의 비율이 상대적으로 높은 편이다. 특히 최근에는 미래에셋인디펜던스 주식형 펀드처럼 슈퍼수익을 내는 펀드도 탄생했는데, 이 펀드는 2001년 1월 2일부터 2008년 2월 29일까지 약 7년간 연평균 96.6%의 수익률을 기록하며 설정일 이후 누적수익률이 자그마치 675.46%가 되었다.

표 4-13 | 국내 펀드의 수익률

[단위: 억 원, %, %p]

No	펀드명 / 운용사	소유형	순자산액	5년간 수익률	유형 초과
1	미래에셋디스커버리주식형 (미래에셋자산)	일반주식	15,781	443.24	228.02
2	미래에셋인디펜던스주식형 1 (미래에셋자산)	일반주식	18,487	362.15	146.93
3	미래에셋솔로몬성장주식 1 (미래에셋자산)	일반주식	4,514	311.10	95.88
4	미래에셋솔로몬주식 1 (미래에셋자산)	일반주식	25,772	307.21	91.99
5	하나UBS First Class에이스주식 ClassC 1 (하나UBS)	일반주식	3,473	266.89	51.67
6	하나UBS블루칩바스켓주식V-1 (하나UBS)	일반주식	3,417	248.33	33.11
7	한국부자아빠인덱스파생상품 (한국운용)	K200인덱스	210	246.26	24.97

* 대상 펀드 56개, 자산규모 100억 원 이상, 2008년 6월 기준
출처: 펀드닥터(http://www.funddoctor.co.kr)

동 기간 시장상승률이 199.96%이니 시장 대비 3배나 더 높은 성과를 낸 것이다. 신화적인 펀드매니저 피터 린치가 운영하던 마젤란펀드가 1977년부터 1990년까지 13년간 연평균 22.5%의 수익률을 기록한 것과 비교하면 놀라운 성과다. 이 기간에 S&P500지수는 연평균 16.5%의 상승률을 기록했다.

그러나 이런 한두 개의 스타 펀드를 제외한다면 국내에서도 펀드매니저의 능력에 의존하는 주식형 펀드보다 인덱스형 펀드가 평균적으로 수익률이 높다는 것을 확인할 수 있다.

〈표 4-13〉에 2008년 6월 기준으로 자산규모 100억 이상 주식형

표 4-14 | 일반 주식형 펀드와 KOSPI200을 추종하는 인덱스 펀드 간의 수익률 비교

기간	KOSPI200(%)	일반 주식형(%)	인덱스형(%)
1년	31.4	44.3	35.0
3년	29.0	34.6	31.6
5년	22.3	22.5	25.75
9년	15.3	17.4	18.0

*대상 펀드: 10억 원 이상 평가 펀드
*1999~2007년, 수익률은 연환산
출처: 제로인 펀드닥터, '인덱스 펀드의 장점과 한국의 현주소'

펀드들의 5년간 수익률을 정리해놓았다. 총 56개의 펀드 중 KOSPI200을 추종하는 인덱스 펀드가 수익률 7위를 기록하는 등 대다수 인덱스 펀드들이 수익률 상위 30% 이내에 들었다. 반면에 적극적 투자전략을 내세운 펀드들의 수익률은 오히려 시장 대비 마이너스를 기록하고 있다.

또한 〈표 4-14〉에서 보듯이 단기적으로는 일반 주식형 펀드의 수익률이 높지만, 시간이 지날수록 점점 격차가 줄어들다가 어느 시점부터는 인덱스형이 앞서는 것을 확인할 수 있다.

이처럼 인덱스 전략을 사용하는 펀드가 적극적 전략을 사용하는 펀드보다 장기적으로 앞설 수 있는 이유는 바로 비용 절감에 있다. 설령 특정 종목에 대한 집중투자나 시장의 저점과 고점을 예측하는 방식으로 시장 대비 약간의 알파를 얻을 수 있다고 하더라도, 매매가 반복되고 종목 교체가 빈번할수록 비용이 계속 늘어나서 결국 시장을 이기지 못한다.

반면 인덱스 전략은 비용이 발생하지 않는 데다 배당수익까지 알

그림 4-17 | 10년간 수익률 비교: 저비용 펀드 vs. 고비용 펀드

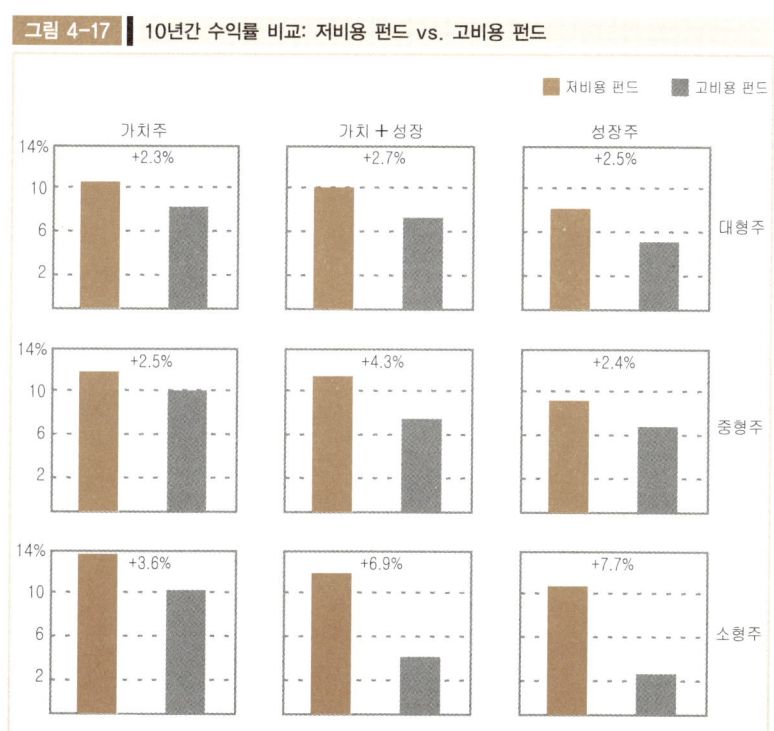

출처: Morningstar

파로 얻을 수 있으니 자연스럽게 시장을 이기게 된다. 간접투자인 펀드에 가입하건 직접투자를 하건 비용은 수익률에 치명적인 영향을 미친다는 사실을 빨리 깨달아야 한다.

〈그림 4-17〉에 제시된 미국의 펀드평가기관인 모닝스타의 자료를 보면, 2003년을 기준으로 10년 동안 각 스타일별로(가치주, 성장주, 가치 성장 혼합, 대형주, 중형주, 소형주) 펀드 수익을 조사한 결과, 어떠한 스타일에서건 펀드 비용이 높은 쪽과 낮은 쪽의 수익률이 최소 2.3%에서 많게는 7.7%까지 차이가 발생한다. 여기에 세

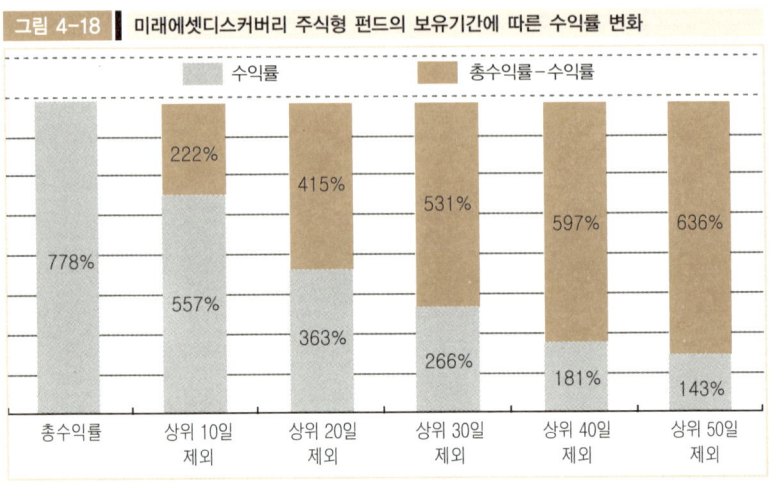

* 미래에셋디스커버리 주식형, 2007년 10월 1일 현재 분석
출처: 한국펀드평가 APEX

금이나 기타 부대비용을 고려하면 실제 펀드 투자자에게 돌아오는 몫은 더 적을 수밖에 없다.

직접투자자 역시 마찬가지다. 매매할 때마다 발생하는 거래세 등의 세금과 위탁수수료 등으로 인해 매매 횟수가 많을수록 수익률이 떨어진다는 미국의 연구결과를 이미 살펴보았다. 이는 비단 미국뿐만 아니라 국내 주식시장과 전 세계 주식시장에 모두 적용되는 논리다.

특히 간접투자자(펀드 투자자)는 주의해야 할 사항이 하나 더 있다. 월스트리트의 전설적인 펀드매니저 피터 린치가 운영한 마젤란펀드는 운영기간인 13년간 단 한 번도 마이너스 수익률을 기록하지 않고 1987년 미국의 대폭락장에서도 수익을 낸 경이적인 펀드다. 그러나 마젤란펀드에 가입한 투자자들 중 절반은 오히려 마이너스

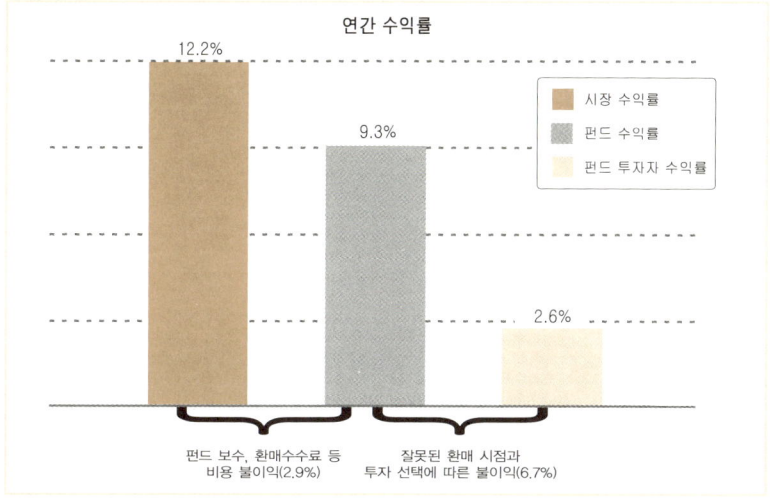

그림 4-19 | 미국 주식시장에서 펀드 수익률과 펀드 투자자의 수익률 비교(1984~2002년)

연간 수익률
시장 수익률 12.2%
펀드 수익률 9.3%
펀드 투자자 수익률 2.6%

펀드 보수, 환매수수료 등 비용 불이익(2.9%)
잘못된 환매 시점과 투자 선택에 따른 불이익(6.7%)

출처: MornigStar

수익률을 기록했다. 어떻게 이런 일이 일어날 수 있었을까? 바로 성급한 펀드 환매 때문이다. 국내에서 가장 대표적인 펀드의 하나인 미래에셋디스커버리주식형 펀드를 보더라도 설정일 이후부터 2007년 10월 1일까지 총 778%의 엄청난 수익률을 냈지만, 만약 수익률이 높은 상위 10일 동안 펀드에 가입되어 있지 않았다면 수익률은 557%로 무려 222%를 날려버리게 된다. 〈그림 4-18〉을 보면 단지 며칠 차이로 몇백 퍼센트의 수익률이 왔다 갔다 한다.

〈그림 4-19〉 미국의 펀드 수익률과 실제 펀드 투자자들의 수익률에 관한 조사자료를 보면 전체 펀드의 평균수익률은 시장 평균수익률보다 낮으며, 펀드에 가입한 개인투자자들의 수익률은 펀드 수익률에도 한참 못 미친다. 이렇게 된 원인은 바로 가입시기나 환매

시기에 대한 잘못된 타이밍 선택과 환매수수료 때문이다. 미래에셋 디스커버리 주식형 펀드에서 봤듯이 수년 동안 단지 며칠 사이로 수익률이 크게 달라진다는 것은 펀드 투자자들이 반드시 유념해야 하는 사항이다.

물론 인덱스 투자전략 역시 단점은 있다. 단순히 주식을 보유하는 방식의 인덱스 구성은 시장이 하락할 때 손실을 고스란히 입을 수밖에 없으며, 시가총액 방식은 저평가된 기업보다는 고평가된 기업의 주식을 더 많이 보유하는 구조적인 문제점을 가지고 있다. 그럼에도 개인투자자들에게는 적극적 투자전략보다 훨씬 유리하다는 사실에는 변함이 없다.

적극적 투자전략은 오히려 종목과 타이밍을 잘못 선택해서 손실 볼 가능성이 훨씬 많고, 시간이 지날수록 매매비용이 누적되기에 시장을 이길 확률은 점점 더 떨어지게 마련이다. 더욱이 주식시장을 분석하고 이해하는 데 많은 시간과 노력을 빼앗긴다는 점에서 이 기회비용까지 고려한다면 시장 대비 매우 높은 초과수익을 올려야 보상받을 수 있다.

그러나 현실세계에서는 단지 2.5%만이 인덱스 투자자보다 높은 성과를 올렸을 뿐이며, 기간을 더 늘려서 본다면 그 확률은 아마도 1% 이내로 줄어들 것이다. 하루 종일 주식만 연구하고 모든 시간을 주식에 할애하는 전문 투자자들조차도 겨우 1%만이 시장을 이긴다는 여러 통계치는 시장을 이기는 것이 얼마나 힘든 일인지를 단적으로 보여준다.

만약 자신이 평범한 개인투자자이며, 주식시장이 향후 꾸준히 상승할 것임을 믿고 최소한 10년 이상 투자를 계획한다면 과연 어떤 투자자가 되는 것이 현명한지 진지하게 고민해봐야 한다.

결론 _ 당신만의 진정한 '마법의 공식'을 확보하였는가?

역사적인 사실은 이렇게 말한다. 장기적으로 시장을 이기는 위대한 투자자가 될 가능성은 매우 희박하며, 기존에 위대한 투자자로 불리는 사람들 역시 특별한 노하우가 있기보다는 대단한 행운아였을 가능성이 높다고. 그 이유는 놀라운 성과에도 불구하고 그들의 방법론은 실증되기 어려운 부분이 많고 공통점 또한 그다지 없으며 심지어 서로 완전히 상반되는 방식으로 주식시장에 접근했기 때문이다. 극단적으로 말하자면 위대한 투자자나 엄청난 수익률을 자랑하는 주식고수는 매주 뽑히는 로또 1등 당첨자와 다를 바 없다는 것이다. 분명히 복권 1등 당첨자가 탄생하지만 그것은 노력보다는 운에 의해 결정된다.

약간씩의 오차는 보이지만 거의 모든 연구결과를 보면 시간이 지날수록 시장을 이기는 투자자(펀드매니저)는 점점 줄어드는 것이 일반적인 현상이다. 〈그림 4-20〉을 보면 31년간 미국의 345개 펀

그림 4-20 | 시장을 이긴 승리자들

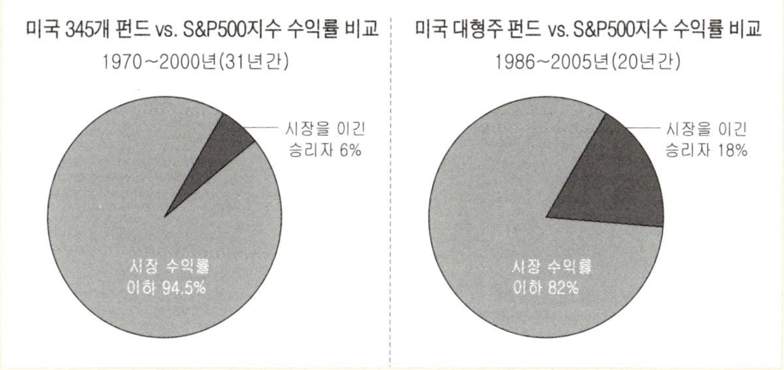

미국 345개 펀드 vs. S&P500지수 수익률 비교
1970~2000년(31년간)

- 시장을 이긴 승리자 6%
- 시장 수익률 이하 94.5%

출처: 출처: Bogle Financial Markets Research Center

미국 대형주 펀드 vs. S&P500지수 수익률 비교
1986~2005년(20년간)

- 시장을 이긴 승리자 18%
- 시장 수익률 이하 82%

출처: A Random Walk Down Wall Street

드 중 시장에서 사라진 펀드를 포함해서 시장을 이긴 행운아는 6%에 불과했으며, 생존하는 펀드만을 대상으로 한 연구결과만 보더라도 시장을 이긴 경우는 18%가 채 되지 않는다. 이렇게 승리자가 된 사람들이 바로 피터 린치처럼 위대한 투자자로 불린다. 시장을 장기적으로 이길 수 있는 위대한 투자자가 되는 것은 잭팟을 터트리는 것만큼이나 어려운 일이다.

물론 누구나 시장을 이기고 싶고 주식투자를 통해 최대한 많은 부를 얻고 싶겠지만 시장은 그리 만만치가 않다. 도전에는 응당 대가가 따르는데 주식시장은 돈이 걸린 만큼 투자의 실패와 성공은 막대한 재산적 손실로 이어진다. 이렇게 본다면 성공가능성이 희박한 싸움에 돈과 인생을 거는 것도 무모한 짓이다. 참고로 터틀 트레이딩의 선구자인 리처드 데니스Richard Dennis, 터틀 트레이더의 스승조차도 1987년 미국 주식 붕괴시 치명적인 손실을 입고 몇 년 후 시장에서 은퇴했으며, 워렌 버핏을 흉내내던 투자자들 대부분은 '영원히(Forever)' 보유하는 전략을 너무 믿은 나머지 해당 기업이 시장에서 영원히 사라지는 아픔을 맛봐야 했다.

그러나 분명히 개인투자자들 중에서는 슈퍼수익을 얻는 트레이더나 위대한 투자자가 나올 수 있으며, 오히려 이런 능력을 제대로 발휘하지 못한다면 개인적으로나 사회적으로 엄청난 손실이 될 것이다. 또한 시장을 이기고자 하는 강렬한 의지와 목표가 있다면 누구도 그것을 막을 수는 없으며 도전해볼 가치 역시 충분하다.

하지만 어떤 길을 선택하건 역사적 진실이 들려주는 이야기에는 항상 귀를 기울여야 한다. 투자의 진실은 주식투자자 중 99%는 시장을 결코 이기지 못한다고 말하고 있다. 그러나 실제 주식시장에서는 정반대로, 누구라도 시장을 이길 수 있다는 무책임한 주장을 늘어놓는 사기꾼이 너무나 많다. 그들은 1%의 성공을 미화하고 마치 굉장한 비법이라도 있는 듯이 치장하는 한편, 1%의 성공을 향해 달려가야 정상이며 그렇지 못하면 패배자라고 떠들어댄다.

그러나 시장에 순응하는 길이라고 해서 결코 낙오자의 길은 아니다. 오히려 투자의 세계에서는 시장에 순응하는 방법만으로도 상위 1% 수준의 투자자가 될 수 있다는 점을 명심해야 한다. 시장을 이긴 사람들만이 명예와 부를 얻을 수 있는 것이 아니다. 가장 어리석은 투자자들이 바로 투자의 진실을 외면한 채 탐욕에 가득 차서 시장과 싸우는 사람들이다. 그들 중 99%는 심각한 부상을 입고 시장에서 사라지거나 보잘것없는 보상에 만족해야 하는 처지가 된다.

1%의 승리자가 되는 길을 찾기보다 99%의 실패자가 되지 않는 방법을 잊지 않는 것이 중요하다.

상위 1%의 투자자가 되는 길은 반드시 시장을 이길 때만 가능한 것은 아니다. 몸부리치다 실패한 숱한 투자자와 트레이더 덕분에 장기적으로 시장에 순응한 평범한 투자자가 오히려 자연스럽게 상위 1%의 투자자로 올라서게 되는 투자의 진실을 결코 가볍게 지나쳐서는 안 된다. 대표적인 시장추종자인 존 보글이 20세기의 위대한 투자자 네 명 중 하나로 선정될 수 있었던 것도 그가 시장을 이겼기 때문이 아니다. 바로 평범한 투자자들도 상위 1%의 투자자가 되는 방법을 알려주었기 때문이다.

여기까지 우리는 실제 투자의 과정만큼이나 지난한 투자의 진실을 밝히는 길을 걸어왔다. 함께 해부한 수많은 기법과 이론, 수익률들, 그리고 미국을 중심으로 전 세계를 아우르는 역사적 데이터를 통해 당신은 무엇을 얻었는가?

확신하건대 이 책의 첫 페이지를 열 때 당신이 가졌던 '마법의 공식'에 대한 환상은 이제 당신만의 진정한 '마법의 공식'을 확보하기 위한 토대에 자리를 내주고 물러났을 것이다. 시장의 진실을 항상 기억하면서 당신만의 공식을 만들고 체화하는 데 온 힘을 기울이길 바란다. 조급해하지 않고 꾸준히 스스로를 다독인다면 머지 않아 당신도 위대한 투자자로 불리게 될 것이다.